传习录新解

全译本

［明］王阳明 —— 著
王建军 —— 译注

民主与建设出版社
·北京·

© 民主与建设出版社，2023

图书在版编目（CIP）数据

传习录新解全译本/（明）王阳明著；王建军译注.
—北京：民主与建设出版社，2016.11（2023.11重印）
ISBN 978-7-5139-1294-5

Ⅰ.①传… Ⅱ.①王… ②王… Ⅲ.①心学－中国－明代 ②《传习录》－译文 ③《传习录》－注释 Ⅳ.①B248.2

中国版本图书馆CIP数据核字（2016）第233800号

传习录新解全译本
CHUANXILU XINJIE QUANYIBEN

著　　者	（明）王阳明
译　　注	王建军
责任编辑	程　旭　周　艺
封面设计	小徐书装
出版发行	民主与建设出版社有限责任公司
电　　话	（010）59417747　59419778
社　　址	北京市海淀区西三环中路望海楼E座7层
邮　　编	100142
印　　刷	三河市双升印务有限公司
版　　次	2016年11月第1版
印　　次	2023年11月第2次印刷
开　　本	880×1230mm　1/32
印　　张	13.5
字　　数	324千字
书　　号	ISBN 978-7-5139-1294-5
定　　价	48.00元

注：如有印、装质量问题，请与出版社联系。

/ 译者简介 /

王建军，号"引车卖浆"
瑞士维多利亚大学工商管理博士（DBA）
山外山教育（Group）董事长
浙江大学继续教育学院主讲教授
上海交通大学海外教育特聘教授
香港亚太继续教育研究院执行院长
阿里巴巴"百家讲坛"签约讲师
清华、北大、复旦大学总裁研修班指定"团队建设与领导力"导师
浙江大学继续教育学院高端培训年度优秀教师
2015年中国创新课程杰出培训师
2015年上海交大海外教育学院最受学员欢迎讲师

主要著作：
《管理者的六驱动力》
《提高团队执行力的58条职业法则》
《领导有道管理有术》
《王阳明：如何找回你强大的内心》
《曾国藩：成大事者不纠结》

序

《传习录》是明代哲学家王阳明的语录及论学书信的辑录，是理解王阳明思想最重要的一本书，几百年来一直流传甚广。"传习"一词，出自《论语》中的"传不习乎"。

王阳明（1472—1528年），字伯安，号阳明，名守仁，余姚（今浙江）人，曾筑室故乡阳明洞中，故世称阳明先生。王阳明28岁中进士，任职于工部，后又担任刑部云南清吏司主事。

正德元年（1506年），武宗朱厚照继位，太监刘瑾专权，王阳明因得罪刘瑾被廷杖四十，随后被贬为贵州龙场驿丞。正德三年，王阳明的思想发生了较大的转变，逐渐背离了朱熹向外穷理的格物之说，开始遵循"圣人之道，吾性自足"，并在当地创立了龙冈书院。

刘瑾伏诛后，王阳明被召回中央，担任南京刑部四川清吏司主事。正德十一年，王阳明升任都察院左佥都御史，奉命镇压赣南农民起义。正德十四年六月，他奉旨督兵讨伐宁王朱宸濠在南京发动的叛乱。明世宗继位后，王阳明被任命为南京兵部尚书参赞，封新建伯，后因遭到反对派的攻击和排挤，于正德十六年到嘉靖六年这段期间一直过着退隐生活。

嘉靖六年五月，朝廷再次起用王阳明镇压广西农民起义。

而后他兴办南宁书院，建立思田学校。两年后，王阳明自因病重上疏请求回乡养病，最终卒于归途的江西南安舟中。

在学问之本上，王阳明提出"心外无物""心外无理"之说，认为事物的道理或规律离不开对心的体察。他认为离开人的天赋良知，也就无所谓万物，当然，这个"无所谓万物"是针对个体的人说的。一个人的良知就好比一面镜子，当镜子存在时，万物都能因此显现其中；当镜子不存在时，万物即便存在，但对于那个人而言也是不存在的。

在认识论上，王阳明主张"致良知"与"知行合一"，认为学问之道无他，就是人对自己良知的体察。人都有良知，良知也就是天理，一切事物及其规律都包含在良知之中。能够达本心的良知，也就达到了对真理的认识。再看"知行合一"，王阳明所说的知行合一不是我们现在所说的理论联系实践，而是说知与行本身就是一体的。以知为行，认为知是行的先导，行是知的体现，知是行的开端，行又是知的完成。他认为能行才是真知，不能行就是不知。

王阳明的心学纠正了程朱理学的烦琐流弊，将学者从无止境的埋首训诂中解放了出来，形成了具有鲜明特点的阳明学派。朱子所认为的"格物致知"，是要求学者通过外物去最终明了人心的全体大用。而王阳明认为"格物"之"格"是"去其心之不正，以全其本体之正"。"意之本体便是知，意之所在便是物"。"知"是人心本有的，不是因为认识了外物才有的。这个知便是"良知"。在他看来，朱子的"格物穷理"说是将心与理剖析为二了。由此可见，王阳明的"心即理"的主张提出，也是有修养的成分在其中的，并非如今人们所说的只是为了获得知识性的见解。王阳明的心即理的思想既有我们今天一般意义上所说的本体论的含义，也有存养天理的修养实践。

我们读阳明心学有两种读法，这两种读法可以相得益彰。一种是自己研读，存心养性，淡泊明志。另外一种是共读，即大家一起来读，一起来讨论，这样就会形成切磋的氛围。大家可以就这本书的研读组织一个社团，如此一来二去地进行讨论，书里的话就变成了活话，不单单可以有益于自己，也会有益于大家，这是阅读的最高层次。当然，共读的前提是建立在自己研读的基础之上的，自己没有做好准备，那么在一起也不会讨论出什么好的成果。

《传习录》全书分为上、中、下三卷，由阳明先生生前所授的弟子们整理编辑而成。后又于阳明先生身后，几次汇整增补，最终成为今日所流传的版本。

本书在前人修订的基础上，将一些版本中删去的关于佛、道两家的讨论做了还原，力求呈现给读者一种完整的阅读体验。另外，还在原文的基础上添加了生动自然的译文，并添加了精到的评析，这些评析或做阐发，或做引申，或做对比，或切合当下，无一不是在力求帮助读者可以更深地领悟《传习录》的内涵。

目录

‖ 卷上 ‖

徐爱录 / 2

陆澄录 / 36

薛侃录 / 97

‖ 卷中 ‖

钱德洪序 / 148

答顾东桥书 / 151

答周通书 / 191

答陆原静书（一）/ 203

答陆原静书（二）/ 208

答欧阳崇一 / 231

答罗整庵少宰书 / 242

答聂文蔚（一）/ 253

答聂文蔚（二）/ 263

训蒙大意示教读（刘伯颂等）/ 279

‖ 卷下 ‖

陈九川录 / 286

黄直录 / 308

黄修易录 / 322

黄省曾录 / 334

钱德洪录 / 344

黄以方录 / 395

辗转刊行钱德洪跋 / 421

传习录

卷上

明正德十三年（1517年）八月，王阳明的门人薛侃刊刻《初刻传习录》于江西赣州。刊本内容包括正德七年至十三年的阳明先生语录，分「徐爱录」「陆澄录」和「薛侃录」。此初刻本正是今本之上卷。

徐 爱 录

徐爱（1488—1518年），字曰仁，号横山。浙江余杭人，王阳明的妹夫，也是阳明先生的第一位学生。曾任南京工部郎中。王阳明痛惜其英年早逝，曾叹曰："曰仁殁，吾道益孤，至望原静者（陆澄）不浅。"参看《明儒学案》卷十一。

原文

先生于《大学》"格物"诸说，悉以旧本为正，盖先儒所谓误本者也。爱始闻而骇，既而疑，已而殚精竭思，参互错综，以质于先生。然后知先生之说，若水之寒，若火之热，断断乎百世以俟圣人而不惑者也。先生明睿天授，然和乐坦易，不事边幅。人见其少时豪迈不羁，又尝泛滥于词章，出入二氏之学。骤闻是说，皆目以为立异好奇，漫不省究。不知先生居夷三载，处困养静，精一之功，固已超入圣域，粹然大中至正之归矣。

爱朝夕炙门下，但见先生之道，即之若易，而仰之愈高；见之若粗，而探之愈精；就之若近，而造之愈益无穷。十余年来，竟未能窥其藩篱。世之君子，或与先生仅交一面，或犹未闻其謦咳，或先怀忽易愤激之心，而遽欲于立谈之间，传闻之说，臆断悬度，如之何其可得也？从游之士，闻先生之教，往往得一而遗二，见其牝牡骊黄而弃其所谓千里者。故爱备录平日之所闻，私以示夫同志，相与考而正之，庶无负先生之教云。

门人徐爱书

译文

先生对于《大学》中各种有关"格物"的说法，都以旧说为正确的参照标准，这些在前代的大儒看来都是谬误的说法。我起初听后被吓到了，继而产生怀疑，最后我殚精竭虑地互相对照分析各种说法，并以此求证于先生。现在我才体会到先生的主张犹如水性冰冷、火性炎热一样不可置疑，即使是百世之后的圣人也不会对此产生疑问。先生睿智天成，但为人坦荡，平易近人，不做表面文章。人们有鉴于先生年轻时性格豪迈洒脱，不受拘束，也曾沉溺于词章之学，浸淫佛道两家的学问。所以刚开始听到先生的主张时，大家都认为这些不过是标新立异、荒诞不经的言论，也不愿予以深究。但是他们不知道先生在贬居贵州龙场的三年中处困养静，专精纯一的功夫已经超凡入圣，达到了纯全、中正、至极的境地。

我日夜在先生门下受教，觉得先生的学说刚接触时似乎很容易，但随着深入学习就会有高山仰止的感觉；初看好像很粗疏，但仔细钻研就觉得愈发精妙；刚接近仿佛很浅显，但深入其中就越来越感到没有穷尽。十几年来，我竟连它的轮廓都没有看清。但是，今天的学者有的与先生只有一面之缘，有的从未听说过先生的学说，有的事先就怀着蔑视、激愤的心情，这些人想在照面的功夫里就根据传闻来妄加臆断，像这样又怎能理解先生的学说呢？跟随先生学习的人，对于先生不倦的教诲常常得到的少而遗漏的多，这就如同相马时只注意马的性别和颜色等表面文章，而忽略了千里马驰骋千里的特性。因此,我把平日里听到的教诲详尽地记录下来,给诸位同志传阅,以便考核校正,这样大概才不至于辜负先生教育之恩。

门生徐爱序

评析

此段为全文之开篇,作者将王阳明的精神风貌和学问联系起来做了一个简短的介绍。王阳明乃古代大儒的代表性人物,创良知之说,开心学之河,打破了宋以来程朱理学一统儒学之局面。

文中不难见作者对于老师的敬爱之情,也对先生的学问的准确、高深、受用无穷做出了充分的肯定。为了让日后学习的人能够真正窥见学问的大端,他首先指出了当初自己遇到的几种轻视"阳明心学"的人群,他们自恃聪明,妄自高大,根据道听途说的内容来对自己从未深入了解、学习过的东西妄加评论。同时也就有心听教的人遗漏重点,只抓细枝末节的问题说明了自己的写作目的。

■ 原文

爱问:"'在亲民',朱子谓当作'新民',后章'作新民'之文,似亦有据。先生以为宜从旧本作'亲民',亦有所据否?"

先生曰:"'作新民'之'新'是自新之民,与'在新民'之'新'不同,此岂足为据?'作'字却与'亲'字相对,然非'新'字义。下面'治国平天下'处,皆于'新'字无发明。如云'君子贤其贤而亲其亲,小人乐其乐而利其利''如保赤子''民之所好好之,民之所恶恶之,此之谓民之父母'之类,皆是'亲'字意。'亲民'犹如《孟子》'亲亲仁民'之谓,'亲之'即'仁之'也。'百姓不亲',舜使契为司徒,

'敬敷五教'，所以亲之也。《尧典》'克明峻德'便是'明明德'，'以亲九族'至'平章''协和'便是'亲民'，便是'明明德于天下'。又如孔子言'修己以安百姓'，'修己'便是'明明德'，'安百姓'便是'亲民'。说'亲民'便是兼教养意，说'新民'便觉偏了。"

译文

徐爱问：《大学》的'在亲民'，朱熹认为应作'新民'理解，第二章的'作新民'的文句好像也可作为这种说法的凭证。先生认为应按旧本作'亲民'理解，这是否也有什么根据？"

先生说："'作新民'的'新'，是自新的意思，和'在新民'的'新'意思不同，前者怎可作为按'在新民'理解的凭证呢？'作'与'亲'相对，但不是'新'的意思。后面说的'治国平天下'，都没有对'新'字做出阐发。比如：'君子贤其贤而亲其亲，小人乐其乐而利其利''如保赤子''民之所好好之，民之所恶恶之，此之谓民之父母'，这些都有'亲'的意思。'亲民'就像《孟子》中的'亲亲仁民'，'亲之'就是'仁之'。百姓不会彼此亲近，虞舜就任命契作司徒，尽心竭力地推行伦理教化，藉此加深他们的感情。《尧典》中的'克明峻德'就是'明明德'，'以亲九族'到'平章''协和'就是'亲民'，也就是'明明德于天下'。再如孔子所说的'修己以安百姓'，'修己'即是'明明德'，'安百姓'就是'亲民'。作'亲民'理解，就兼具了教化、养育等意思，只作'新民'理解，就失之偏颇、狭隘了。"

评析

本节对《大学章句》里的"亲民"里的"亲"作何理解的问题进行了探讨，朱熹认为应该作"新"理解，王阳明认为该作"亲"理解。

王阳明用后文对于"亲"字的阐发作为例证,对"亲"字的意义做了深入的解释,把"亲民""亲其亲""如保赤子""安百姓"结合起来相互阐发,认为君子在对民教化、养育的问题上好比"民之父母"。如果仅作"新民"字理解,与后文的联系就不是很紧密,而且意义会显得狭隘许多。

原文

爱问:"'知止而后有定',朱子以为'事事物物皆有定理',似与先生之说相戾。"

先生曰:"于事事物物上求至善,却是义外也。至善是心之本体,只是明明德到至精至一处便是。然亦未尝离却事物。本注所谓'尽夫天理之极,而无一毫人欲之私'者得之。"

爱问:"至善只求诸心,恐於天下事理,有不能尽。"

先生曰:"心即理也。天下又有心外之事,心外之理乎?"

译文

徐爱问道:"《大学》之中'知止而后有定',朱熹认为是指万事万物都有定理,这好像与您的看法有抵触。"

先生答说:"要到具体事物中寻求至善,这就把'义'看成是心外之物了。至善是心的本体,只要'明明德'达到惟精惟一的程度就是至善。当然,对至善的体悟也不会脱离具体的事物。《大学章句》中所谓'尽夫天理之极,而无一毫人欲之私',表达的就是这个意思。"

徐爱又问:"至善如果只从心中寻求,恐怕对天下所有的事理不能穷尽吧。"

先生说道:"心即理。天下难道有心外之事、心外之理吗?"

评析

在很长一段时期里,阳明先生始终困惑在朱熹"格物致知"的思辨中,即从具体的事物中去求得事理。为此,王阳明曾对着竹子"格"了七天七夜,最终一无所获,也因此病倒了。

及至他龙场悟道,才终于了悟:"心即理也。天下又有心外之事、心外之理乎?"心是"理"的主宰,舍此心外,没有"理"之存在,"格物"的重点都应摆在心上,而不是舍心求理。

原文

爱曰:"如事父之孝,事君之忠,交友之信,治民之仁,其间有许多理在,恐亦不可不察。"

先生叹曰:"此说之蔽久矣,岂一语所能悟?今姑就所问者言之。且如事父,不成去父上求个孝的理;事君,不成去君上求个忠的理;交友、治民,不成去友上、民上求个信与仁的理。都只在此心。心即理也。此心无私欲之蔽,即是天理,不须外面添一分。以此纯乎天理之心,发之事父便是孝,发之事君便是忠,发之交友、治民便是信与仁。只在此心去人欲、存天理上用功便是。"

译文

徐爱说:"就像侍父的孝心、事君的忠心、交友的信心、治理百姓的仁心,这里面有许多道理,恐怕也不能不去探究。"

先生感叹地说:"这种观点蒙蔽世人已经很久了,怎么可能一两句话就能使人们醒悟呢?姑且就你说的那些问题来谈一谈。比如侍奉父亲，不是从你父亲那里去求'孝'的道理；侍奉君主，不是从君主那里去求'忠'的道理；交友，治理百姓，也不是从朋友和百姓那里去求'信'和'仁'的道理。孝、忠、信、仁都在人们的心中，心就是理。这颗心没有被私欲障蔽，就是天理，不必到心外寻求并添加多余的道理。凭借这颗合乎天理的心去侍奉父亲就是'孝'，去侍奉君上就是'忠'，去交友和治理百姓上就是'信'和'仁'。只在自己心中下功夫，格除私欲，存住天理就行了。"

评析

这里作者对阳明先生提出了质疑，认为事理就应该从具体的事物上去探求。但王阳明就忠、孝、信、仁等事理为例，说明事理的探求是不能离开心的，只有心才能理解什么是"孝""忠"等感情，没有心体悟这些感情，忠孝就成了单纯的模仿行为，好像鹦鹉学舌，人们也就不会理解这些行为背后的道理。

原文

爱曰："闻先生如此说，爱已觉有省悟处。但旧说缠于胸中，尚有未脱然者。如事父一事，其间温清定省之类，有许多节目，不亦须讲求否？"

先生曰："如何不讲求？只是有个头脑。只是就此心去人欲、存天理上讲求。就如讲求冬温，也只是要尽此心之孝，恐怕有一毫人欲间杂。只是讲求得此心。此心若无人欲，纯是天理，是个诚于孝亲的心，冬时自然思量父母的寒，便自要求去个温的道理；夏时自然思量父母的热，便自要去求个清的道理。这都是那诚孝的心发出来的条件。却是须有这诚孝的心,然后有这条件发出来。譬之树木,这诚孝的心便是根,许多条件便是枝叶。须先有根,然后有枝叶。不是先寻了枝叶,然后去种根。《礼记》言'孝子之有深爱者,必有和气;有和气者,必有愉色;有愉色者,必有婉容。'须有是个深爱做根,便自然如此。"

译文

徐爱说:"听了先生这番话,我已经觉得有所醒悟了。但旧的观念依然缠累心中,我还不能完全无疑。例如侍奉父亲这件事,让父亲感到冬暖夏凉,早上向父母请安,晚上让父母睡得安稳等等行为,是不是就不需要讲究了呢?"

先生说:"怎能不讲求?只是做这些事要有个宗旨,这些事要在除去心中私欲、存留天理的前提下去讲求。像寒冬保暖,也只是要尽己之孝心,不要有丝毫私欲夹杂其间;炎夏避暑,也只是要尽己之孝心,不要有丝毫私欲夹杂其间。为的就是求得这份心。如果这颗心没有私欲,天理至纯,是颗虔诚孝敬的心,那到了冬天自然会想到为父母防寒,也就会主动去掌握保暖的道理;夏天自然会想到为父母消暑,并会主动去掌握消暑的道理。这些事情都是孝心的生发出的,人必须有一颗诚孝的心,然后才会行出这些事来。拿一棵树来说,树根就是那颗诚恳孝敬的心,枝叶就是尽孝的许多细节。树必须先有根,然后才有枝叶。不是先找了枝叶,然后去种树根。《礼记》上说:'孝子之有深爱者,必有和气;有和气者,必有愉色;有愉色者,必有婉容。'只有有了这颗深爱之心作为根本,才会有自然的和气和愉色。"

评析

本节作者就具体的行为对"心即是理"提出质疑,提问是不是有这份心就不需要一些具体的行为了呢？王阳明就"心"与"行"的问题作出了探讨，要求对方要认清主次。从具体的行为去追求的孝心，是无根之树，难以常保，时间长了便会枝枯叶败，毫无生气。真正的孝心发自心性的本源，根深则叶茂，叶茂则色荣，有了这份心，才会有与之相应的言行表现出来。

▆ 原文

郑朝朔问："至善亦须有从事物上求者？"

先生曰："至善只是此心纯乎天理之极便是，更于事物上怎生求？且试说几件看。"

朝朔曰："且如事亲，如何而为温清之节，如何而为奉养之宜，须求个是当，方是至善。所以有学问思辨之功。"

先生曰："若只是温清之节，奉养之宜，可一日二日讲之而尽，用得甚学问思辨？惟于温清时也只要此心纯乎天理之极，奉养时也只要此心纯乎天理之极，此则非有学问思辨之功，将不免于毫厘千里之缪。所以虽在圣人，犹如'精一'之训。若只是那些仪节求得是当，便谓至善，即如今扮戏子扮得许多温情奉养的仪节是当，亦可谓之至善矣。"

爱于是日又有省。

译文

郑朝朔问道："至善也需要从事物上探求吗？"

先生说："自己的心在天理纯全就是至善，它如何从事物上获取？你不妨举出几个例子。"

郑朝朔于是说:"就像孝敬父母,怎样才能保暖避暑,怎样才能奉养才合宜,这需要求个适当才算是至善。基于此,我们才有了学问思辨的功夫。"

先生说:"假若只是讲求保暖避暑和奉养合宜,我们只须一两天的时间就可讲清楚,还要用学问思辨的功夫干嘛?保暖避暑、侍奉父母双亲时只要求己心纯为天理,这样如果没有学问思辨的功夫,就会失之毫厘而差之千里了。因此,即便是圣贤,也要遵照"惟精惟一"的训示。倘若只是把那些礼节讲求得适宜,就认为是至善的标准,那么,现在的演员对许多侍奉父母的礼节表演得非常得体,他们也就可称为至善了。"

徐爱在这一天中又明白了很多。

评析

本节就行为和至善的问题作出了探讨,学生认为"至善"需要从事理上探求,认为人只有学会了做事才能求得至善,并举例侍奉父母就要先学会具体怎么做事,但王阳明指出如果只是学做事就能达到至善,那只要学两天的功夫就可以了,根本不需要在思辨上花功夫,也就不需要有这门学问了,而且举例说那些舞台演员也能把行为做得非常到位,但他们称不上至善。所以,不可因行为废弃心理认知的重要性,人只有明理了,才能真正行出来,这就是知行合一。

▄ 原文

爱因未会先生知行合一之训,与宗贤、惟贤往复辩论,未能决。以问于先生。

先生曰:"试举看。"

爱曰:"如今人尽有知得父当孝、兄当弟者,却不能孝,却不能弟。便是知与行分明是两件。"

先生曰:"此已被私欲隔断,不是知行的本体了。未有知而不行者。知而不行,只是未知。圣贤教人知行,正是要复那本体。不是着你只恁的便罢。故《大学》指个真知行与人看,说'如好好色','如恶恶臭'。见好色属知,好好色属行。只见那好色时已自好了,不是见了后又立个心去好。闻恶臭属知,恶恶臭属行。只闻那恶臭时已自恶了,不是闻了后别立个心去恶。如鼻塞人虽见恶臭在前,鼻中不曾闻得,便亦不甚恶。亦只是不曾知臭。就如称某人知孝、某人知弟,必是其人已曾行孝行弟。方可称他知孝知弟。不成只是晓得说些孝弟的话,便可称为知孝弟。又如知痛,必已自痛了,方知痛。知寒,必已自寒了。知饥,必已自饥了。知行如何分得开?此便是知行的本体,不曾有私意隔断的。圣人教人,必要是如此,方可谓之知。不然,只是不曾知。此却是何等紧切着实的功夫!如今苦苦定要说知行做两个,是甚意?某要说做一个,是甚意?若不知立言宗旨,只管说一个两个,亦有甚用?"

译文

徐爱因为未理解先生"知行合一"的教诲,就与宗贤和惟贤再三讨论,但没有收到很好的效果。于是请教于先生。

先生说:"不妨举个例子来说明你的看法。"

徐爱说:"现在世人都知道对父母应该孝顺,对兄长应该尊敬,但实际情况是往往做不到,可见知与行分明是两码事。"

先生说:"这是人心被私欲迷惑了,并不是知与行的本体了。没有知而不行的事,人们所谓的'知而不行',其实是没有真正明白。

圣贤教与知和行，正是要恢复知行的本体，并非具体地告诉怎样去知与行便了事。所以，《大学》用'如好好色'，'如恶恶臭'的例子来启示人们什么是真正的知与行。见到美色是知，喜欢美色是行。人在见到美色时就马上喜好它了，不是在见了美色之后另外生一个心去喜好。闻到腐臭是知，讨厌腐臭是行。人在闻到腐臭时就开始讨厌了，不是在闻到腐臭之后才生起另一个心去讨厌。如果人鼻子不通，就算看恶臭的东西摆在眼前，但鼻子没有闻到，他也不会特别讨厌了。因为他根本没有认识到臭。又如，我们讲某人懂得孝悌之理，绝对是因为他已经做到了孝悌，才说他懂得孝悌。不是因为他只说了些孝悌的话，才称他懂孝悌。再比如一个人知道痛的感觉，绝对是他自己痛过才知痛。一个人知道寒冷和饥饿，也绝对是因为自己受过寒冷和饥饿。由此可见，知与行怎能分开？这就是知与行的本体，不曾被人的私欲迷惑。圣贤一定是这样教人才可以称作知。不然，就不是真正知晓。可见这是多么切实要紧的功夫啊！今天世人非要把知行说成是两回事，有什么意思呢？我要把知行说成是一回事，有什么意思？倘若不懂得古时圣贤立言的宗旨，只顾争论知与行是一回事还是两回事，又有什么用？"

评析

"知行合一"正是"阳明心学"的哲学核心命题之一，其涵义深邃自不必说。学生认为知与行是分开的，因为有些人明理但行不出来。王阳明为解学生之惑拿"见好色属知，好好色属行"；"闻恶臭属知，恶恶臭属行"举例说明人之五官对外界之事物有好恶之辨，这是知的范畴，辨知而后有行，如"好色""恶臭"等行为。人只有真正知了，才会有行为，不然就称不上知道。最典型的就是说某人孝悌与否的例子，一个人只有真正孝悌，人们才会称赞他懂孝悌。一个人行不出来，人们就会说他不明理。并由此指出圣贤立言，皆为让人们知行合一的目的，知与行是一回事。

━ 原文

爱曰："古人说知行做两个，亦是要人见分晓。一行做知的功夫，一行做行的功夫，即功夫始有下落。"

先生曰："此却失了古人宗旨也。某尝说知是行的主意，行是知的功夫。知是行之始，行是知之成。若会得时，只说一个知，已自有行在；只说一个行，已自有知在。古人所以既说一个知，又说一个行者，只为世间有一种人，懵懵懂懂的任意去做，全不解思惟省察，也只是个冥行妄作，所以必说个知，方才行得是。又有一种人，茫茫荡荡悬空去思索，全不肯着实躬行，也只是个揣摸影响，所以说一个行，方才知得真。此是古人不得已补偏救弊的说话。若见得这个意时，即一言而足。今人却就将知行分作两件去做，以为必先知了，然后能行。我如今且去讲习讨论做知的工夫，待知得真了，方去做行的工夫。故遂终身不行，亦遂终身不知。此不是小病痛，其来已非一日矣。某今说个知行合一，正是对病的药，又不是某凿空杜撰。知行本体原是如此。今若知得宗旨时，即说两上亦不妨，亦只是一个。若不会宗旨，便说一个，亦济得甚事？只是闲说话。"

译文

徐爱说："古人把知行分开来讲，也只是让人有所区分，一方面做知的功夫，另一方面做行的功夫，这样才能落到实处。"

先生说："这样做就抛弃了古人的本意了。我以前说过，知是行的主意，行是知的实践；知是行的发端，行是知的结果。如果领会到知行的道理，只说一个知，行已自在其中了；只说一个行，知也自在其中了。古人之所以说一个知，又说一个行，只因世上有一种人，只顾懵懵懂懂地随意去干，根本不思考琢磨，一味地肆意妄为，所以必须说一个'知'，他才能行得端正。还有一种人，思想漫无边际，根本不愿切实力行，只喜欢主观臆断，捕风捉影，所以必须说一个'行'，他方能知得真切。这是古人为了补偏救弊不得已而采取的说法。假若领会得这个道理，一句话足够。现今的人非要把知行分为两件事去做，认为是先有了知，然后才有行。因此，我暂且先去讲习讨论如何做知的功夫，等知得真切再去实践。最终也就终生都没有行动，如此也就必定终生不知了。这不是一个小问题，此种错误认识为时很久了。现在我说的知行合一正是对症下药，这不是我凭空捏造的。知行本体原本就是如此。现今如果你们知晓我立论的宗旨，即使把知行分开说也无妨碍，它们本是一体。如果不曾领会我立论的宗旨，即使说知行合一，也无济于事。不过只是说些无用的话而已。"

评析

王阳明说知是行的开端，行是知的完成，二者互为始末。因此谈"知"，就必然有"行"在其中了，说"行"，也就自然有"知"在里面了。行不出来是知得不正确，胡作妄为也是因为知得不正确。知行本是一体，但是古人针对不同的问题的人，分别提出了知与行的补救措施，看上去两者是对立的，但最终实践起来就能领悟知行本是一体。没有领悟这个宗旨，光是在辩论两者是不是一回事，不过是说闲话罢了。这也提醒学子不要因言废行，也不要胡作妄为，而要把握宗旨。

原文

爱问:"昨闻先生'止至善'之教,已觉功夫有用力处。但与朱子'格物'之训,思之终不能合。"

先生曰:"'格物'是'止至善'之功。既知'至善'即知'格物'矣。"

爱曰:"昨以先生之教推之'格物'之说,似乎亦见得大略。但朱子之训,其于《书》之'精一',《论语》之'博约',《孟子》之'尽心知性',皆有所证据,以是未能释然。"

先生曰:"子夏笃信圣人,曾子反求诸己。笃信固亦是,然不如反求之切。今既不得于心,安可狃于旧闻,不求是当?就如朱子尊信程子,至其不得于心处,亦何尝苟从?'精一''博约''尽心'本自与吾说吻合,但未之思耳。朱子'格物'之训,未免牵合附会,非其本旨。精是一之功,博是约之功。曰仁既明知行合一之说,此可一言而喻。'尽心知性知天'是'生知安行'事,'存心养性事天'是'学知利行'事,'夭寿不贰,修身以俟'是'困知勉行'事。朱子错训'格物',只为倒看了此意,以'尽心知性'为'格物知至',要初学便去做'生知安行'事,如何做得?"

译文

徐爱问:"昨天听了先生关于'止至善'的教导,我已感到功夫有了着力处。但是,我始终觉得您的见解和朱熹对格物的阐述有不相合的地方。"

先生说:"'格物'是为'止至善'下的功夫。既然明白'至善',也就明白了'格物'。"

徐爱问:"昨天我将先生关于'止至善'的教导与'格物'之说予以考察,似乎大致上理解了。然而,朱子的观点在《尚书》的'精一',《论语》的'博约',《孟子》的'尽心知性'都可找到依据,所以我仍不能完全接受。"

先生说:"子夏笃信圣贤教诲,曾参反躬自省。虽然笃信圣贤也正确,但还是不如反躬自省来得真切。你现在既然不能明白,怎么能承袭旧说而不去探求个究竟呢?就像朱熹十分尊敬信赖程子,若遇到不明之处,又何曾盲目信从呢?'精一''博约''尽心'等,这些概念与我的见解本来是吻合的,只是你没有想明白罢了。朱熹对'格物'的阐释,不免牵强附会,并非'格物'之本意。求精是为专一的功夫,博学是达到简洁的功夫。既然明白知行合一的主张,此处只须一句话就能清楚明了。'尽心知性知天'是'生知安行'者做的事;'存心养性事天'是'学知利行'者做的事;'夭寿不贰,修身以俟'是'困知勉行'者做的事。朱熹错误地解释'格物',只是由于他颠倒了因果关系,认为'尽心知性'就是'格物知至',要求初学者去为'生知安行'这样的事,这怎么能行呢?"

评析

这节王阳明就"格物"与"止至善"的关系有做了一番深入探讨,告诫学生不要因为敬重老师就盲目信从,对于自己不明白的问题还是应该主动寻求答案的。后面指出朱熹对格物的理解颠倒了因果关系,错误地把"尽心知性"理解为"格物致知"。但格物是功夫,和"止于至善""尽心知性"是前因后果的关系。

原文

爱问："'尽心知性'何以为'生知安行'？"

先生曰："性是心之体，天是性之原。尽心即是尽性。'惟天下至诚为能尽其性，知天地之化育。''存心'就是没有尽心。'知天'的知犹如知州、知县的'知'，是自己分上事，己与天为一。'事天'如子之事父、臣之事君，须是恭敬奉承，然后能无失。尚与天为二，此便是圣贤之别。至于'夭寿不贰'其心，乃是教学者一心为善，不可以穷通夭寿之故，便把为善的心变动了。只去修身以俟命，见得穷通夭寿有个命在，我亦不必以此动心。'事天'，虽与天为二，已自见得个天在面前。'俟命'，便是未曾见面，在此等候相似，此便是初学立心之始，有困勉的意在。今却倒做了，所以使学者无下手处。"

译文

徐爱问："'尽心知性'的人怎么能做到'生知安行'呢？"

先生说："性是心的本体，天理性的根源。尽心也就是尽性。《中庸》上说：'惟天下至诚为能尽其性，知天地之化育。''存心'就是没有尽心。'知天'里的'知'犹如知州、知县的'知'，意指做自己应该做的事，代表天人合一。'事天'犹如儿子侍奉父亲、臣子辅佐君王一样，务必恭敬地侍奉，然后才能没有闪失。这还是与天相对为二，圣与贤的区别就在这里。至于'夭寿不贰'，它是教育人们一心向善，不能因境遇好坏或寿命长短，而把为善的心改变了。只去修身等待命运安排，认识到人的困厄通达、长寿短命是命中注定，自己也不必因此而心动。'事天'，虽与天相对为二，但已看见面前有天命了。'俟命'，就是不曾见面，在这里等待，这就是初学者立定心志的开端，有身处困境但惕厉自强的精神。而今被朱熹颠倒过来，因此使学习的人无从着手。"

评析

这里作者提问尽心知性的人如何能做到如同圣人那样"生知安行"。王阳明就学习大道的途中会经历的三个重要的阶段做出了发人深省的回应。"俟命"是初学者立定心志的状态，需要竭力朝着大道的方向奔行，还没有见到大道；"事天"是已经窥见了大道的本体，但还没有与之合一，所以需要恭敬地侍奉；知天是与天为一的境界，如同知州、知县一样，不但与之合一了，还能运用并治理它。只有到了知天的阶段，才能称得上尽心知性，也才能做到生知安行。

原文

爱曰："昨闻先生之教，亦影影见得功夫须是如此。今闻此说，益无可疑。爱昨晓思'格物'的'物'字，即是'事'字，皆从心上说。"

先生曰："然。身之主宰便是心，心之所发便是意，意之本体便是知，意之所在便是物。如意在于事亲，即事亲便是一物；意在于事君，即事君便是一物；意在于视、听、言、动，即视、听、言、动便是一物。所以某说无心外之理，无心外之物。《中庸》言'不诚无物'，《大学》'明明德'之功，只是个诚意，诚意之功，只是个格物。"

先生又曰："'格物'如孟子'大人格君心'之'格'，是去其心之不正，以全其本体之正。但意念所在，即要去其不正，以全其正，即无时无处不是存天理，即是穷理。'天理'即是'明德'，'穷理'即是'明明德'。"

又曰："知是心之本体，心自然会知。见父自然知孝，见兄自然知弟，见孺子入井自然知恻隐。此便是良知，不假外求。若良知之发，更无私意障碍，即所谓'充其恻隐之心，而仁不可胜用矣。'然在常人，不能无私意障碍，所以须用'致知''格物'之功，胜私复理。即心之良知更无障碍，得以充塞流行，便是致其知。知致则意诚。"

译文

徐爱说："昨天闻听先生的教导，我也隐约觉得下功夫理当如此。现在听了先生这番话，疑虑全消。昨天清早我这样想，'格物'的'物'，就是'事'的意思，都需要从心上去讨论。"

先生说："诚然如此。身的主宰就是心，心中产生的就是意，意的本体就是知，意所在之处就是物。譬如，意在侍奉双亲上，那么侍亲就是一物；意在辅佐君主上，那么事君就是一物；意在仁民、爱物上，那么仁民、爱物就是一物；意在视、听、言、动上，那么视、听、言、动就是一物。因此我认为无心外之理，无心外之物。《中庸》上说'不诚无物'，《大学》中的'明明德'的功夫就是使内心真诚的功夫，这功夫就在'格物'上。"

先生接着说："'格物'的'格'有如孟子所说的'大人格君心'的'格'，它是指格除人心的歪斜，保全本体的纯正。一旦有意念萌生，就要去除其中的歪念以保全思想的纯正，亦即时刻要存住天理，这也就是穷理。'天理'即'明德'，'穷理'即'明明德'。"

先生又说："知是心的本源，心自然能知。看见父母自然知道孝顺，看见兄长自然知道恭敬，看见小孩落井自然有同情之心。这就是良知，不必向外求取。如果良知显现，且无私欲迷惑，这就是《孟子·尽心上》所说的'充其恻隐之心，而仁不可胜用矣。'但对于普通人而言，不可能没有私欲障碍，因此，必须用'致知''格物'的功夫克服私欲，恢复天理。如此，人心的良知就再无迷惑，充溢心田而发挥自如，这就是致良知。能致其知，则其意可诚。"

评析

这里作者和王阳明仍就"格物致知"的问题作出探讨，将格物的功夫与心联系起来，说明只有将心中的歪念格除，恢复天理，才能恢复良知，才能使心意诚挚。格物的功夫，还是要在心上下的。

原文

爱问："先生以'博文'为'约礼'功夫，深思之，未能得，略请开示。"

先生曰："'礼'字即是'理'字。'理'之发见可见者谓之'文'，'文'之隐微不可见者谓之'理'，只是一物。'约礼'只是要此心纯是一个天理。要此心纯是天理，须就'理'之发见处用功。如发见于事亲时，就在事亲上学存此天理；发见于事君时，就在事君上学存此天理；发见于处富贵、贫贱时，就在处富贵、贫贱上学存此天理；发见于处患难、夷狄时，就在处患难、夷狄上学存此无理。至于作止语默，无处不然，随他发见处，即就那上面学个存天理。这便是博学之于文，便是约礼的功夫。'博文'即是'惟精'，'约礼'即是'惟一'。"

译文

徐爱问："先生说'博文'为'约礼'之功夫，我深入思索，仍未得其旨，还请您开示。"

先生说:"'礼'就是'理','理'表现出来就是'文','文'隐蔽不见的就是'理','礼'与'理'原本是一物。'约礼'只是要这颗心纯然符合天理。想要这颗心纯为天理,务须在'理'表现出来的地方下功夫。譬如,'理'表现在侍亲上时,就要在侍亲上学习存此天理;表现在辅佐君主上时,就要在辅佐君主上学习存养天理;表现在身临富贵贫贱上时,就要在身临富贵贫贱上存此天理;表现在身处患难困厄中时,就要在身处患难困厄中存此天理。无论行止语默,莫不如此,理表现在什么地方,我们就在那上面学习存养天理。这就是博学于文,并约之以礼的功夫。'博文'即'惟精','约礼'即'惟一'。"

评析

本节作者对"博文"和"约礼"的关系提出了疑问,王阳明指出"礼"和"理"是一回事,心中的"理"表现出来就是行为上的"礼",人心中无"理",行上也不会有"礼"。而落实到具体的事情上,人们持守礼仪也是为了存养心中的天理。到这里这两者之间的关系就很明了了,博学于文是为了明晰道理,而约之以礼是为了专一持守。

■ **原文**

爱问:"'道心常为一身之主,而人心每听命',以先生精一之训推之,此语似有弊。"

先生曰:"然。心一也。未杂于人谓之道心,杂以人伪谓之人心,人心之得其正者即道心,道心之失其正者即人心,初非有二心也。程子谓人心即人欲,道心即天理,语若分析,而意实得之。今日道心为主，而人心听命，是二心也。天理人欲不并立，安有天理为主，人欲又从而听命者？"

译文

徐爱问：《朱熹章句·序》中说'道心常为一身之主，而人心每听命'，从先生对'精一'的解释来看，这话似乎不妥当。"

先生说："是的。心只一个心。没有夹杂人私欲的称为道心，夹杂了私欲的便称为人心。人心若能守正即为道心，道心无能守正即为人心，起初并没有二心。程子认为人心即私欲，道心即天理，这么说好像把道心、人心分离开来，但实际上是把二者当作一体。而朱熹认为以道心为主，人心听从于道心，如此就把一颗心分为两颗心了。天理、私欲不能共存，怎么会有以天理为主，私欲又听从于天理的说法呢？"

评析

王阳明在这里明确地肯定心只有一个。夹杂了私欲，道心就转为人心，去除了私欲，人心即转为道心。没有谁主谁从的问题，因为这两者本身不能共存。这也提醒了后世学者，不要想着求学和私欲的两者能够齐头并进。一个人是不可能既听从私欲，又听从道心的，必然两者择其一。而需要在这两者之间选择的考验，每天都会出现在我们的生活中，每个人每次做出的选择累积起来，就形成了他们的人生。

原文

爱问文中子、韩退之。

先生曰:"退之,文人之雄耳。文中子,贤儒也。后人徒以文词之故,推尊退之,其实退之去文中子远甚。"

爱问:"何以有拟经之失?"

先生曰:"拟经恐未可尽非。且说后世儒者著述之意与拟经如何?"

爱曰:"世儒著述,近名之意不无,然期以明道。拟经纯若为名。"

先生曰:"著述以明道,亦何所效法?"

爱曰:"孔子删述六经以明道也。"

先生曰:"然则拟经独非效法孔子乎?"

爱曰:"著述即于道有所发明,拟经似徒拟其迹,恐于道无补。"

先生曰:"子以明道者,使其反朴还淳而见诸行事之实乎?抑将美其言辞而徒以于譊譊世也?天下之大乱,由虚文胜而实行衰也。使道明于天下,则六经不必述。删述六经,孔子不得已也。自伏羲画卦,至于文王、周公,其间言《易》,如《连山》《归藏》之属,纷纷籍籍,不知其几,《易》道大乱。孔子以天下好文之风日盛,知其说之将无纪极,于是取文王、周公之说而赞之,以为惟此为得其宗。于是纷纷之说尽废,而天下之言《易》者始一。《书》《诗》《礼》《乐》春秋》皆然。《书》自"典""谟"以后,《诗》自"二南"以降,如《九丘》《八索》,一切淫哇逸荡之词,盖不知其几千百篇。《礼》《乐》之名物度数,至是亦不可胜穷。孔子皆删削而述正之,然后其说始废。如《书》《诗》《礼》《乐》中,孔子何尝加一语?今之《礼记》诸说,皆后儒附会而成,已非孔子之旧。至于《春秋》,虽称孔子作之,其实皆鲁史旧文。所谓'笔'者,笔其旧;所谓'削'者,削其繁,是有减无增。孔子述六经,惧繁文之乱天下,惟简之而不得。使天下务去其文以求其实,非以文教之也。《春秋》以后,繁文益盛,天下益乱。始皇焚书得罪,是出于私意,又不合焚六经。若当时志在明道,其诸反经叛理之说,悉取而焚之,亦正暗合删述之意。自秦汉以降,文又日盛,若欲尽去之,断不能去。只宜取法孔子，录其近是者而表章之，则其诸怪悖之说，亦宜渐渐自废。不知文中子当时拟经之意如何，某切深有取于其事。以为圣人复起，不能易也。天下所以不治，只因文盛实衰。人出己见，新奇相高，以眩俗取誉。徒以乱天下之聪明，涂天下之耳目，使天下靡然争务修饰文词，以求知于世，而不复知有敦本尚实、反朴还淳之行，是皆著述有以启之。"

译文

徐爱请先生比较一下文中子王通和韩愈。

先生说："韩愈是文人中的雄材，王通是一位贤能大儒。后世之人仅凭诗词文章尊崇韩愈，其实，相比之下，韩愈比王通差得多。"

徐爱问道："那王通为何有仿作经书的过举呢？"

先生说："仿作经书的是非对错问题不能一概而论。你姑且讲讲后世儒学人士编著的目的与仿作经书有何分别？"

徐爱说："后世儒者著述的求名之意不是没有，但都是以明道为最终目的。而仿作经书完全是为了求名。"

先生说："以著述讲经而明道，仿效的又是什么呢？"

徐爱说："孔子通过删述六经的途径来明道。"

先生说："既然如此，模拟经书不就是仿效孔子吗？"

徐爱说："编著须对圣道有所阐发，仿作经书仿佛只是仿照经书的形式，大概于道无补。"

先生说："你所谓的明道，是指返朴归真使之付诸实践呢，还是指华而不实，借此哗众取宠呢？天下纷乱，就是因为重虚文，轻实行。假如天下之道光明，也就无所谓删述六经了。孔子对六经的删述是不得已为之。自从伏羲画卦，到文公、周公，其中论《易经》的如《连山》《归藏》等著述纷纭繁复，种类数不胜数，《易经》的道理因此乱作一团。孔子发现天下日渐盛行文饰之风，认为如此下去只会废弛纲纪，所以效法文王、周公关于《易经》的论述，觉得只有他们才把握了《易经》的宗旨。自此其它观点都被废弃，天下关于《易经》的阐述始归一统。《诗》《书》《礼》《乐》《春秋》无不如此。《尚书》自《典》《谟》之后，《诗经》自《周南》《召南》之后，如《九丘》《八索》等许多淫邪妖冶之句达成百上千篇。《礼》《乐》的名物制度不计其数，孔子均作了删削述正，自此其他说法才终止。在《书》《诗》《礼》《乐》之中，孔子不曾增添自己的一句话。现今《礼记》中的解释大多是后世儒生附会，不再是孔子的本意了。至于《春秋》虽说是孔子之作，但实际是在鲁史之旧文基础上笔削而成。所谓'笔'就是照抄原文；所谓'削'就是删减繁复，这样原文只会减少而不会增多。孔子删述六经，是担忧繁文扰乱天下，虽想简略却不能完全做到。他想要人们抛去华丽的文饰而追求经典的本质，而不是想用浮华的文辞来教化天下。《春秋》之后，繁文日益盛行，天下之道益乱。秦始皇因焚书而得罪天下，由于他是出自私心，更不该焚毁六经。秦始皇当时若志在明道，把那些背经叛道的书全拿来烧掉，就恰好暗合孔子删述的本意了。从秦汉以来，繁文又开始兴盛起来，要想彻底废止是不可能了。只得效仿孔子的做法，对那些和经书道理接近的加以表扬，如此那些荒诞无稽之论也就慢慢消失了。我不知道文中子王通当初模拟经书是何意图，但我很赞成他的做法。我认为即便是圣人复出，也不会否认这种观点。天下之所以混乱不堪，只因为浮华的文辞盛行，而务实的人少。人们各抒己见，标新立异，喧嚣于世，这只会混淆人们的视听，使他们争相修饰虚浮的文辞，力追声名，而不再知道还有崇尚真实、返朴归淳的行动。这些都是著书立说的人所导致的。"

评析

此段以文豪韩愈和贤儒王通之间的对比作为开篇,引出下文关于王通仿作经书而没有别立著述的行为对错的探讨,意在说明天下人务虚词而不重实质,已经背离大道越来越远了。王阳明对王通这种做法是非常赞许的,他认为韩愈虽然文章写得好,但在真实的操行上,韩愈比王通差了很远很远。想必我们很多人都听说过韩愈,而不知道王通是谁,这正说明了天下由来已久的重文辞而轻实质的倾向。但用文辞教化天下,必然使人舍本逐末,忘却天理,最后只会扰乱天下。所以,王阳明反复强调要务本尚实,反朴还淳,崇尚先圣经典的宗旨,将"理"落实到日常生活中去。

原文

爱曰:"著述亦有不可缺者,如《春秋》一经,若无《左传》,恐亦难晓。"

先生曰:"《春秋》必待《传》而后明,是歇后谜语矣。圣人何苦为此艰深隐晦之词?《左传》多是《鲁史》旧文,若《春秋》须此而后明,孔子何必削之?"

爱曰:"伊川亦云:'《传》是案,《经》是断。'如书弑某君,伐某国,若不明其事,恐亦难断。"

先生曰:"伊川此言,恐亦是相沿世儒之说,未得圣人作经之意。如书'弑君',即弑君便是罪,何必更问其弑君之详?征伐当自天子出,书'伐国',即伐国便是罪,何必要问其伐国之详?圣人述六经,只是要正人心,只是要存天理、去人欲。于存天理、去人欲之事,则尝言之。或因人请问,各随分量而说。亦不肯多道,恐人专求之言语。故曰'予欲无言'。若是一切纵人欲、灭天理的事,又安肯详以示人?是长乱导奸也。故孟子云:'仲尼之门,无道桓文之事者,是以后世无传焉。'此便是孔门家法。世儒只讲得一个伯者的学问,所以要知得许多阴谋诡计。纯是一片功利的心,与圣人作经的意思正相反,如何思量得通?"因叹曰:"此非达天德者,未易与言此也!"

又曰:"孔子云:'吾犹及史之阙文也。'孟子云:'尽信书,不如无书。吾于《武成》取二三策而已。'孔子删《书》,于唐、虞、夏四五百年间,不过数篇。岂更无一事?而所述止此,圣人之意可知矣。圣人只是要删去繁文,后儒却只要添上。"

译文

徐爱说:"有些时候,著述是不能缺少的。比如《春秋》这本书,如果没有《左传》作为它的注解,人们大概也是难以读懂的。"

先生说:"《春秋》必须有《左传》才能明白,这样,《春秋》不就成为歇后语、谜语一样了吗?圣人作如此艰深隐晦的文章又何苦呢?《左传》大多是《鲁史》的原文,如果《春秋》要凭借《左传》才可读懂,那么,孔子删削它又有什么必要呢?"

徐爱说:"程颐先生也认为'《传》是案,《经》是断。'比如,《春秋》上记载弑某君、伐某国,如果不知道事情的原委,大概也难以做出确切的判断。"

先生说:"程颐先生这一句话,差不多也是承袭后世儒生的说法,没有理解圣人作经的本意。比如《春秋》写'弑君'两字,弑君是罪过,为什么还要问弑君的经过呢?征讨的命令该天子发布,写'伐国',就是说征讨有罪的国家,为什么还要问伐国的经过呢?圣人传述六经,只是端正人心,只是存天理,去人欲。对于存天理去人欲之事,孔子会常常依据人们的问题,对每个人能够理解的程度做出相应的回答，但也不愿多讲，只怕人们在言语上过分投入，所以他才说：'我不想说什么了。'如果是些灭天理纵人欲的事详细地告诉别人呢？那样等于是助纣为虐呀！因此《孟子·梁惠王上》讲道：'仲尼之门，无道桓文之事者，是以后世无传焉。'这就是孔门家法。世俗的儒者只讲霸道的学问，因而他们要精通许多阴谋诡计，这完全是出于功利心态，与圣人作经的宗旨南辕北辙，他们怎么想得通《春秋》的道理呢？"说到这里，先生感叹道："如果不是诚达天德之人，我很难与他谈论这个问题！"

他接着说："孔子曾说：'我还见过史书中有不明确的地方。'孟子也说：'尽信书，不如无书。吾于《武成》取二三策而已。'孔子删除《尚书》，即使是尧、舜、禹这四五百年间的历史，也仅存数篇。除此之外，难道再没有值得称道的事吗？之所以仅留下这些，圣人的意图再明了不过了。圣人只是要删繁就简，后儒则要雪上添霜。"

评析

这节作者提出的问题是相当深刻的。相信后世很多治学的人都会觉得《春秋》晦涩难懂，必须参照《左传》和相关史书才能明白里面究竟说了什么，但王阳明提出了发人深省的看法，他认为那不过是后世的儒者画蛇添足的做法，《春秋》的微言大义已经很明了了。孔子作《春秋》的目的不是为了让人看不懂，现在人们常说自己看不懂，是因为他们想了解事情发生的细致过程。但孔子和王阳明都认为没必要对具体的事件展开深入细致地描绘，后世的学者之所以喜欢在这方面下功夫，正是因为他们崇尚霸道的学问，喜欢探究人犯罪的过程，对狡诈的心理做出深入剖析。孔子作《春秋》只是为了明大义于天下，至于作恶的过程则闭口不提，因为那是有悖于圣道的。

原文

爱曰："圣人作经，只是要去人欲，存天理。如五伯以下事，圣人不欲详以示人，则诚然矣。至如尧舜以前事，如何略不少见？"

先生曰："羲、黄之世，其事阔疏，传之者鲜矣。此亦可以想见，其时全是淳庞朴素，略无文采的气象，此便是太古之治，非后世可及。"

爱曰："如《三坟》之类，亦有传者，孔子何以删之？"

先生曰："纵有传者，亦于世变渐非所宜。风气益开，文采日胜，至于周末，虽欲变以夏、商之俗，已不可挽，况唐、虞乎？又况羲、黄之世乎？然其治不同，其道则一。孔子于尧舜则祖述之，于文武则宪章之。文、武之法，即是尧、舜之道。但因时致治，其设施政令，已自不同，即夏、商事业施之于周，已有不合。故周公思兼三王，其有不合，仰而思之，夜以继日。况太古之治，岂复能行？斯固圣人之所可略也。"

又曰："专事无为，不能如三王之因时致治，而必欲行以太古之俗，即是佛、老的学术。因时致治，不能如三王之一本于道，而以功利之必行之，即是伯者以下事业。后世儒者许多讲来讲去，只是讲得个伯术。"

又曰："唐、虞以上之治，后世不可复也，略之可也。三代以下之治，后世不可法也，削之可也。惟三代之治可行。然而世之论三代者，不明其本，而徒事其末，则亦不可复矣！"

译文

徐爱说："圣人著经，仅为了去人欲，存天理。春秋五霸之后的事，圣人不肯详细地告诉人们，就很好理解了。那么，尧舜之前的事，为何统统省略而丝毫不可得见？"

先生说："伏羲、黄帝时代，太过于久远，流传下来的很少。这也是不难理解的，那时民风淳朴，没有喜欢追逐华文的现象。这就是上古社会，非后世所能比的。"

徐爱说："《三坟》之类的书，也有流传下来的，为什么孔子也要删除它？"

先生说："那些书有流传下来的，也会因人世的变化而跟不上时代的步伐。风气日益开化，文采日愈讲究，到了周朝末年，想再恢复夏、商的民风，已不可能，唐、虞时的民风就提也不要提了，更何况是还早的伏羲、黄帝时的习俗？各朝代治世的表现不同，但遵循的仍是一个道。孔子祖述尧、舜，效法文、武。周文王、周武王的治世方法正是尧、舜的道，然而他们都因时施政，他们各自的政令制度互不相同。因此，就是夏、商的政令在周代实施，也有不适宜之处。所以，周公对大禹、商汤、文王的制度兼收并取，碰到不合适的地方，会夜以继日地仰天而思。更何况远古的治世方法，又怎能直接沿用呢？这正是圣人删略的原因。"

先生接着说："只求无为而治，不能像禹、汤、文王那样因时施政，却非要实行远古的风俗，这是佛教、老庄两个学派的主张。根据时代的变化对社会进行治理，却不能像禹、汤、文王那样一切均以道治天下，而是以功利的目的行事，这正是五霸以后治世的情形。后世许多儒生讲来讲去，都只讲了一个霸术。"

先生又说："尧、舜之前的治世方法，后世不可能恢复，可以把它删除。夏、商、周三代之后的治世方法，后世不可仿效，可以把它删除。只有三代的治世方法是可以推行的，然而，世上议论三代的人，却不了解三代治理天下的根本，只注意到一些细枝末节。所以，三代治理天下的方法也不可恢复了。"

评析

　　这里徐爱对上古时候的文献没有遗留下来向老师提出了质疑。王阳明说，之所以没有流传，是因为年代太久远了，而且当时的人不事浮华，对于词章并不重视，所以没有流传下来是很自然的事情。不过徐爱不能理解为什么流传下来的《三坟》还是被删除了，王阳明因此提出了治世需要因时施政，上古时候的无为政治已经不能恢复了，而三代以后的功利政治也不可效法，所以孔子才保留了现今《春秋》的体制。三代和三代以前的政治体制虽有不同，但大道还是一致的，孔子删除了很多不合时宜的体制，留下的是政治的大道。但即便如此，后世一直效法的还是霸术政治，想要恢复三代的王道政治是几乎不可能了。

■ 原文

　　爱曰："先儒论六经，以《春秋》为史，史专记事，恐与五经事体终或稍异。"

　　先生曰："以事言谓之史，以道言谓之经。事即道，道即事。《春秋》亦经，五经亦史。《易》是包牺氏之史，《书》是尧、舜以下史，《礼》《乐》是三代史。其事同，其道同。安有所谓异？"

　　又曰："五经亦只是史。史以明善恶，示训戒。善可为训者，特存其迹以示法；恶可为戒者，存其戒而削其事以杜奸。"

　　爱曰："存其迹以示法，亦是存天理之本然。削其事以杜奸，亦是遏人欲于将萌否？"

　　先生曰："圣人作经，固无非是此意。然又不必泥着文句。"

爱又问："恶可为戒者，存其戒而削其事以杜奸。何独于《诗》而不删郑、卫？先儒谓'恶者可以惩创人之逸志'，然否？"

先生曰："《诗》非孔门之旧本矣。孔子云：'放郑声，郑声淫。'又曰：'恶郑声之乱雅乐也。''郑卫之音，亡国之音也。'此是孔门家法。孔子所定三百篇，皆所谓雅乐，皆可奏之郊庙，奏之乡党，皆所以宣畅和平，涵泳德性，移风易俗，安得有此？是长淫导奸矣。此必秦火之后，世儒附会，以足三百篇之数。盖淫泆之词，世俗多所喜传，如今闾巷皆然。'恶者可以惩创人之逸志'，是求其说而不得，从而为之辞。"

译文

徐爱说："先儒讨论六经，把《春秋》归入史列。而史书只记载历史事件，这恐怕与五经的体例、宗旨稍有不同。"

先生说："从记事方面讲叫史，从载道方面讲叫经。事是道的表现，道表现出来就是事。《春秋》是经，五经也是史。《易经》是伏羲氏时的历史，《尚书》是尧舜之后的历史，《礼》《乐》是三代的历史。它们记载的事是相同的，所遵循的道也相同，什么地方有不同呢？"

先生接着说："五经也是史。历史就是用来辨明善恶，以示训戒的。善可以用来教化，因而特别保存善的事迹让人仿效。恶能够让人引以为戒，所以留下一些戒条而略去事情发展经过细节，以杜绝奸邪（的模仿行为）。"

徐爱问："保存善的事迹让后人仿效，是为了保存天理的原本面目。省略恶事的经过以绝后世模仿，是为了将私欲遏制在萌芽的状态吗？"先生答道："圣人著经，确实含有这种意思。但是也不必拘泥于文句。"

徐爱又问:"恶可以引以为戒,保留戒条而省去事情经过以绝后市效仿。然而,在《诗经》中为什么不将郑风和卫风省略呢?先儒认为是'记录以前发生的丑事可以惩戒人安逸的思想',这种理解正确吗?"

先生说:"现存的《诗经》已不再是孔子所修订的原貌了。孔子说:'不听(放弃)郑国的音乐,郑国的音乐淫靡放荡。'又说:'讨厌郑国的音乐扰乱了高雅的音乐','郑国、卫国的音乐,都是亡国之音。'这就是孔门家法。孔子修订的《诗经》三百篇,都是雅乐,可以在拜祭天地和祖先时演奏,还可以在乡村郊庙中演奏,并且有助于陶冶性情,涵养德操,移风易俗,怎么会有郑风和卫风之类的诗呢?这种诗只会滋生淫乱,助长奸邪。郑风、卫风肯定是秦始皇焚书之后,世俗儒生为凑齐三百篇的数目而硬套上去的。而淫邪之辞,民间有许多人喜欢传播,现在街头巷尾并不少见。朱熹所谓的'记录恶事可以惩戒人们安逸的思想',正是欲解释而又不能解释,才为这种现象做文辞辨解。"

评析

本节前面对经史的问题做了一番讨论,认为经史可以互通,经文载道,史书记事。记事的目的就是为了使道彰显,而道也是作为史书价值判断的依据。而后对经史为何省略恶事、弘扬善事的风格做了一番探讨,这也是值得我们后世引以为鉴的。当今的很多文艺作品在着力描述人性的丑陋,将人犯罪的心理及过程巨细无遗地表现出来,这是有违教化之旨的。正如王阳明说朱熹对诗经里出现郑风、卫风的作品欲解释而不得,只好为其辩解的作风一般,现在人也喜欢把这类文艺作品强辩为对人有警惕的作用。不过这类作品只会把人导向奸邪,并引起人们对其的模仿行为。

▌原文

爱因旧说汩没，始闻先生之教，实是骇愕不定，无入头处。其后闻之既久，渐知反身实践。然后始信先生之学，为孔门嫡传。舍是皆傍蹊小径，断港绝河矣。如说"格物"是"诚意"的工夫，"明善"是"诚身"的工夫，"穷理"是"尽性"的工夫，"道问学"是"尊德性"的工夫，"博文"是"约礼"的工夫，"惟精"是"惟一"的工夫。诸如此类，始皆落落难合。其后思之既久，不觉手舞足蹈。

译文

徐爱因为受到旧的学说影响，刚听到先生的教诲时，实在感到诧异，觉得无从下手。听的时间长了，才渐渐知道躬身践行，然后才相信先生的学问确是孔门真传。除此而外皆为歪门邪道，异端邪说。像"格物"是"诚意"的功夫，"明善"是"诚身"的功夫，"穷理"是"尽性"的功夫，"道问学"是"尊德性"的功夫，"博文"是"约礼"的功夫，"惟精"是"惟一"的功夫，诸如此类，开始我怎么也想不通，经过长时间的琢磨思考，会不自觉地手舞足蹈起来。

评析

此段是徐爱对这些谈话的的总结。作者态度鲜明地指出了除了阳明心学外，其它对'道'做出的学问皆是歪门邪说。不过作者也隐约指出了要躬身践行的前提，人学道理，却行不出来，就不会对道理产生深入的正确的理解。如此，也就无从辨别正邪，在人生的大道上似是而非。这也警惕后世学者，一定要注意在现实中对正确的道理身体力行，切实体察。

陆 澄 录

陆澄,字原静,又字清伯,湖之归安人(今浙江吴兴)。进士。官至刑部主事。王阳明曾经叹曰:"曰仁(徐爱)殁,吾道益孤,至望原静者不浅"。王阳明在第一位学生徐爱英年早逝后,便将弘扬心学的期望寄托于陆澄。黄宗羲对他所记的先生语录也给予了很高的评价。可见陆澄对阳明学说理解的程度之深。详见《明儒学案》卷十四。

▬ 原文

陆澄问:"主一之功,如读书则一心在读书上,接客则一心在接客上,可以为主一乎?"

先生曰:"好色则一心在好色上,好货则一心在好货上,可以为主一乎?是所谓逐物,非主一也。主一是专主一个天理。"

问立志。

先生曰:"只念念要存天理,即是立志。能不忘乎此,久则自然心中凝聚,犹道家所谓'结圣胎'也。此天理之念常存,驯至于美大圣神,亦只从此一念存养扩充去耳。"

译文

陆澄问:"关于专一的功夫,比如,读书就一心在读书上用功,接待客人就一心在接待客人上用功,这是否可以称为'主一'呢?"

先生答说:"迷恋美色就一心在美色上用功夫,贪爱财物就一心在财物上用功夫,这也能称主一吗?这只叫追逐物欲,不叫'主一'。'主一',就是一心专注在天理上。"

陆澄问怎样立志。

先生说:"所谓立志,就是念念不忘存天理。若时刻不忘存天理,时间一久,心自然会在天理上有所凝聚,这就像道家所说的'结圣胎'。天理意念常存,就能逐渐达到孟子讲的美大圣神境界,并且也只能从这一意念存养扩充、延伸。"

评析

人心杂乱,真的可以用欲海狂澜来形容,人很容易就被花花世界里的东西给带走,而其中最厉害的莫过于美色和功利。这也让很多人走向了毁灭,王阳明在此对"主一"的功夫做出了明确的界定,"主一"不是表现在物欲上,也不是表现在兴趣爱好上,而是要求人专注在天理大道上,这才是最根本、最究竟的学问。并且,只要我们时刻警惕,训练自己"主一"的功夫,就能结出"圣胎",并达到孟子所说的"美大圣神"的境界。

■ **原文**

"日间工夫觉纷扰,则静坐。觉懒看书,则且看书。是亦因病而药。"

"处朋友,务相下则得益,相上则损。"

译文

"如果白天存心天理觉得烦燥不安,那么就静坐。如果不想看书,必须去看书,这也是对症下药。"

"与朋友相交,彼此谦让,就会受益;彼此争高下,只能受损。"

评析

这里就日常生活中的具体实践做出简单的告诫,告诫人们要训练自己的静功,告诫人们要努力克服自己的惰性。在交友上,告诫人们要互相谦让。虽然道理很简单,但现实里真正做到的人却很少。

■ 原文

孟源有自是好名之病,先生屡责之。一日,警责方已,一友自陈日来工夫请正。源从旁曰:"此方是寻著源旧时家当。"

先生曰:"尔病又发。"

源色变,议拟欲有所辨。先生曰:"尔病又发。"因喻之曰:"此是汝一生大病根。譬如方丈地内,种此一大树,雨露之滋,土脉之力,只滋养得这个大根。四傍纵要种些嘉谷,上面被此树树叶遮覆,下面被此树根盘结,如何生长得成?须用伐去此树,纤根勿留,方可种植嘉种。不然,任汝耕耘培壅,只是滋养得此根。"

译文

孟源有自以为是、贪求虚名的毛病,阳明先生因此批评过他很多次。一天,先生刚刚教训了他,正巧这时有位朋友跟先生谈了他近来的学习情况,请先生指正。孟源却在一旁说:"这学的只是我过去的家当。"

先生说:"你的老毛病又犯了。"

孟源脸红了,正想为自己辩解。先生说:"你的老毛病又犯了。"接着开导他:"这正是你人生中最大的毛病。好比在一块一丈见方的地里种一棵大树,雨露的滋润,土地的肥沃,只能对这棵树的根供给营养。如果在树的周围栽种一些优良的谷物,上面有树叶遮住阳光,下面被树根盘结,它又怎能生长成熟?所以只有砍掉这棵树,连须根也不留,才能种植优良谷物。否则,任你如何耕耘栽培,也只是滋养大树的根。"

评析

《礼记·曲礼上》中说:"傲不可长,欲不可从,志不可满,乐不可极。"这就是教人要时时注意看好自己的内心,不可骄纵自己,一旦注意到自己有这方面的问题,就要彻底地根除,否则自己做的功夫最终都会被骄气给消耗掉了。

■ 原文

问:"后世著述之多,恐亦有乱正学。"

先生曰:"人心天理浑然。圣贤笔之书,如写真传神,不过示人以形状大略,使之因此而讨求其真耳。其精神意气,言笑动止,固有所不能传也。后世著述,是又将圣人所画摹仿誊写,而妄自分析加增以逞其技,其失真愈远矣。"

译文

陆澄说:"世上著述太多,恐怕只会破坏孔孟圣学吧!"

先生说:"人心天理俨然一体。圣人把它著成书,仿佛写真传神,只是给人一个大概印象,使人们依据轮廓而进一步探求真谛。圣人的精神气质,言谈举止,本来是不能言传的。世上的诸多著作,只是将圣人所画的轮廓再摹仿誊写一次,并妄自解析,添枝加叶,借以炫耀自己的文才,这离圣人之道越来越远了。"

评析

这里就后世兴起的百家学问做出了一番探讨,王阳明认为后世的人在学问方面做出的努力就好比画蛇添足,甚至是有违圣道的。圣人下笔希望能借其神来使人追寻本源,而后世的学问却在枝叶上做更多的延伸,炫耀自己的才华,却越来越使人看不清本相了。越是质朴的东西就越能反应本质,越是华丽张扬的就越容易失真,后世的学问在标新立异、争奇斗艳上花了很多功夫,却和大道相背离,这是不得不引起我们警惕的。

原文

问:"圣人应变不穷,莫亦是预先讲求否?"

先生曰:"如何讲求得许多?圣人之心如明镜,只是一个明,则随感而应,无物不照。未有已往之形尚在,未照之形先具者。若后世所讲,欲是如此,是以与圣人之学大背。周公制礼作乐以文天下,皆圣人所能为,尧、舜何不尽为之而待于周公?孔子删述六经以诏万世,亦圣人所能为,周公何不先为之而有待于孔子?是知圣人遇此时,方有此事。只怕镜不明,不怕物来不能照。讲求事变,亦是照时事,然学者却须先有个明的工夫。学者惟患此心之未能明,不患事变之不能尽。"

译文

陆澄问:"圣人能应变无穷,莫非是事先研究谋划过的?"

先生说:"圣人哪有精力筹备这么多呢?圣人的心犹如明镜,由于它非常明亮,遇到事物产生感应时,也就没有什么不明了的了。没有说已经过去的东西影子还在镜子里,没有被照的东西提前出现在镜子里。若如后人所认为的那样,圣人对什么都事先研究过了,这就与圣人的学说大相径庭了。周公旦制礼作乐惠及天下,是圣人所能做到的,那为什么尧舜不全部做了,而非要等到周公呢?孔子删述六经教育万世,也是圣人所能做到的,为什么周公不先做了而非要等到孔子呢?可见,所谓圣人也只有碰到特定的历史时刻,才会有相应的事业。只怕镜子不够明亮,不怕有物体却不能照出来。学者研究时事变化,就像镜子照物的道理一样,但学者得先有个'明'的功夫。对于学者来说,不怕不能穷究事物的变化,只因担心自己的心不够明亮。"

评析

在很多人看来,圣人是无所不能的,他们预先筹划好了一切的事情,并且会将事情全部实现。王阳明却认为这不过是人对圣人的"神化",圣人和普通人之间的区别就好像镜子上有没有蒙上尘垢。圣人的心虽然和明镜一样能够照彻万物,但也不可能把过去的历史重新显明出来,也不可能将未曾出现在自己面前的事情显现出来。如果圣人是全知全能,那尧舜时代就可以把后世的经文、礼仪全部制定好了,或者说远点,但这些都是只有遇到特定的时刻才能实现的事业。圣人也要受制于时势,和普通人想比,他们只是能够把握住事物的本质,并在合适的时候做出正确的事情,而并非全知全能。

原文

曰:"然则所谓'冲漠无朕,而万象森然已具'者,其言何如?"

曰:"是说本自好,只不善看,亦便有病痛。

"义理无定在,无穷尽。吾与子言,不可以少有所得,而遂谓止此也。再言之十年、二十年、五十年,未有止也。"

他日又曰:"圣如尧、舜,然尧、舜之上善无尽;恶如桀、纣,然桀、纣之下恶无尽。使桀、纣未死,恶宁止此乎?使善有尽时,文王何以'望道而未之见'?"

译文

陆澄说:"既然如此,那程颐先生说的'宇宙混沌无物时,万物之理就已经存在了',这句话对吗?"

先生说:"这句话本来说得很好,只是世人不会理解,也就有了问题。

"义理是无穷无尽,并非一成不变的。我与你交流,不要因为稍有收获,就满足于此停滞不前了。即使再谈十年、二十年,乃至五十年,学问也是永无止境的。"

有一天,先生又说:"即使有人圣明如尧舜,然而在尧舜之上,善也无穷尽;即使恶如桀纣,然而在桀纣之下,恶也无穷尽。倘若桀纣不死,他们的恶行会就此停止吗?倘若善能穷尽,周文王为什么还要感叹'渴慕天理却始终没有遇见'呢?"

评析

上面说万物之理早已在混沌之初就已经全备了，下面又转而谈到关于义理的追求是不是一成不变的，而是永远没有穷尽的。上下文之间看似没有什么联系，实际上都是针对这个变与不变的问题展开讨论的。有人将万物之理全备的意思误解为是一成不变的，所以认为人学习应该也是有止境的。但王阳明认为道虽然在混沌之初就已经存在，但它是一直变化着的，并且即便是在尧舜这样的圣王境界之上，道依然是没有穷尽的。这也勉励后世的学者不要固步自封，认为自己已经到了至善境界，至善是没有穷尽的，正如周文王说"望道而未之见"。

原文

问："静时亦觉意思好，才遇事便不同，如何？"

先曰："是徒如静养，而不用克己工夫也。如此，临事便要倾倒。人须在事上磨，方立得住，方能'静亦定，动亦定'。"

译文

陆澄问："安静时我觉得自己状态很好，可一碰到事情就不是那么回事了，这是为什么？"

先生说："这是因为你只知在静中涵养，却没有做克己功夫。如此碰到事情就会站不住。人应该在事情上磨炼自己，才能立住脚跟，才能达到'静亦定，动亦定'的境界。"

评析

相信很多人都为了让自己保持平静学过静坐，那种平和的状态感觉很好，可一旦遇上事情，该出的问题还是会出现。为此有人觉得守静无功,成热如此,刻意守静不如在专心做事来得更真切,最好是把静的状态也带入工作状态中,这样人就时刻都会处在定的状态。

▬ 原文

问上达工夫。

先生曰:"后儒教人,才涉精微,便谓上达未当学,且说下学。是分'下学''上达'为二也。夫目可得见,耳可得闻,口可得言,心可得思者,皆'下学'也;目不可得见,耳不可得闻,口号不可得言,心不可得思者,'上达'也。如木之栽培灌溉,是'下学'也;至于日夜之所息,条达畅茂,乃是'上达'。人安能预其力哉?故凡可用功,可告语者,皆'下学'。上达只在'下学'里。凡圣人所说,虽极精微,俱是'下学'。学者只从'下学'里用功,自然'上达'去,不必别寻个'上达'的工夫。"

"持志如心痛,一心在痛上,岂有工夫说闲话,管闲事?"

译文

陆澄向先生请教"上达"的功夫。

先生说:"后儒教人,初涉精细微妙处便说'上达'而不便学,而只去讲'下学'。如此一来,就把'下学'和'上达'一分为二了。凡是眼睛能看到的,耳朵能听到的,口中能讲的,心中能想的,都是'下学';眼睛不能看的,耳朵不能听的,口中不能讲的,心中不能想的,就是'上达'。比如,栽培一棵树,灌溉是'下学',树木昼夜生长,枝繁叶茂就是'上达'。人怎可在'上达'方面加以干预呢?因此,只要是可以下功夫,可以言说的学问,都是'下学'。'上达'包含在'下学'里。大凡圣人之说,虽精细入微,也都是'下学'。学者只需从'下学'上用功,自然可以'上达',不必另寻求得'上达'的路径。"

"持守志向犹如心痛,疼痛时注意力都只在心上,哪里有时间讲闲话、管闲事呢?"

评析

这节讨论的内容对很多人来说,可以说确有醍醐灌顶之效。很多人会误认为形而上的道是可以言说的,只是没有人能够合理地将道的精细部分传达出来。不过,王阳明却说,即便是再精细的、再可以言说的学问,都是"下学",而后拿植树举例说明"上达之学"并非人力所能干涉,但学者只要在"下学"上下功夫,"上达"会是自然而然的结果。这也告诫学者要有务实的功夫,做好自己的本分工作,才能真正明"道"。

原文

问:"'惟精''惟一'是如何用功?"

先生曰:"'惟一'是'惟精'主意,'惟精'是'惟一'功夫,非'惟精'之外复有'惟一'也。'精'字从'米',姑以米譬之。要得此米纯然洁白,便是'惟一'意。然非加舂簸筛拣'惟精'之工,则不能纯然洁白也。舂簸筛拣是'惟精'之功,然亦不过要此米到纯然洁白而已。博学、审问、慎思、明辨、笃行者,皆所以为'惟精'而求'惟一'也。他如'博文'者即'约礼'之功,'格物''致知'者即'诚意'之功,'道问学'即'尊德性'之功,'明善'即'诚身'之功。无二说也。

"知者行之始,行者知之成。圣学只一个工夫,知行不可分作两事。"

"漆雕开曰：'吾斯之未能信。'夫子说之。子路使子羔为费宰，子曰：'贼夫人之子。'曾点言志，夫子许之。圣人之意可见矣。"

译文

陆澄问："怎样才能做到'惟精''惟一'呢？"

先生说："'惟一'是'惟精'的主意，'惟精'是'惟一'的功夫，并非在'惟精'之外又有一个'惟一'。'精'的部首为'米'，就以米来打比方吧！要使米纯净洁白，就是'惟一'的意思。如果没有舂簸筛拣这些'惟精'的功夫，米就不可能纯净洁白。舂簸筛拣是'惟精'的功夫，其目的也不过是为了让米纯净洁白。博学、审问、慎思、明辨、笃行，都是为了达到'惟一'而进行的'惟精'功夫。此外，'博文'是'约礼'的功夫，'格物''致知'是'诚意'的功夫，'道问学'是'尊德性'的功夫，'明善'是'诚身'的功夫，除此而外别无解释。

"知是行的开始，行是知的结果。圣学只有一个功夫，知行不能分作两码事。

"漆雕开说：'我对做官没有信心。'孔子听后很满意。子路指使子羔做费城的邑宰，孔子说：'这是误人子弟。'曾点谈论自己的志向，得到孔子的称赞，圣人之意一目了然啊！"

评析

这里又再次提及了"精""一"，指出"精"是为"一"做出的功夫，并举出"格物致知""致知诚意"等例来说明圣学只有一个功夫，知行合一。下文转述到漆雕开做官的典故。漆雕开是孔子的弟子，孔子知道他的才华足以用世，就请他出来做官为政。漆雕开认为自己还不能做到丝毫没有疑惑，自己心中还有信不过的地方，所以不能出来做官。

漆雕开的话足以证明他的精益求精，他追求道德学问一定要到精微之处，这正是惟精惟一的功夫，所以孔子听了他的话很高兴。但是子路就不同了，在子羔学问还没有纯全没有疑惑的时候，子路就让他出仕为官，孔子对此很反感。曾点言及自己的志向时说到自己希望能够在暮春三月时，陪同五六个大人，六七个小孩子到沂水边洗洗澡，在舞雩台上吹吹风，然后一路唱着歌回家。王阳明这里提到曾点，可能是认为曾点和孔子的学问境界已经到了超脱了利禄束缚的境地。这也告诫学者不要急于用世，在自己心志尚未通达无碍的时候，还是要做惟精惟一的功夫。

■ 原文

问："宁静存心时，可为'未发之中'否？"

先生曰："今人存心，只定得气。当其宁静时，亦只是气宁静、不可以为未发之中。"

曰："未便是中，莫亦是求中功夫？"

曰："只要去人欲、存天理，方是功夫。静时念念去人欲、存天理，动时念念去人欲、存天理，不管宁静不宁静。若靠那宁静，不惟渐有喜静厌动之弊，中间许多病痛，只有潜伏在，终不能绝去，遇事依旧滋长。以循理为主，何尝不宁静？以宁静为主，未必能循理。"

译文

陆澄问："宁心静气之时，可否称为'未发之中'？"

先生说："现在人存心，也只是为了静气。在他安静之时，也只是气的宁静，不可妄称为未发之中。"

陆澄说："'未发'就是'中'，'宁静'是'求中'的功夫吗？"

先生说："只要去人欲、存天理，就可称为功夫。静时念念不忘去人欲、存天理，动时也念念不忘去人欲、存天理，不管宁静与否。如果依靠宁静，不仅会渐渐养成喜静厌动的毛病，而且人的诸多毛病只是潜藏下来，最终不能铲除，遇事依然会滋生开来。如果以遵循天理为重，哪里会有不宁静？只是追求宁静，不一定就能遵循天理。"

评析

这节讨论"未发之中"的心明境界，人的喜怒哀乐还没有向外表露时叫"中"，未发之中就是说人内心的一种澄明的状态，对喜怒哀乐都会有感知，但又没有被感觉牵走的状态。很多人认为未发之中是宁心静气时的表现，宁静就是为了"求中"。圣者要求人动静合一，时刻不忘去人欲、存天理，这才是真正的功夫。如果只是在静中做功夫，那人的很多问题会潜伏起来，但遇事还会爆发，所以求静与心存天理还是有差异的。但如果人时刻把心放在天理那，那不论是动还是静，人都会感到宁静。归结到本质，还是一个去人欲、存天理的功夫。

■ 原文

问："'孔门言志，由、求任政事，公西赤任礼乐，多少实用。及曾皙说来，却似耍的事，圣人却许他，是意如何？"

曰："三子是有意必，有意必便偏著一边，能此未必能彼。曾点之意思却无意必，便是'素其位而行，不愿乎其外。素夷狄，行乎夷狄。素患难，行乎患难。无入而不自得矣'。三子所谓'汝器也'，曾点便有'不器'意。然三子之才各卓然成章，非若世之空言无实者，故夫子亦皆许之。"

译文

陆澄问："孔门弟子共聚一堂，讨论志向。子路、冉求想主持政事，公西赤想主管礼乐，多少还算有实用之处。而曾晳所说的似乎是玩耍之类的事，却得到圣人的称许，这是怎么回事？"

先生说："子路、冉求、公西赤的志向有很明显的坚执倾向，人一旦有了这种倾向就会向一边偏斜，顾此失彼。曾晳的志向却没有一个明显的、刻意的意思，正合《中庸》中所谓的'素其位而行，不愿乎其外。素夷狄，行乎夷狄。素患难，行乎患难。无入而不自得矣。'前三个人是'汝器也'的单面之才，而曾晳是'君子不器'的才智通达之人。但是前三个人各有独特才干，不似世上光说不做的人，所以孔子也赞扬了他们。"

评析

这里提到了一个很重要的关于君子的学问——君子不器。孔子一贯主张君子的器量是不能被某个具体的事物辖制的，不过子路、冉求、公西赤表现出来的皆是对某个具体事物的渴求，凡是才智专一的人，一定在大道上会有所亏损，做事功利性会比较强。但曾点却表现出了别样的精神面貌，他所描绘的看似玩耍之境，其实却是礼乐盛世的时候才会有的风貌。他关注的不再是某件具体的关乎自己前途的事，而是一种超乎功利的自得之境，所以才能表现得无入而不自得，这也是契合孔子心意的。

原文

问:"知识不长进,如何?"

先生曰:"为学须有本原,须从本原用力,渐渐'盈科而进'。仙家说婴儿,亦善譬。婴儿在母腹时,只是纯气,有何知识?出胎后,方始能啼,既而后能笑,又既而能识认其父母兄弟,又既而后能立、能行、能持、能负,卒乃天下事无不可能。皆是精气日足,则筋力日强,聪明日开。不是出胎日便讲求推寻得来。故须有个本原。圣人到'位天地、育万物',也只从'喜怒哀乐未发之中'上养来。后儒不明格物之说,见圣人无不知、无不能,便欲于初下手时讲求得尽,岂有此理?"

又曰:"立志用功,如种树然。方其根芽,犹未有干;及其有干,尚未有枝。枝而后叶,叶而后花、实。初种根时,只管栽培灌溉,勿作枝想,勿作叶想,勿作花想,勿作实想。悬想何益?但不忘栽培之功,怕没有枝叶花实?"

译文

陆澄问:"知识不见长进,如何是好?"

先生说:"做学问必须有个根本,要从根本上下苦功夫,循序渐进。道家用婴儿作比,是很好的比喻。婴儿在母腹中,纯是一团气,有什么知识?脱离母体后,方能啼哭,之后会笑,后来又能认识父母兄弟,逐渐能站立、能走、能拿、能背,最后天下的事没有不会的。这都是因他的精气日益充足,筋力日益强壮,智慧日益增长所致。这并非从母体娩出后所能推究得到的。所以要有一个本源。圣人让天地定位、万物化育,也只是从喜怒哀乐未发之中培养起来的。后世儒生不明白格物的主张,看到圣人无所不晓,无所不能,就想在开始时将一切都研究彻底,哪有这番道理?"

先生接着说:"立志为学,就像种树。开始生根发芽,没有树干;有了树干,没有枝节;有了枝节,然后有树叶;有了树叶,然后有花果。刚种植时,只顾栽培浇灌,不要想着开枝散叶,开花结果。空想有什么好处?只要不忘记栽培浇溉的功夫,还怕没有枝叶和花果?"

评析

这节王阳明对初学者在为学上急于求成的态度进行了批评,他认为这是学者还没有把握学问根本导致的。有些人看到圣人好像无所不能,无所不知,就觉得天下有一种学问可以让自己迅速达到这种状态。王阳明指出人智慧的成长就好像道家所说的"结圣胎",人从一团气的状态,长大至圣人境界,那是需要经年累月的积累和操练的。现在的人急于求果,却不知道根在哪里,只一味地寻空求果。如果人把握住为学的根本在于循序渐进,时刻在根本上下功夫,就不会急于求成了。

■ 原文

问:"看书不能明,如何?"

先生曰:"此只是在文义上穿求,故不明。如此,又不如为旧时学问。他到看得多,解得去。只是他为学虽极解得明晓,亦终身无得。须于心体上用功。凡明不得,行不去,须反在自心上体当,即可通。盖四书、五经不过说这心体,这心体即所谓'道心',体明即是道明,更无二。此是为学头脑处。"

"'让心空灵而不糊涂,各种道理存于心中,万事万物都会呈现出来。'心外无理，心外无事。"

译文

陆澄问："读书却不知其意，如何是好？"

先生说："之所以读不懂，是因为人只一味死扣文义。如此，倒不如去学程朱的理学。他们看得多，解释也通，不过，他们虽然讲得清楚明白，但最终却无所得。做学问应该在心上下苦功夫，大凡想不明白，行不通的，必须回到自身，在心上体会，这样就能通了。四书五经说的就是心体，也就是所谓的'道心'，心明即道明，再无其他。这才是做学问的关键所在。"

"心体虚灵澄明儿没有蒙蔽，万般道理都在其中，万事万物也因此产生。所以说心外无理，心外无事。"

评析

这节告诫求学者在做学问的时候，不要拘泥于文字的解释上，程朱理学在王阳明看来就是走向了学问的歧途，光解释字义，却没有从心上下功夫。学问的关键在于心，心明道即明，万般道理都在明心中。这也提醒我们做学问的时候，要多多体察自己的内心，而不是一味研究字句。

■ **原文**

或问："晦庵先生曰：'人之所以为学者，心与理而已。'此语如何？"

曰："心即性，性即理，下一'与'字，恐未免为二。此在学者善观之。"

或曰："人皆有是心，心即理。何以有为善，有为不善？"

先生曰："恶人之心，失其本体。"

译文

有人问："晦庵先生（朱熹）讲：'人之所以为学者，心与理而已。'这句话正确吗？"

先生说："心就是性，性就是理，说个'与'字，恐怕难免将心理一分为二了。这就需要学者善于观察发现。"

有人说："人都有这颗心，心即理。为什么有人行善，有人行不善呢？"

先生说："恶人的心，已经失去了心的本体。"

评析

心即理，心之所思皆为理。但有人行善，有人行恶，这不是因为心和理之间有差别，而是心与心、理与理的差别。人心不同，所生之理也不同，所以才会有歪理之说。恶人就是失去本心的人。

原文

问："'析之有以极其精而不乱，然后合之有以尽其大而无余'，此言如何？"

先生曰："恐亦未尽。此理岂容分析？又何须凑合得？圣人说'精一'，自是尽。

"省察是有事时存养，存养是无事时省察。"

译文

陆澄问:"朱熹在《大学或问》中说:'剖析天理可以看到它极其精确而不杂乱,综合它又会囊括一切无一遗漏',这句话正确吗?"

先生说:"恐怕不完全正确。天理怎么加以分析?又怎么可以综合得来?圣人说的'精一',已经囊括全部了。

"省察是有事之时的存养,存养是无事之时的省察。"

评析

这里就朱熹关于剖析天理、综合天理的说法加以了修正,王阳明认为天理怎么可以剖析,天理又何须整合才能得到?王阳明认为,所谓剖析天理其实是人在有事的时候对天理的一种存养功夫,也就是省察;而整合天理其实是人在无事的时候对天理的一种省察,也就是存养。这其中的意味需要读者自己去省察。

一 原文

澄尝问象山在人情事变上做工夫之说。

先生曰:"除了人情事变,则无事矣。喜怒哀乐,非人情乎?自视、听、言、动以至富贵、贫贱、患难、死生,皆事变也。事变亦只在人情里,其要只在'致中和','致中和'只在'慎独'。"

译文

陆澄曾经向先生请教关于陆九渊在人情事变上下功夫的观点。

先生说:"除了人情事变,再没有其他的事情。喜怒哀乐,难道不是人情吗?从视、听、言、动到富贵、贫贱、患难、生死,都是

'事变'。事变含在人情中,关键在于'中正平和','中正平和'在于'谨独'。"

评析

陆澄和很多学者一样,将人情和事变看成是两种截然不同的功夫。不过王阳明指出,所有的事变无非是视、听、言、动,进而推广到富贵、贫贱、患难、生死,这些都脱离不了人情,所谓事变,都已经包含在人情中了。所以,人情事变的功夫归根结底还是人情的功夫,还是在要"致中和",在"慎独"上下功夫。

原文

澄问:"仁、义、礼、智之名,因已发而有?"
曰:"然。"
他日,澄曰:"恻隐、羞恶、辞让、是非,是性之表德邪?"
曰:"仁、义、礼、智也是表德。性一而已,自其形体也谓之天,主宰也谓之帝,流行也谓之命,赋于人也谓之性,主于身也谓之心。心之发也,遇父便谓之孝,遇君便谓之忠。自此以往,名至于无穷,只一性而已。犹人一而已,对父谓之子,对子谓之父,自引以往,至于无穷,只一人而已。人只要在性上用功,看得一性字分明,即万理灿然。"

译文

陆澄问:"仁、义、礼、智的名称,是从心性已发之后才出现的吗?"
先生说:"是那样的。"

一天，陆澄又问："恻隐、羞恶、辞让，是非，都是'性'的表德吗？"

先生说："仁、义、礼、智也属于表德。性只有一个，就形体而言为'天'，就主宰而言为'帝'，就流行变化而言为'命'，就赋于人的秉性而言就是'性'，主宰人的身体时就是'心'。心性发挥作用，对待父母便是孝，忠于国君便是忠，以此类推，虽然名称无穷无尽，但仅一个'性'而已。这就好比一个人，对父亲而言他称儿子，对儿子而言他称为父亲，以此类推，名称可达无数之多，但只是一个人而已。人只要在性上下功夫，把'性'字看分明了，那么，天下万理皆通。"

评析

这里讨论了人各种美德的称谓，为学者不必每个都去详究其中的道理，这所有的美德都是从人的心性上生发出来的。只要在心性上明了了，其余忠、孝、仁、义、礼、智、信就全部分明了。这里还是将学问的根本归结到心性上。

■ 原文

一日，论为学工夫。

先生曰："教人为学，不可执一偏。初学时心猿意马，拴缚不定，其所思虑，多是人欲一边。故且教之静坐，息思虑。久之，俟其心意稍定。只悬空静守，如槁木死灰，亦无用。须教他省察克治，省察克治之功则无时而可间，如去盗贼，须有个扫除廓清之意。无事时，将好色、好货、好名等私欲逐一追究搜寻出来，定要拔去病根，永不复起，方始为快。常如猫之捕鼠，一眼看着，一耳听着。才有一念萌动，即与克去。斩钉截铁，不可姑容，与他方便。不可窝藏，不可放他出路，方是真实用功。方能扫除廓清，到得无私可克，自有端拱时在。虽曰'何思何虑'，非初学时事。初学必须思省察克治，即是思诚，只思一个天理，到得天理纯全，便是'何思何虑'矣。"

译文
一天，师生共同探讨怎样做学问。

先生说："教人做学问，不可偏执一端。初学时三心二意，心猿意马，套不住，绑不定，人们所考虑的大多是私欲方面的事。因此，不如教他静坐，借以安定思绪。久而久之，等他心意略有安定。但若只是一味悬空守静，如槁木死灰一般，也没有用。必须教他做省察克治的功夫。省察克治的功夫是没间断的时候的，好比铲除盗贼，要有一个彻底杜绝的决心。无事时，就把好色、贪财、慕名等私欲一一搜寻出来，一定要将病根拔去，使它永不复发，才会觉得痛快。好比猫逮鼠，眼睛盯着，耳朵听着，私欲一有憎懂，就立马予以克服。斩钉截铁，绝不姑息令其有喘息的功夫。既不让老鼠躲藏，也不让它逃脱，这才是真功夫。如此才能扫除廓清心中的私欲，到了没有私欲可以克制的地步，人自然会有拱手端坐的时候。所谓'何思何虑'，并非初学者能做到的。初学者必须思考省察克治的功夫，亦即思诚，只想一个天理，等到天理完全纯正时，也就是'何思何虑'了。"

评析
这里探讨了学问在哪里下功夫的问题。和当今学者在文字上下功夫的方向不同，王阳明看到了人一切的问题都是从心上产生的，唯有解决了心的问题,人才有可能做到坦然无惧。他告诫学者一定要在克制私欲上多下功夫,而且只要人还在清醒的状态就不容丝毫的间歇。克己的功夫纯全了,在人群中就会表现得自然得体,就不会有畏手畏脚或者轻浮放荡的行为。

原文

澄问:"有人夜怕鬼者,奈何?"

先生曰:"只是平日不能'集义',而必有所谦,故怕。若素行合于神明,何怕之有?"

子莘曰:"正直之鬼不须怕,恐邪鬼不管人善恶,故未免怕?"

先生曰:"岂有邪鬼能迷正人乎?只此一怕,即是心邪,故有迷之者。非鬼迷也,心自迷耳。如人好色,即是色鬼迷;好货,即是货鬼迷;怒所不当怒,是怒鬼迷;惧所不当惧,是惧鬼迷也。"

"定者,心之本体,天理也。动静,所遇之时也。"

译文

陆澄问:"有的人夜晚害怕鬼,怎么办?"

先生说:"这种人平时不肯行善积德,内心有所亏欠,所以害怕。若平时的行为合于神明的心意,又有什么可怕的?"

马子莘(陆澄学友)说:"正直的鬼不可怕,但邪恶之鬼不理会人的善恶,所以难免有些害怕。"

先生说:"邪鬼怎能迷惑正直的人?就单说这一怕,就足以说明此人心邪了,所以会被迷惑。并非鬼迷惑了人,是自己的心被迷住了。例如,人好色,就是被色鬼迷;贪财,就是被财鬼迷;不该怒而怒,就是被怒鬼迷;怕不该怕的事物,就是被惧鬼迷。"

"定为心之本体,即天理。动与静,只是在不同时间下的表现。"

评析

现在很多人为了寻求刺激会喜欢看鬼片,不过这类人并非真的不怕鬼。不过,这究竟不是什么正常的喜好。在王阳明看来,平生不做亏心事,半夜不怕鬼敲门。不论是善鬼还是恶鬼,在他看来,都没有什么好怕的。人是被自己的心所迷惑的,心上没有尘垢,心体光明,即是天理,天理难道还怕鬼吗?

原文

问:"孔子正名,先儒说上告天子,下告方伯,废辄立郢。此意如何?"

先生曰:"恐难如此。岂有一人致敬尽礼,待我而为政,我就先去废他,岂人情天理?孔子既肯与辄为政,必已是他能倾心委国而听。圣人盛德至诚,必已感化卫辄,使知无父之不可以为人。必将痛哭奔走,往迎其父。父子之爱,本于天性。辄能悔痛真切如此,蒯聩岂不感动底豫?蒯聩既还,辄乃致国请戮。聩已见化于子,又有夫子至诚调和其间,当亦决不肯受,仍以命辄。群臣百姓又必欲得辄为君。辄乃自暴其罪恶,请于天子,告于方伯诸侯,而必欲致国于父。聩与群臣百姓亦皆表辄悔悟仁孝之美,请于天子,告于方伯诸侯,必欲得辄而为之君。于是集命于辄,使之复君卫国。辄不得已,乃如后世上皇故事,率群臣百姓尊聩为太公,备物致养。而始退复其位焉。则君君、臣臣、父父、子子,名正言顺,一举而为政于天下矣。孔子正名,或是如此。"

译文

陆澄问:"孔子端正名分,先儒说孔子是上告天子,下告四方诸侯,废除公子辄而拥戴公子郢。这种看法正确吗?"

先生说:"这种看法很难赞同。哪有人在位时对我恭敬尽礼,要求我辅佐从政,我却想要先废除他的道理?天理人情岂能容忍?孔子既然答应辅公子辄为政,必然是他能倾心将国家委托给孔子治理并听从孔子的教诲。圣人的至诚大德一定感化了卫君辄,使他知道不孝敬父亲就不能做人的道理。辄必然痛哭前去迎接父亲归国。父子之爱,是出自人的天性。辄若能如此悔悟反省,蒯聩怎能不受感动?蒯聩回来后,辄把国家交给父亲治理,请求以死谢罪。蒯聩已被儿子深深打动,又有孔子在中间诚心调解,蒯聩当然不会接受,仍然让儿子治理国政。大臣百姓也一定要辄为国君。辄于是公布自己的罪过,请示天子,敬告方伯、诸侯,一定要让位于父亲。蒯聩和群臣百姓都赞扬辄悔过、仁孝的美德,就请示天子,敬告方伯、诸侯,非要辄作他们的君主。于是,众人为辄请命,又使他再当卫国的国君。辄无奈之下,用类似于后世尊立'太上皇'的方法,带领群臣百姓先尊奉蒯聩为'太公',让他无所不有、养尊处优,然后才恢复自己的君位。这样一来,国君像个国君,大臣像个大臣,父亲像个父亲,儿子像个儿子,名正言顺,一个举措就让天下太平了。孔子所谓的'正名',或许就是这个意思吧!"

评析

圣人之德有兼善之化,他能将自己心中的孝、仁、忠、义推及到别人身上。不过王阳明这里所说的辄与蒯聩之间故事好像与史实不太相合。

原文

澄在鸿胪寺仓居，忽家信至，言儿病危，澄心甚忧闷，不能堪。

先生曰："此时正宜用功，若此时放过，闲时讲学何用？人正要在此等时磨练。父之爱子，自是至情，然天理亦自有个中和处，过即是私意。人于此处多认做天理当忧，则一向忧苦，不知已是'有所忧患不得其正'。大抵七情所感，多只是过，少不及者。才过，便非心之本体，必须调停适中始得。就如父母之丧，人子岂不欲一哭便死，方快于心？然却曰'毁不灭性'。非圣人强制之也，天理本体自有分限，不可过也。人但要识得心体，自然增减分毫不得。"

"不可谓未发之中常人俱有。盖'体用一源'，有是体即有是用。有未发之中，即有发而皆中节之和。今人未能有发而皆中节之和，须知是他未发之中亦未能全得。"

译文

陆澄在鸿胪寺小住，突然收到家信一封，说儿子病危，他心里很忧闷，不堪忍受。

先生说："现在正是用功时刻，如果错过这个机会，平时讲学又有什么用处？人就是要在这时候磨炼意志。父亲爱儿子，固然是诚挚感情，但天理也有个中和处，过度了就是私欲。此时，人们往往认为按天理应该忧伤，就去一味沉浸忧苦，这正是'有所忧患不得其正'。但凡七情的表露，过分的多，不够的少。稍有过分，就不是心的本体，必然调节适中才算可以。比如，父母双亲去世，作儿女的哪有不想一下子哭死心里才痛快呢？然而，《孝经》中说：'毁不灭性'。并不是圣人要求世人抑制情感，而是天理本身自有界限，不可超越。人一旦认识了心体,自然分毫都不能增减。

"不能说'未发之中'常人都具有。因为'体用一源',有这个体,就有这个用。有'未发之中',就有'发而皆中节之和'。今天的人不能'有发而皆中节之和',这是因为是他'未发之中'也未能做到。"

评析

这里谈到感情节制的问题,陆澄因为儿子生病陷入过分的忧伤之中,王阳明告诫他圣人不是不允许人悲伤,只是悲伤要有节制,过了度就不合乎天理了。节制的爱是天理的表现,过度的爱则是人私欲的彰显,进而指出人之所以不能做到感情流露的"中节之和",完全是因为他们尚未做到"未发之中"。归根结底,想要合宜地流露出自己的感情,就要在平日操练自己的心性。

■ 原文

"《易》之辞是'初九,潜龙勿用'六字,《易》之象是初画,《易》之变是值其画,《易》之占是用其辞。"

"'夜气'是就常人说。学者能用功,则日间有事无事,皆是此气翕聚发生处。圣人则不消说'夜气'。"

译文

"'初九,潜龙勿用',是《易经》乾卦的初爻爻辞。《易经》的卦象是指初九爻,《易经》的变化是困动而碰到了新爻,《易经》的占卜是利用卦爻辞。"

"存夜气,是就普通人而言的。做学问的人如果能够用功,那么,白天无论有事无事,都是夜气的聚合发散在起作用。圣人则不必讲究夜气。"

原文

澄问操存舍亡章。

曰:"'出入无时,莫知其乡',此虽就常人心说,学者亦须是知得心之本体亦元是如此,则操存功夫始没病痛。不可便谓出为亡,入为存。若论本体,元是无出无入的。若论出入,则其思虑运用是出,然主宰常昭昭在此,何出之有?既无所出,何入之有?程子所谓'腔子',亦只是天理而已。虽终日应酬而不出天理,即是在腔子里。若出天理,斯谓之放,斯谓之亡。"

又曰:"出入亦只是动静,动静无端,岂有乡邪?"

译文

陆澄就《孟子》中"操存舍亡"一章请教于先生。

先生说:"'心的出入没有时间规律,无从知道它的归宿',它虽然是就平常人的心来说的,做学问的人也应当明白心的本体正是这样。如此,操存功夫才能没有缺陷。不可随便认定出就是亡,入就是存。如果从本体来说,心原本是无所谓出入的。如果谈到出入,那么,人进行思维活动即为出,但人的主宰昭然在此,何出之有?既然没有出,何入之有?程颐先生所谓'心要在腔子里'的腔子,也只是天理而已。虽然终日应酬,也不会越出天理,仍在腔子里面。如果越出天理,就是所谓的放,就是所谓的亡。"

先生又说:"心的出入也只是动静而已,动静无常,哪里又有归宿呢?"

评析

心猿意马，是人们对不定心性的一种比喻，在人们惯常的认识中，心是有出入的，它不时常在人身上。不过，王阳明却告诫为学者，其实心的本体也就如此，心不是因为出去了就不存在了，也不是因为回来了就又存在了。其实心本无所谓出入，在王阳明看来，这种出入其实是心性的动静问题。心性妄动就会模糊不明，心性澄静则万物自照于心。因为它是一直存在的，也就无所谓归宿一说了。

▬ 原文

王嘉秀问："佛以出离生死诱人入道，仙以长生久视诱人入道，其心亦不是要人做不好，穷其极至，亦是见得圣人一截。然非入道正路。如今仕者，有由科，有由贡，有由传奉，一般做到大官，毕竟非入仕正路，君子不由也。仙、佛到极处，与儒者略同，但有了上一截，遗了下一截，终不似圣人之全。后世儒者，又只得圣人下一截，分裂失真，流而为记诵、词章、功利、训诂，亦卒不免为异端。是四家者，终身劳苦，于身心无分毫益。视彼仙、佛之徒，清心寡欲，超然于世累之外者，反若有所不及矣。今学者不必先排仙、佛，且当笃志为圣人之学。圣人之学明，则仙、佛自泯。不然，则此之所学恐彼或有不屑，而反欲其俯就，不亦难乎！鄙见如此，先生以为何如？"

先生曰："所论大略亦是。但谓上一截、下一截，亦是人见偏了如此。若论圣人大中至正之道，彻上彻下，只是一贯，更有甚上一截、下一截？'一阴一阳之谓道'，但'仁者见之便谓之仁，知者见之便谓之智，百姓又日用而不知，故君子之道鲜矣。'仁、智岂可不谓之道，但见得偏了，便有弊病。"

"蓍固是《易》,龟亦是《易》。"

译文

王嘉秀说:"佛教用超脱生死来劝人信教,道教以长生不老劝人信奉,其本意也不要人干坏事,但归根结底,也只是看到了圣人的上一截,但不是入道的正途。今天谁要做官,有的经科举考试,有的由乡里推举,有的依靠先辈荫庇,同样可做大官,但这些毕竟不是入仕途的正道,君子是不会走这条路的。道、佛到终极点,和儒学大致相同。后世儒生,往往只注意到圣人下一截,因而上下分裂,失去了圣人的真意,从而使儒学变为记诵、词章、功利、训诂之学,最终不免发展为异端。这些从事记诵、词章、功利、训诂之学的人,终身辛苦劳碌,毫无收益,看到信佛、修道的人清心寡欲,超然世外,反而感到自己有所不及。当今的学者不必先去排挤佛、道之学,而当笃志学习圣人之学。圣学发展光大,佛、道两派自然就会消弭。如若不然,儒生所学的知识,佛、道两家都不屑,却想使佛、道两家服气,不是很难吗?这是我的浅薄之见,先生认为如何?"

先生说:"你所讲的大致正确,但说上一截、下一截,也是人们理的偏颇之见。圣人大中至正的道,上下连贯一气,怎么会上一截、下一截?《易·系辞》上说的'一阴一阳谓之道',然而'仁者见之便谓之仁,智者见之便谓之智,百姓又日用而不知,故君子之道鲜矣'。仁与智怎么能说不是道,但片面去看,难免存在弊端。"

"用蓍草占卜是《易》,用龟壳占卜也是《易》。"

评析

这里涉及的知识面比较广,未对佛、道有所理解的人难免觉得此话难于理解。但王阳明倡导的学问归根结底还是心性的学问,而佛、道之学对形而上的问题探讨得比较深入，关注终极归宿的问题，但是对现实层面的教化却很薄弱，所以王嘉秀说人们学这两种学问往往在下一截的人事上有所荒废，不好入门。儒学虽然从伦理学角度切入，讨论的话题往往集中在人事上，但后世学者一味死钻在里面，将圣人之学发展成了记诵、词章、训诂、功利的学问，终身劳苦也没有进入圣门。王阳明在这基础之上，纠正学生的说法，将"上下"之说改为了"仁者见仁智者见智"的说法，认为当今学者所走的不同道路无关乎集中在上下之说，而是认识片面导致的问题。

▅ 原文

问："孔子谓武王未尽善，恐亦有不满意。"

先生曰："在武王自合如此。"

曰："使文王未没，毕竟如何？"

曰："文王在时，天下三分已有其二。若到武王伐商之时，文王若在，或者不致兴兵，必然这一分亦来归了。文王只善处纣，使不得纵恶而已。"

译文

陆澄问："孔子认为武王没有尽善，恐怕孔子也有对武王有不满意之处。"

先生说："对武王来说，这样的评价就合适了。"

陆澄问："如果文王没死，将会如何？"

先生说："文王在世时，他已经拥有三分之二的天下。武王伐纣时，如果文王还活着，也许不会动用兵甲，余下的三分之一的天下也一定归附了。文王只要妥善处理与商纣的关系，使纣不再纵恶就够了。"

评析

关于周文王、周武王尽善尽美的问题，孔子早有论断。他认为文王做到了尽善尽美，武王却只是尽美未曾尽善，这多少是因为和他兴兵讨伐纣王有关。在王阳明看来，如果他也能修善美德，天下自会归顺。这种评价也打破了后世学者对于历史名人的迷信心理，即便是周武王，在"善"的功夫上也是有所亏欠的。

■ 原文

惟乾问孟子言"执中无权犹执一"。

先生曰："中只是天理、只是易。随时变易，如何执得？须是因时制宜，难预先定一个规矩在。如后世儒者要将道理一一说得无罅漏。立定个格式，此正是执一。

译文

惟乾就孟子所说的"执中无权犹执一"向先生请教。

先生说："'中'就是天理，就是变化。它会随着时间的推移而变化，人怎么能够固执天理？所以需要因时制宜，很难预先定下一个规矩。后代的儒生们，想要把道理讲得天衣无缝，就定下一个固定的程式，这正是所谓的偏执。"

评析

这里所说的执理，其实不单单会表现在心性的学问上，我们在生活中也会有像那些儒生一样试图为自己制定一套合理的行为标准的习惯,最终会发现,人根本没有办法在这套标准上成全,也没有办法贯彻这些标准。所以王阳明说孟子的"执中""执一"其实都是偏执的表现。

原文

唐诩问:"立志是常存个善念,需要为善而去恶否?"

曰:"善念存时,即是天理。此念即善,更思何善?此念非恶,更去何恶?此念如树之根芽。立志者,长立此善念而已。'从心所欲不逾矩',只是志到熟处。"

"精神、道德、言动,大率收敛为主,发散是不得已。天地人物皆然。"

译文

唐诩问:"立志就是要心中常存善念,需要为善而去恶吗?"

先生说:"有善念时,即为天理。这个意念就是善,还去想别的什么善呢?这个意念不是恶,还要再除什么恶呢?这个意念好比树的根芽。立志的人,就是常常持守这个善念罢了。《论语·为政》篇中说:'从心所欲,不逾矩',就是守志到了成熟的地步。"

"精神、道德、言行,大多以收敛为主,向外扩散是出于无奈。天、地、人、物都是如此。"

评析

这里谈到立志、守志的问题,唐诩问人立志是否要行善去恶。从常理上来说,为善去恶是必然的,不过这里的问题核心在于人是否要通过行善来去恶,来存养善念。王阳明指出,心善时即为天理,这时还有什么别的善可想,又有什么恶可以去除呢?所以行善止恶只不过是表面的说法，真正心中有善的人不需要刻意行善，进而指出天、地、人、物都是以收敛为主，有所发散，有所行动都是出于不得已，所以就不要再为自己添加什么苦功夫了。正所谓，没事不找事，有事不怕事。

■ 原文

问："文中子是如何人？"

先生曰："文中子庶几'具体而微'，惜其蚤死。"

问："如何却有续经之非？"

曰："续经亦未可尽非。"

请问。

良久曰："更觉'良工心独苦'。"

"许鲁斋谓儒者以治生为先之说亦误人。"

译文

有人问："文中子王通是怎样一个人？"

先生说："王通差不多可说是'几乎具备圣人资质，只有一点点不足'的人，可惜他去世太早。"

又问："那怎么会有仿作经书的过失呢？"

先生说："关于仿作经书的问题也不能全盘否定。"

再问是怎么回事？

先生沉思了良久，才说："我现在更能体会到'良工心独苦'这话的意思了。"

"许鲁斋认为儒者以谋生为主的说法也误人子弟。"

评析

这里又继续讨论了王通续经的问题,王阳明对王通的评价相当高,同后世对王通续经一味地指责不同,他认为王通的确有圣人之资。而后引用"良工心独苦"作为回应,说明才华举世的人所思所想是不能为常人所理解的。后文与上文现在看来连接不是很紧密,但联系上下文看,这里可能是说许鲁斋认为王通仿作经书是标榜自己的虚浮之举,并以此告诫后世儒生应该在谋生处下功夫。王阳明说这种论调着实害人不浅。

原文

问仙家元气、元神、元精。

先生曰:"只是一件,流行为气,凝聚为精,妙用为神。

"喜、怒、哀、乐本体自是中和的。才自家着些意思,便过不及,便是私。"

问"哭则不歌。"

先生曰:"圣人心体自然如此。

"克己须要扫除廓清,一毫不存,方是。有一毫在,则众恶相引而来。"

译文

陆澄请教道家所谓的元气、元神、元精是指什么?

先生说:"三者是件事,流行时称作气,凝聚时称作精,妙用时称作神。"

"喜怒哀乐,原本就是中和的。只是自己加了些意思,就会表现为过分或不及，也就成了私欲。"

陆澄问道："哭泣时不唱歌是怎么回事？"

先生说："圣人的心体，原本是这样的。"

"克己务必彻底干净，不存丝毫私欲才算可以。有一点私欲存在，众多的邪恶就会接踵而至。"

评析

这段对话跳跃程度比较大。学生先请教了精气神的问题，相信很多人认为这是三种不同的事物，但是王阳明指出，精是气的凝聚，神是精的妙用，这三者本是一体三用的。而后话题转到了喜怒哀乐的中和问题上，笔者揣测这里应该是将精神的妙用与生活中的喜怒哀乐结合起来看待的，有妙用，人的感情才会和谐。失去这种妙用，人的感情可能就会过分，或者表现为冷漠。精神失去妙用，感情失衡，都是因为人有私欲的存在，而一丁点的私欲就找招致众多的邪恶，所以在克己的功夫上必须要做到纤尘不染。

原文

问《律吕新书》。

先生曰："学者当务之急，算得此数熟亦恐未有用。必须心中先具礼乐之本方可。且如其书说，多用管以候气。然至冬至那一时刻，管灰之飞，或有先后须臾之间，焉知那管正值冬至之刻？须自心中先晓得冬至之刻始得。此便有不通处。学者须先从礼乐本原上用功。"

译文

有人询问先生对《律吕新书》的看法。

先生说:"就算把律吕之数算得再熟悉,对学者的当务之急来说,恐怕也毫无用处。学者心中必须有礼乐的根本才行。就算书上讲,常用律管观察节气的变化。但时至冬至,律管里灰的飞动的时间在先后有短暂的差别,又怎么知道哪个是冬至正点?必须自己心中必须该有一个冬至来临的时刻才行,此处就有不通之处。所以,学者必须先从礼乐的根本上苦下功夫。"

评析

王阳明在这里指出算数和观察气节对人的当务之急都是无济于事的,并明确指出人心中要有礼乐的标准,外在的事物即便再衡量精确,对人心性的影响也于事无补。

原文

曰仁云:"心犹镜也。圣人心如明镜,常人心如昏镜。近世格物之说,如以镜照物,照上用功,不知镜尚昏在,何能照?先生之格物,如磨镜而使之明,磨上用功,明了后亦未尝废照。"

译文

徐爱说:"心就如镜子。圣人心似明镜,平常人心似昏镜。近代的格物学说,好比用镜照物,只知道怎么在照上用功,却不明白镜子本身就昏暗,又如何能照物呢?先生的格物学说就像磨过的镜子一样明朗,是在磨上下功夫,镜子光亮之后,也不会影响照亮事物。"

评析

这里依然是对明心和昏心做出的比喻,徐爱认为程朱理学好比拿一个昏暗的镜子去照东西,结果毫无所得,只是在字句上把道理勉强解释通了,但学习他们的人心地还是很昏昧。

▬ 原文

问道之精粗。

先生曰:"道无精粗,人之所见有精粗。如这一间房,人初进来,只见一个大规模如此。处久,便柱壁之类,一一看得明白。再久,如柱上有些文藻,细细都看得出来。然只是一间房。"

译文

有人就'道的精粗'怎样理解向先生请教。

先生说:"道本身并无精粗,可人们对道的认识上会有粗精之分。好比这间房子,人开始搬来,只能看个大致情况。住久了,房柱、墙壁等,一一就会看得清楚。时间更长一点,连柱子上的花纹也历历可数。但房间只是一个房间"

评析

这节以道的粗精发问作为起始,说明道没有粗精,人之所见有粗精,并指出了一个通理,那就是人对道的认识必须经过时间的沉淀,有一个循序渐进的过程。

▬ 原文

先生曰:"诸公近见时少疑问,何也?人不用功,莫不自以为已知为学,只循而行之是矣。殊不知私欲日生,如地上尘,一日不扫便又有一层。着实用功,便见道无终穷,愈探愈深,必使精白无一毫不彻方可。"

译文

先生说:"各位最近见面为什么很少提问题了?人不用功,都会认为自己已经知道了用功的方法,只需根据已知的行动就可以了。但不知私欲一天天膨胀,像地上的灰尘,一天不打扫就会多一层。如果踏实用功,就会了解道的永无止境,越钻研就越觉得深奥,务必要达到纯净洁白,无丝毫不透彻的境界才行。"

评析

得少为足的人往往会在学问的道上懈怠安逸起来,这时候他们会倾向于沉默,不再多提问,并会循着某个现成的方法做事,甚至认为自己已经超过了老师。不过,王阳明深切地指出学无止境的道理,私欲的扫除就像家里的灰尘,即便把过去积累的尘垢全部扫除了,但只要开始懈怠,灰尘又会开始堆积,所以务要使心地纯洁,没有丝毫障蔽才行。

■ 原文

问:"知至然后可以言诚意。今天理人欲知之未尽,如何用得克己工夫?"

先生曰:"人若真实切己用功不已,则于此心天理之精微,日见一日,私欲之细微,亦日见一日。若不用克己工夫,终日只是说话而已,天理终不自见,私欲亦终不自见。如人走路一般,走得一段方认得一段,走到歧路时,有疑便问,问了又走,方渐能到得欲到之处。今人于已知之天理不肯存,已知之人欲不肯去,且只管愁不能尽知,只管闲讲,何益之有?且待克得自己无私可克,方愁不能尽知,亦未迟在。"

译文

有人问:"《大学》中说'知至尔后才能讲诚意'。如今我们天理和人欲都还未彻底认识,如何能用克己功夫?"

先生说:"人若能切己认真地连续用功,那么对于人心天理的精微处就能一天天地认识,对于私欲的细微处也能一天天地认识。如果不用克己功夫,整天只是说说而已,自己最终不能看到天理,到底也不能看到私欲。好比人行路,走一段,才看清楚一段。到岔路口时,有疑问就打听,打听了再走,才能慢慢到达目的地。今天的人们对已知的天理不肯存养,对已知的私欲不肯扫除,只一味忧愁不能尽知天理,只讲空话,有什么好处?倒不如等到自己无私可克,再忧愁不能尽知也为时不晚。"

评析

这里提出了一个疑惑是,既然人只有先知了,才能做到意诚,那克己的功夫在没有尽知天理人欲的时候,又如何做到诚意克己呢?王阳明指出,对天理人欲的知晓有粗糙和精细的差别,人的确不能一下子就做到完全的意诚,但起码可以在粗糙的方面先下功夫,等到功夫日深,自然能够见到精细的层面。但前提是要切实用力地存天理,去人欲。

▬ 原文

问:"道一而已,古人论道,往往不同,求之亦有要乎?"

先生曰:"道无方体,不可执著。却拘滞于文义上求道,远矣。如今人只说天,其实何尝见天?谓日、月、风、雷即天,不可;谓人、物、草、木不是天,亦不可。道即是天。若识得时,何莫而非道。人但各以其一隅之见,认定以为道止如此,所以不同。若解向里寻求,见得自己心体,即无时无处不是此道。亘古亘今,无终无始,更有甚同异?心即道,道即天。知心则知道、知天。"

又曰:"诸君要实见此道,须从自己心上体认,不假外求,始得。"

译文

有人问:"道即为一,古人论道往往不同,求道是否也有技巧可言?"

先生说:"道没有方向,没有形体,不可执著。局限在文义上求道,离道就远了。如今人们说天,其实又何曾见过天?认为日月风雷是天是不对的;说人物草木非天也不行。道就是天,若能认识这一点,那什么不是道呢?人只是局限于自己的一隅之见,认为道只是如何如何,所以道才有所不同。如果明白向心里寻求,认识了己本心,那么,无时无处不是这个道。道自古到今,无始无终,哪还有什么同异?心即道,道即天。认识了自己的本心也就认识了道与天。"

先生接着又说:"各位若想真切地看见这个道,务就得从己心上体会认识,不必到心外去寻求才算可以。"

评析

心外无道，心外无理，是阳明思想的核心思想之一。此心若是不掺杂私欲，即是天理，只因为每个人私欲的掺杂程度不同，对道的认识也就有精细与粗浅的区别。若是哪天克己功夫纯熟，心性显明，那心、道、天就纯然合一了。

■ 原文

问："名物度数，亦须先讲求否？"

先生曰："人只要成就自家心体，则用在其中。如养得心体，果有未发之中，自然有发而中节之和，自然无施不可。苟无是心，虽预先讲得世上许多名物度数，与己原不相干，只是装缀临时，自行不去。亦不是将名物度数全然不理，只要'知所先后，则近道'。"

又曰："人要随才成就，才是其所能为。如夔之乐，稷之种，是他资性合下便如此。成就之者，亦只是要他心体纯乎天理。其运用处皆从天理上发来，然后谓之'才'。到得纯乎天理处，亦能'不器'。使夔、稷易艺而为，当亦能之。"

又曰："如'素富贵，行乎富贵。素患难，行乎患难'，皆是'不器'。此惟养得心体正者能之。"

"与其为数顷无源之塘水，不若为数尺有源之井水，生意不穷。"时先生在塘边坐，旁有井，故以之喻学云。

译文

有人问："事物的名称、数量和功用，也须先行研究吗？"

先生说："人只要能成全自己的心体，物用就在其中了。倘若把心体存养得有一个'未发之中'，自然有'发而中节之和'，自然是做什么都很容易。如果没有这颗心,即使事先讲了世上许多名物度数,和自己也不相干,仅是一时的装饰,自然不能处事应物。当然,这并不是说根本不管名物度数,只是要'知道事物的先后,离道就不远了'。"

先生又说:"人要根据自己的才能办事,这才是他能有所成的地方。例如,夔精通音乐,稷擅长种植,是他们天生的资质适合才这样做的。成就一个人,也是要他心体完全是天理。一个人有成就,也都是要他的心体在天理上纯全。他所施展功用的地方都是从天理上生发来的,然后才可称之为'才'。心性纯乎天理,也就能成为'不器'。就是让夔和稷交换他们所从事的职业,夔种谷,稷作乐,照样能行。"

先生又说:"《中庸》说'身处富贵,就做富贵时能做的事。身处患难,就做患难时能做的事',这些都属于'不器'。这些只有把心体存养得纯正的人才可做到。"

"与其掘一个数顷之大的没有源泉的池塘,倒不如挖一口数尺之深的有源泉的水井,如此,水源就会常流而不枯竭。"那时,先生正坐在池塘边,身旁有一口井,所以就用这个来比喻做学问。

评析

这里讲到了为学先后的问题,有人发问学习物理名称和它的功用,也要从心性上先下功夫吗?王阳明在这点上是非常明确的,在他看来,不论学习什么知识,都得从心学开始。天理纯全的人,掌握事理、运用事理的能力都会超越常人,而且能成为"不器之才",这样,即便是驾驭别的职业,也照样能做到。

最后一段举例池塘和井的例子来说明人要懂得在根本上下功夫,只有专注精深了,才能有源源不断的妙用。

■ 原文

问:"世道日降,太古时气象如何复见得?"

先生曰:"一日便是一元。人平旦时起坐,未与物接,此心清明景象,便如在伏羲时游一般。"

译文

有人问:"世道日渐衰微,远古时的清明气象如何才能再见到呢?"

先生说:"一天就是一元。人从清晨起床后坐着,还未应事接物时,此时心中的清明景象,就像在伏羲时代遨游一般。"

评析

人早晨心体尚未应物时,心性纯乎天理,能感受到气象清明,这就好像处在伏羲时代。王阳明并没有去过伏羲的时代,为何他敢这么说,只因此心纯乎天理,已经超越了时代、空间的界限,心明的人当下就能感受到世上的清明气象。

■ 原文

问:"心要逐物,如何则可?"

先生曰:"人君端拱清穆,六卿分职,天下乃治。心统五官,亦要如此。今眼要视时,心便逐在色上;耳要听时,心便逐在声上。如人君要选官时,便自去坐在吏部;要调军时,便自去坐在兵部。如此,岂惟失却君体，六卿亦皆不得其职。"

"善念发而知之，而充之。恶念发而知之，而遏之。知与充与遏者，志也，天聪明也。圣人只有此，学者当存此。"

译文

有人问："心要追逐外物，怎么办？"

先生说："国君端身拱手，六卿各司其职，天下一定大治。人心统领五官，也须如此。如今眼睛要看时，心就去追求美色；耳朵要听时，心就去追求美声。如果君主要选拔官员，就亲自到吏部；要调遣军队，就亲自去军营。这样，不仅丧失了君王的身份，百官们也不能尽职尽责。"

"善念萌生，就要觉察并加以扩充。恶念萌生，就要觉察并加以扼制。觉察、扩充、扼制都是志，是天赋予人的智慧。圣人唯有这个，学者应当存养它。"

评析

心随耳目之欲驰骋于外，那么心中的和气就会受到亏损，恶念即可能由此滋生；明道的人，心能统领五官，心中的和气不会因为外物的变化而受到亏损，和气存养于心，善念自然萌生。

▇ 原文

澄曰："好色、好利、好名等心，固是私欲，如闲思杂虑，如何亦谓之私欲？"

先生曰："毕竟从好色、好利、好名等根上起，自寻其根便见。如汝心中决知是无有做劫盗的思虑，何也？以汝元无是心也。汝若于货、色、名、利等心，一切皆如不做劫盗之心一般，都消灭了，光光只是心之本体，看有甚闲思虑？此便是'寂然不动'，便是'未发之中'，便是'廓然大公'。自然'感而遂通'，自然'发而中节'，自然'物来顺应'。"

译文

陆澄问："好色、贪财、慕名等心，固然是私欲，像那些闲思杂念，为什么也称私欲呢？"

先生说："闲思杂念，到底还是从好色、贪财、慕名这些根上滋生出来的，如果寻根究底地探寻自己就会发现。例如，你自信绝对没有做贼抢劫的想法，为什么？因为你根本就没有这份心思，你如果对色、财、名、利等想法都像不做贼的心一样都消灭了，只剩下心的本体，还何来闲思杂念？这就是'寂然不动'，也就是'未发之中'，自然可以'发而中节'，自然可以'物来顺应'。"

评析

人们都认为好色、贪利、好名是大病，是需要根除的私欲，但人们没有想到烦杂念想也是私欲。正如王阳明所说，有烦杂念想正是私欲尚未根除造成的。好比一个正常人不会去想抢劫偷盗一样，他就不会有这方面的思绪干扰，人们所谓的杂念，其实都是私欲尚未根除的表现，如果不加体察，显而易见的私欲就会死灰复燃。

原文

问志至气次。

先生曰："志之所至，气亦至焉之谓，非极至、次贰之谓。'持其志',则养气在其中。'无暴其气',则亦持其志矣。孟子救告子之偏,故如此夹持说。"

译文

有人请教"志至气次"的含义。

先生说:"意思是志在哪里,气也跟着到哪。并非是志为极至,而气处其次的意思。'坚定志向',养气就在其中了。'不意气用事',也就是坚定志向。孟子为了纠正告子的偏颇,才这样兼顾来说的。"

评析

志在哪,气就跟着到哪。我们看人的气质,往往能反映出他内心的志向。持守志向,就能做到养气,现在很多人气虚正是因为志散的缘故。志向也可以通过克制自己,不意气用事来持守。

原文

问:"先儒曰:'圣人之道,必降而自卑。贤人之言,则引而自高。'如何?"

先生曰:"不然。如此却乃伪也。圣人如天,无往而非天,三光之上天也,九地之下亦天也。天何尝有降而自卑?此所谓大而化之也。贤人如山岳,守其高而已。然百仞者不能引而为千仞,千仞者不能引而为万仞。是贤人未尝引而自高也。引而自高则伪矣。"

译文

有人问:"先儒讲道:'圣人之道,必放下身段以显自卑。贤人之言,则引而自高。'这句话当如何理解?"

先生说:"并非如此。这么说就显得虚伪做作了。圣人犹如天,无所不在,日月星辰之上是天,地底下也是天。天什么时候降而自处于卑下了呢?这就是孟子所说的'大而化之'。贤人就像高山,只是保持着它的高度罢了。然而,百仞之高不能再拉长到千仞,千仞之高不能再拉长到万仞。所以,贤人也未曾抬高自己,抬高自己就显得虚伪了。"

评析

不论是圣者,还是贤者,都是人们值得效法的对象。但生活中圣贤之辈又何从寻觅,只能在书里去阅读他们说的话了。有人就说圣者说的话往往很谦卑,而贤者说的话往往容易拔高自己。王阳明在这破除了人们对于圣贤的妄想,圣者因其大,无所不包,也就无所谓谦卑了,他的意志就像天的意志一样,能够做到虚而不屈。而贤者就像高山一样的存在,有多高就说多高,这也不是自高,而是实际摆在那的。人们对于圣贤的理解多少还是掺杂了自己的妄想的。

▅ 原文

问:"伊川谓'不当于喜怒哀乐未发之前求中',延平却教学者看未发之前气象,何如?"

先生曰:"皆是也。伊川恐人于未发前讨个中,把中做一物看,如吾向所谓认气定时做中,故令只于涵养省察上用功。延平恐人未便有下手处,故令人时时刻刻求未发前气象,使人正目而视惟此,倾耳而听惟此,即是'戒慎不睹,恐惧不闻'的工夫。皆古人不得已诱人之言也。"

译文

有人问:"程颐先生曾说过'不当于喜怒哀乐尚未表现出之前就讲究中和',而李延平先生则教导学生注意观照情绪未发之前的状态,他们二人谁正确呢?"

先生说:"都正确。程颐先生担心学生在未发之前追求中和,把中和当作一件东西看待,宛若我曾把'气定'当作中和一样,所以让学生只在涵养省察上用功。李延平先生则担心学生找不到下手处,因此教育学生时时刻刻寻求未发之前的情形,让人只对此认真看,只对此认真听,也就是《中庸》上讲的'戒慎不睹,恐惧不闻'的功夫。这些全是古人来诱导学生说的话。"

评析

对待不同的人,要采取不同的教育方法。这里对找不到门路的人说要在情绪未发之前省察,而对能找到门路却又容易把中和的状态当作死物看待的学生说不要在情绪未发之前找到中和。这些都是教育中的权宜之计。

■ 原文

澄问:"喜、怒、哀、乐之中和,其全体常人固不能有,如一件小事当喜怒者,平时无有喜怒之心,至其临时,亦能中节,亦可谓之中和乎?"

先生曰:"在一时一事,固亦可谓之中和。然未可谓之大本、达道。人性皆善。中、和是人原有的,岂可谓无?但常人之心既有所昏蔽,则其本体虽亦时时发见,终是暂时暂灭,非其全体大用矣。无所不中,然后谓之大本;无所不和,然后谓之达道。惟天下之至诚,然后能立天下之大本。"

译文

陆澄问:"喜怒哀乐的中和,就总的来说,普通人不能都具有。如碰到一件小事该有所喜怒的,平时无有喜怒之心,到时也能发而中节,这也能称作中和吗?"

先生说:"在一时之事,虽然也可称中和,但并不能说是大本、达道。

人性都是善良的。'中''和'是人人生来就有的,岂能说没有?然而,常人之心既然有所蒙蔽,他的心的本体虽然也能时刻显明,但到底为时明时灭,不能作为全体大用。无所不'中',然后才称大本;无所不'和',然后才为'达道'。唯有天下的至诚,方能确立天下的'大本'。"

评析

陆澄的问题是问短暂的合宜的情绪流露,能否被称为中和。王阳明指出,人心体显明的功用只有持续发挥作用才称得上中和。普通人即便心光虽然时有显露,但这并不会改变其心性被蒙蔽的本质。这样也就不是儒家所说的全体大用,也就不能做到无所不和,这样就不会确立"大本"。

原文

曰:"澄于中字之义尚未明。"

曰:"此须自心体认出来,非言语所能喻。中只是天理。"

曰:"何者为天理?"

曰:"去得人欲,便识天理。"

曰:"天理何以谓之中?"

曰:"无所偏倚。"

曰:"无所偏倚是何等气象?"

曰:"如明镜然,全体莹彻,略无纤尘染著。"

曰:"偏倚是有所染著,如著在好色、好利、好名等项上,方见得偏倚。若未发时,美色、名、利皆未相著,何以便知其有所偏倚?"

曰:"虽未相著,然平日好色、好利、好名之心原未尝无,既未尝无,即谓之有,即谓之有,则亦不可谓无偏倚。譬之病疟之人,虽有时不发,而病根原不曾除,则亦不得谓之无病之人矣。须是平日好色、好利、好名等项一应私心扫除荡涤,无复纤毫留滞,而此心全然廓然,纯是天理,方可谓之喜、怒、哀、乐未发之中,方是天下之大本。"

译文

陆澄问:"我尚未明白'中'字的意思。"

先生说:"这须从心体上去认识,非语言能够表达。'中'就是天理。"

陆澄问:"何谓天理?"

先生说:"去除私欲,即认识天理。"

陆澄问:"天理为何叫作'中'?"

先生说:"不偏不倚。"

陆澄问:"无所偏倚为何等景象?"

先生说:"就像一面明镜,通体光亮,丝毫没有污染。"

陆澄问:"偏倚就是有所污染,例如在好色、贪利、慕名等方面有所染,方可看出偏倚。如果心未萌发,美色、名位、利益都未显现,又怎么知道他是有所偏倚呢?"

先生说:"虽然没有显现,但人平素好色、贪利、慕名之心并非没有。既然不是没有,就称作有,既然是有,就不能说无所偏倚。好比某人患了疟疾,虽有时不发作,但病根没有拔除,也就不能说他是无病之人。必须把平素的好色、贪利、慕名之私欲统统清理干净,不留纤毫,使此心彻底纯洁明澈,完全是天理,才可以称作喜怒哀乐未发之中,方为天下之大本也。"

评析

这里还是就"中"字的含义做出解释,王阳明解释为不偏不倚。陆澄追问到,在心意尚未萌发之时,对美色、名位、功利的渴求都没有出现,这时候怎么知道心是偏是正。王阳明说这不过是得了疟疾的人没有发病,真正的中,也就是天理,它反映在心体上应该是尘垢纤毫不染的。所以学者务必要下决心将名、利、色从心中去除。

一 原文

问:"'颜子没而圣学亡',此语不能无疑。"

先生曰:"见圣道之全者惟颜子。观喟然一叹可见。其谓'夫子循循然善诱人,博我以文,约我以礼,是见破后如此说。博文、约礼如何是善诱人?学者须思之。道之全体,圣人亦难以语人,须是学者自修自悟。颜子'虽欲从之,末由也已',即文王'望道未见'意。望道未见,乃是真见。颜子没而圣学之正派遂不尽传矣。"

译文

陆澄问:"先生,您认为'颜子没而圣学亡',这句话不能不令人质疑。"

先生说:"孔门弟子中只有颜回窥见圣道全貌。这从他那喟然一叹中可以看出,他说'夫子循循然善诱人,博我以文,约我以礼',这是只有识破了才能说出来的。博文、约礼为什么是善于教导他人呢?做学问的人须仔细考虑。所谓道的全体,圣人也很难向世人传达它的内涵,非要学者自己内心体悟。颜回说'虽欲从之,末由也已',这暗合文王'望道未见'之意。望道而未见,才是真正的见。所以颜回死后,圣学之正宗就没能完全遗传下来。"

评析

这里就圣学遗传问题做了一番探讨,我们先今看到的儒家五经,还有四书,都不能严格意义上算作圣学,而只能被称作典籍。真正的圣学必须是由人来传承的,王阳明指出孔门里唯有颜渊见到了本心,如同周文王和孔子的眼界一样,进入了圣域。但可惜的是他英年早逝,没有开馆授课留下传承,也没有任何著述留给后世。所以才说圣学失传了。当然,学者切不可以为四书五经就毫无价值,虽然典籍不能领人入圣,但至少可以领人入门,功夫全在自己心上,而不再故纸堆上。当然,最好的教育还是好的师父带出来的,靠学生自己发明是很有限的。

原文

问:"身之主为心,心之灵明是知,知之发动是意,意之所著为物,是如此否?"

先生曰:"亦是。

"只存得此心常见在,便是学。过去未来事,思之何益?徒放心耳！"

"言语无序，亦足以见心之不存。"

译文

陆澄问："身之主宰为心，心之灵明为知，知之发动为意，意之所着为物，是这样吗？"

先生说："也可以这么说。

"只要常把此心存养，便是学。从前和将来的事，想它何益？唯失丧本心罢了。

"说话语无伦次，也可看出没有存养本心。"

评析

这里还是将学问的根本归结到克己复礼上，去除人的私欲，把天理存留下来。很多人不是沉溺在过去，就是对未来抱有不切实际的妄想，这两者之间又互为转化，很少有人能将意志拉回当下，在志慕天理上下功夫。

原文

尚谦问孟子之不动心与告子异。

先生曰："告子是硬把捉著此心，要他不动；孟子却是集义到自然不动。"又曰："心之本体，原自不动。心之本体即是性，性即是理。性元不动，理元不动。集义是复其心之本体。"

"万象森然时，亦冲漠无朕。冲漠无朕，即万象森然。冲漠无朕者，'一'之父；万象森然者，'精'之母。'一'中有'精'，'精'中有'一'。

"心外无物。如吾心发一念孝亲,即孝亲便是物。"

译文

尚谦向先生请教孟子的不动心和告子的不动心区别在哪。

先生说:"告子是固执此心,强制使它纹丝不动;孟子则是由着集义以致自然不动。"

先生接着又说:"心之本体,原本不动。心之本体即为性,性即理。性原本是不动的,理原本也是不动的。集义就是恢复心之本体。"

"森然万象,就是寂然无我。而当达到了寂然无我的境界时,也就是万象森然之时。冲漠无朕,即'一'之父;森然万象,即'精'之母。'一'中含'精','精'中含'一'。"

"心外无物。譬如,我心有孝敬父母之念头,那么,孝敬父母就为物。"

评析

这里谈到了本心状态的问题,即如何使养成不动心。不动心不是强制使心不动,那是异端的学问。不动心的养成,应该是存天理去人欲的自然结果。而且这个不动也不是人们所想的心如枯槁,其中是有活力和天理生生不息的道运行其中的。

原文

先生曰:"今为吾所谓格物之学者,尚多流于口耳。况为口耳之学者,能反于此乎?天理人欲,其精微必时时用力省察克治,方日渐有见。如今一说话之间,虽只讲天理,不知心中倏忽之间,已有多少私欲。盖有窃发而不知者，虽用力察之尚不易见，况徒口讲而可得尽知乎？今只管讲天理来顿放著不循，讲人欲来顿放著不去，岂格物致知之学？后世之学，其极至只做得个'义袭而取'的工夫。"

译文

先生说："现在学习我说的格物之学的人，大多还停滞在耳闻口说上。更何况专于口耳之学的人，能不这样吗？天理人欲，其细微处只有时时用力省察克治，才能有所长进。如今人们一说话，虽探讨的是天理，但不知转眼间，心中又有多少私欲。私欲悄悄产生而人毫无感觉，即使用力省察也很难发现，更何况空口白说，怎么能全部知道？此刻只顾用嘴讨论天理而不去付诸实践，讨论私语却放在一旁不去克制去除，怎么能算是格物致知的学问呢？后世的学问，到最终也不过只做一个'义袭而取'的功夫罢了。"

评析

如前所说，天理和人欲是没有中间界限的。人不可能持守天理的同时，还能做到不让人欲影响自己。王阳明指出现在很多人好逞口舌之学，在天理上不能做到存养，在私欲上不能做到克制然后去除，还妄想在学问上能够有所成就，最终不过是纸上功夫罢了。

▆ 原文

问："'知止'者，知至善只在吾心，元不在外也，而后志定。"
曰："然。"
问格物。

先生曰:"格者,正也,正其不正以归于正也。"

问:"格物于动处用功否?"

先生曰:"格物无间动静,静亦物也。孟子谓'必有事焉',是动静皆有事。

"功夫难处,全在格物致知上。此即诚意之事。意既诚,大段心亦自正,身亦自修。但正心、修身功夫亦各有用力处。修身是已发边,正心是未发边。正心则中,身修则和。

"自'格物''致知'至'平天下',只是一个'明明德',虽'亲民'亦'明德'事也。'明德'是此心之德,即是仁。'仁者以天地万物为一体',使有一物失所,便是吾仁有未尽处。

"只说'明明德'而不说亲民,便似佛老。"

"至善者性也,性元无一毫之恶,故曰至善。止之,是复其本然而已。"

问:"知至善即吾性,吾性具吾心,吾心乃至善所止之地,则不为向时之纷然外求而志定矣。定则不扰扰而静;静而不妄动则安;安则一心一意只在此处。千思万想,务求必得此至善,是能虑而得矣。如此说是否?"

先生曰:"大略亦是。"

译文

陆澄问:"'知止',就是知道至善就在我心中,原本不在心外,而后志向才能安定,是吗?"

先生说:"是的。"

陆澄问格物的内涵。

先生说:"格,就是正。纠正那些歪曲的,使其归于正统。"

又问:"格物是否是在动时用功?"

先生说:"格物无分动静,静也是物。孟子说'必有事焉',就是动静时都要用功。"

"功夫的难处,全落在格物致知上,这就是诚意的功夫。意念既然真诚,大体上心也自然端正,身也得到了修养。然而,正心、修身的功夫也各有不同的用力处。修身是在情感表现出来之后,正心是在情感萌发之前。心正则中正,身修则平和。"

"从'格物''致知'到'平天下',只是一个'明明德','亲民'也是'明明德'的事。'明德'就是己心之德,就是仁。'仁者,以天地万物为一体',倘若有一物未得其所,即为我的仁德还有不完善的地方。"

"只说'明明德'而不说亲民,就像佛、老的学说了。"

"至善,就是心性,性本来没有丝毫的恶,因此称至善。置于至善,就是恢复心性的本来面目而已。"

陆澄问:"知道至善就是我的本性,我的本性全备于我的心中,我心是至善存留之处。那么,我就不会像原来那样急着向心外求取,而志向也就安定了。志向安定,就不会有烦恼,也就能安静了;心绪平静而不妄动即为安;安就能专心致志在至善处。千思万想,非要求得个至善,这样,尽心思虑就能达到至善。这样解释,是否正确?"

先生说:"大致如此。"

评析

志向安定,我们常人追求志向常常是从心外去求索的,就好比我们认为存善、养善也必须通过外在的行为去追求它,这其实是本末倒置,而且终其一生都很难理解什么是至善。如果知道至善本就全备于心中,也就不会终身求索而依然不安了。

原文

问："程子云：'仁者以天地万物为一体。'何墨氏兼爱，反不得谓之仁？"

先生曰："此亦甚难言，须是诸君自体认出来始得。仁是造化生生不息之理，虽弥漫周遍，无处不是，然其流行发生，亦只有个渐，所以生生不息。如冬至一阳生，必自一阳生而后渐渐至于六阳。若无一阳生，岂有六阳？阴亦然，惟有渐，所以便有个发端处，惟其有个发端处，所以生。惟其生，所以不息。譬之木，其始抽芽，便是木之生意发端处。抽芽然后发干，发干然后生枝生叶，然后是生生不息。若无芽，何以有干有枝叶？能抽芽，必是下面有个根在，有根方生，无根便死。无根何从抽芽？父子、兄弟之爱，便是人心生意发端处，如木之抽芽。自此而仁民，而爱物，便是发干生枝生叶。墨氏兼爱无差等，将自家父子、兄弟与途人一般看，便自没了发端处。不抽芽，便知得他无根，便不是生生不息，安得谓之仁？孝弟为仁之本，却是仁理从里面发出来。"

译文

有人问："程颐说'仁者要把天地万物视为一体'，而墨子的兼爱为何反而不能称为仁？"

先生说："一言难尽，主要还得靠各位自己体会领悟。仁是自然造化生生不息的理，虽然它遍布宇宙，无处不存，但其流行发生也是循序渐进的，所以才生生不息。例如，冬至时一阳开始产生，一定是从一阳开始渐渐到六阳出现。假如没有一阳的产生，哪里来的六阳？阴也是如此，正由于有一个渐进，所以就有个发端处。正因为有个开端，所以才有了生；正因为有个循序渐进的过程，所以才能生生不息。好比一棵树，树苗发芽就是树的生长开始之处。抽芽后，长出树干，有树干后再长出枝叶，然后生生不息。如果没有树芽，怎么会有主干，有枝叶？能抽芽，地下一定有根在，有根才能生长，无根便会枯死。没有树根从何抽芽？父子、兄弟之爱，就是人情感的发端，如同树的芽。只有有了这个发端才会仁民爱物，就像长出树干和枝叶。墨子的兼爱是没有差别的爱，把自己的父子、兄弟与陌生人同等看待，这就是没有了发端处。不抽芽，便知道它没有根，也就不能生生不息，又怎么能够称得上仁呢？孝悌是仁爱的根本，仁理就是从孝悌中生发出来的。"

评析

墨家是崇尚兼爱的学派，这个学派主张对人不分贫富、贵贱、亲疏的仁爱。但是正如王阳明所说，人感情的发端犹如树开枝散叶，必须要有根，没有差别，也就等于没有根，没有根也就谈不上生生不息，这样爱的就不能生发了。

■ 原文

陆澄问："延平云：'当理而无私心。'当理与无私心，如何分别？"

先生曰："心即理也。无私心即是当理，未当理便是私心。若析心与理言之，恐亦未善。"

又问："释氏于世间一切情欲之私，都不染着，似无私心。但外弃人伦，却似未当理。"

曰："亦只是一统事，都只是成就他一个私己的心。"

译文

有人问道:"延平先生说:'当理而无私心。'合于理与无私心怎样分别?"

先生说:"心就是理。没有私心就是合于天理,不合于天理就是存有私心。如果把心和理分开来讲,大概也不妥当。"

陆澄又问:"佛家对人间的一切私欲都不沾染,似乎没有私心。但佛家抛弃人伦,这似乎不合天理。"

先生说:"佛门和世人一样,不过是为满足自己的私欲罢了。"

评析

王阳明说,合于天理的就是没有私心,不合天理的就是有私心。但学生问佛家对人的私欲都不沾染,这是没有私心了吧?王阳明却说佛家也是满足自己私欲的,他们为了解脱抛却人伦,无父无母,无妻无子,在儒家看来这也是自私。

薛侃录

薛侃（？—1545年），字尚谦，号中离，广东揭阳人。王阳明的学生，力倡阳明心学。进士，后因上疏获罪下狱。见《明儒学案》卷三十。

■ 原文

侃问："持志如心痛，一心在痛上，安有工夫说闲话，管闲事？"

先生曰："初学工夫如此用亦好，但要使知'出入无时，莫知其乡'。心之神明原是如此，工夫方有著落。若只死死守著，恐于工夫上又发病。"

译文

薛侃问："坚定志向犹如心痛一般，心只顾着在痛，哪里有时间说闲话，管闲事？"

先生说："初学能如此下功夫也行，但要使他明白'出入无时，莫知其乡'。心之神明原本如此，功夫方有着落。若只一味死守志向，在功夫上大概又会产生弊病。"

评析

这里说的是守志的问题，学生认为坚守志向的人根本无暇顾及旁事，王阳明首先肯定了这样的功夫，但同时认为，心之神明是出入不定的，一味死守恐怕于志向无益。

▬ 原文

侃问："专涵养而不务讲求，将认欲作理，则如之何？"

先生曰："人须是知学。讲求只是涵养，不讲求只是涵养之志不切。"

曰："何谓知学？"

曰："且道为何而学？学个甚？"

曰："尝闻先生教，学是学存天理。心之本体即是天理，体认天理，只要自心地无私意。"

曰："如此则只须克去私意便是，又愁甚理欲不明？"

曰："正恐这些私意认不真。"

曰："总是志未切。志切，目视、耳听皆在此，安有认不真的道理？'是非之心，人皆有之'，不假外求。讲求亦只是体当自心所见，不成去心外别有个见。"

译文

薛侃问："只重视德行涵养却不关心学问上的讲论，把人欲认作天理，该怎么办？"

先生说："人应当首先懂得学习。讲求学问无非是涵养德行，不讲学求问，只是因为涵养的志向不够真切。"

又问："怎样才算懂得学习？"

先生说："你姑且先说说为什么而学？学习什么？"

薛侃说："曾听您说，学习是学习存天理。心之本体即天理，体认天理，就要格除内心私欲。"

先生说："如此只要克除私意就够了，还担心天理和人欲不能明辨？"

薛侃说："我正是担心这不能认清这些私意。"

先生说："这仍是志向不真切的问题。志向如果坚定，耳听目见都会聚集此处，哪有认不清的道理？'是非之心，人皆有之'，不用向外界寻求，求学讲论也只是体会自己心中所见，不必再去心外另寻他见。"

评析

学生担心不能分清天理和私欲的区别，王阳明说这是因为志向不够坚定的缘故。只要人立定志向，人的是非之心自然会向人显明哪些行为是合理的，哪些行为是不合理的。

■ **原文**

先生问在坐之友："此来工夫何似？"

一友举虚明意思。先生曰："此是说光景。"

一友叙今昔异同。先生曰："此是说效验。"

二友惘然请是。

先生曰："吾辈今日用功，只是要为善之心真切。此心真切，见善即迁，有过即改，方是真切工夫。如此，则人欲日消，天理日明。若只管求光景，说效验，却是助长外驰病痛，不是工夫。"

译文

先生问在座的朋友："近来功夫怎么样？"

有位朋友用虚明来解释。先生说："这只是表面现象。"

一位朋友讲述了今时往日的异同。先生说："你说的这是效果。"

两位朋友茫然不解，就请教先生正见。

先生说："我们今天用功，就是要使伪善的心真切。此心真切，见善就会向往，有错就会改正，这才是真切的功夫。如此一来，私欲就会日益减少，天理就日益光明。如果只在那里寻求表面现象，说说效果，反倒助长了外求的弊端，就不是真切功夫了。"

评析

一个学生说自己体会到了虚明的状态，另一个学生说起今时往日的区别，不过，王阳明认为这些都不是学问的根本，讲究这些只会把人的注意力引向外面，做学问还是要使善心真切才最为根本。

■ **原文**

朋友观书，多有摘议晦庵者。

先生曰："是有心求异，即不是。吾说与晦庵时有不同者，为入门下手处有毫厘千里之分，不得不辩。然吾之心与晦庵之心未尝异也。若其余文义解得明当处，如何动得一字？"

译文

朋友们在一起看书，常常批评、议论朱熹。

先生说："存心找茬，是不对的。我的学说和朱熹时有不同，主要是入门的下手处有毫厘千里之别，不能不辨明。然而，我的心和朱熹的心未曾不同。比如，朱熹解释文义清晰精确的地方，我又如何能改动一个字呢？"

评析

王阳明与朱熹尽管在思想上有分歧，但学生却对朱学有些吹毛求疵了，王阳明指出，他和朱熹之间只是在入门下手处有些差别，但是，他们的心是相同，其中都存养着天理，并充分肯定了朱熹对注释做出的贡献。这也在告诫后世学者要懂得求同存异。

原文

希渊问："圣人可学而至，然伯夷、伊尹于孔子才力终不同，其同谓之圣者安在？"

先生曰："圣人之所以为圣，只是其心纯乎天理而无人欲之杂。犹精金之所以为精，但以其成色足而无铜铅之杂也。人到纯乎天理方是圣，金到足色方是精。然圣人之才力，亦有大小不同，犹金之分两有轻重。尧、舜犹万镒，文王、孔子犹九千镒，禹、汤、武王犹七、八千镒，伯夷、伊尹犹四、五千镒。才力不同，而纯乎天理则同，皆可谓之圣人。犹分两虽不同，而足色则同，皆可谓之精金。以五千镒者而入于万镒之中，其足色同也。以夷、尹而厕之尧、孔之间，其纯乎天理同也。盖所以为精金者，在足色，而不在分两。所以为圣者，在纯乎天理，而不在才力也。故虽凡人，而肯为学，使此心纯乎天理，则亦可为圣人。犹一两之金，比之万镒，分两虽悬绝，而其到足色处，可以无愧。故曰'人皆可以为尧舜'者以此。学者学圣人，不过是去人欲而存天理耳。犹炼金而求其足色，金之成色所争不多，则锻炼之工省，而功易成。成色愈下，则锻炼愈难。人之气质清浊粹驳，有中人以上、中人以下，其于道有生知安行、学知利行，其下者必须人一己百、人十己千，及其成功则一。后世不知作圣之本是纯乎天理，欲专去知识才能上求圣人,以为圣人无所不知,无所不能,我须是将圣人许多知识才能逐一理会始得。故不务去天理上着工夫。徒弊精竭力,从册子上钻研,名物上考索,形迹上比拟。知识愈广而人欲愈滋,才力愈多而天理愈蔽。正如见人有万镒精金,不务锻炼成色,求无愧于彼之精纯,而乃妄希分两,务同彼之万镒,锡、铅、铜、铁杂然而投,分两愈增而成色愈下,既其梢末,无复有金矣。"

时曰仁在旁,曰:"先生此喻,足以破世儒支离之惑,大有功于后学。"

先生又曰:"吾辈用功,只求日减,不求日增。减得一分人欲,便是复得一分天理,何等轻快脱洒,何等简易!"

译文

蔡希渊问:"人固然可以通过学习成圣成贤,但伯夷、伊尹和孔子相比,他们的才力终究有所不同,孟子把他们都当作圣人,这是为什么?"

先生说:"圣人之所以为圣人,只因他们的心纯为天理而不夹杂丝毫私欲。好比精金之所以为精金,只因它的成色很足且没有掺杂铜、铅等物质。人到纯是天理才为圣人,金的成色饱足才为精金。然而,圣人的才力也有大小之分,犹如金的分量有轻有重。尧、舜如同万镒之金,文王、孔子如同九千镒之金,禹、汤、武王如同七、八千镒之金,伯夷、伊尹如同四、五千镒之金。他们才力各异,但内心纯为天理,都可称为圣人。好比金的分量不同,但只要成色充足,都可称为精金。把五千镒熔入万镒之中,成色还是一样。把伯夷、伊尹和尧、孔子放在一块,他们的心纯然合乎天理。金纯与否,在于成色而不在分量的轻重。能不能称圣,在于是否纯乎天理,而不在于才力大小。因此,凡夫俗子只要肯学,让心纯乎天理,同样可成为圣人。犹如一两精金，和万镒之金对比，分量虽然相差很远，但就成色足而言，则是毫不逊色。因此孟子说'人皆可以为尧舜'，根据的正是这一点。学者学圣人，只不过是去人欲、存天理罢了，好比炼金求成色充足。金的成色差不多，锻炼的工夫可节省许多，容易成为精金。成色越差，锻炼越难。人的气质也有清纯浊杂之分，有中等以上、中等以下的区别。对于道来说，有生来就知道并且懂得实践的人，有通过学习知道并实践的人。资质低下的人，必须是别人用一分力，自己要用百分力，别人用十分力，自己要用千分力，最终都会取得一样的成就。后世的人不理解圣人的根本在于是否纯乎天理，只在知识、才能上力求做圣人，认为圣人无所不知、无所不能，自己只需把圣人的知识、才能逐一学会就可以了。他们不从天理上下功夫，只是白白浪费经历，从书本上钻研，从名物上考究，从形迹上摹仿。如此一来，知识越渊博而私欲越滋长，才能越高而天理越被遮蔽，正如同看见别人有万镒之精金，不肯锻炼成色，以求无逊于别人的精金，而妄想在分量上赶超别人的万镒，把锡、铅、铜、铁都夹杂进去，分量是增加了，但成色却愈加低下，最后，就连金子都没有了。"

这时，徐爱在一旁说："先生这个比喻，足以击破世儒学问支离破碎的困惑，对学生大有裨益。"

先生接着说："我们下功夫，只求日减，不求日增。减去一分人欲，便又多得一分天理，如此，何等轻快洒脱，又是何等的简捷便易啊！"

评析

王阳明在这里举了一个纯金的例子，用以说明圣人和凡夫的区别在于质量，而不在于分量。人之才能有大小，而天性纯全与否却与此无关。后世学者只求在分量上赶超别人，质量却越来越差，甚至把原来的金子都淹没了。这里王阳明指出，存道心不是另外去增加什么，而是要减少自己的私欲，减一分私欲，道心就显明一分。

原文

士德问曰："格物之说，如先生所教，明白简易，人人见得。文公聪明绝世，于此反有未审，何也？"

先生曰："文公精神气魄大，是他早年合下便要继往开来，故一向只就考索著述上用功。若先切己自修，自然不暇及此。到得德盛后，果忧道之不明。如孔子退修六籍，删繁就简，开示来学，亦大段不费甚考索。文公早岁便著许多书，晚年方悔，是倒做了。"

译文

杨士德问："格物的学说，诚如先生所教诲的，简单明了，大家都懂。朱熹聪明盖世，反而弄不明白，这是怎么回事？"

先生说："朱熹的精神气魄宏伟，他早年就下定决心要继往开来，因而一直只在考据著述上苦下功夫。如果他先切己自修，自然无暇顾及去考据著述了。等到德行高时，果然担心大道不行于世，就效法孔子，退而编修六经，删繁从简，开导启发后学，大概也无需做多少考据。朱熹早年之时就写了不少书，到晚年才后悔，认为功夫做颠倒了。"

评析

学问的根本在于心，而不在于文字。明心为当务之急，朱熹早年气魄宏达，想要继往开来，就在考据著述上花费了大半生的光阴，但始终没有明心见性，如果他真的领悟了这个道理，就不会花时间在考据著述的学问上了，不过这种学风似乎一直流传至今，学院派始终都不曾脱离这种做学问的风格。

原文

士德曰："晚年之悔，如谓'向来定本之误'，又谓'虽读得书，何益于吾事'，又谓'此与守旧籍，泥言语，全无交涉'，是他到此方悔从前用功之错，方去切已自修矣。"

曰："然。此是文公不可及处。他力量大，一悔便转。可惜不久即去世，平日许多错处，皆不及改正。"

译文

杨士德说："朱熹晚年有些后悔，他说'过去定下了错误的根本'，又说'虽读了不少书，对我又有什么用'，又说'在此守着旧的典籍，拘泥于文字，最后全然无关'，这些话，表明他此时才发现从前的功夫不对头，这才开始切已自修。"

先生说："是的。这正是朱熹的不可及之处。他力量大，一后悔就改正，令人惋惜的是，之后不久他就去世了，平日诸多错误都没来得及改正。"

评析

朱熹经年累月，虽然积弊已深，但发现了自己的错误依然能够立马调转方向，如果再给他加上几年光阴，想必会有更深的造化。这也算是给后人一个警戒，即便是年老垂暮，发现自己的过错就及时悔改，依然是为时不晚的。

原文

侃去花间草,因曰:"天地间何善难培,恶难去?"

先生曰:"未培未去耳。"少间,曰:"此等看善恶,皆从躯壳起念,便会错。"

侃未达。

曰:"天地生意,花草一般。何曾有善恶之分?子欲观花,则以花为善,以草为恶。如欲用草时,复以草为善矣。此等善恶,皆由汝心好恶所生,故知是错。"

曰:"然则无善无恶乎?"

曰:"无善无恶者理之静,有善有恶者气之动。不动于气,即无善无恶,是至善。"

译文

薛侃在清除花中杂草时,顺便问道:"为什么天地之间的善难以栽培,而恶难以铲除?"

先生说:"这是因为人们不去培养善,或者铲除恶。"过了片刻,先生又说:"如此看待善恶,只是从表面上着眼,当然会出错。"

薛侃不理解话中之意。

先生说:"天地生化,如花草一般,何曾有善恶之别?你想赏花,即以花为善,以草为恶。当你需要草时,又以草为善。这些善恶都是由人心的好恶而产生的,从这上面着眼看待善恶自然是错误的。"

薛侃问:"这样说来,岂不是无善无恶了?"

先生说："无善无恶是天理的静态，有善有恶是因气有所动。不为气所动，就是无善无恶，也就可以称之为至善了。"

评析

人们往往自以为有是非之心，能分辨善恶，最后却往往落入主观的喜好之中，如此，私欲和天理就不能分明了，善与恶也就不能分明了。这样一来，想要建立学问的根本就很难。而后又指出无善无恶是天理的静态表现，也是至善的表现。

■ **原文**

曰："佛氏亦无善无恶，何以异？"

曰："佛氏着在无善无恶上，便一切都不管，不可以治天下。圣人无善无恶，只是'无有作好'，'无有作恶'，不动于气。然'遵王之道'，会其有极，便自一循天理，便有个裁成辅相。"

曰："草即非恶，即草不宜去矣。"

曰："如此却是佛、老意见。草若有碍，何妨汝去？"

曰："如此又是作好作恶。"

曰："不作好恶，非是全无好恶，却是无知觉的人。谓之不作者，只是好恶一循于理，不去又着一分意思。如此，即是不曾好恶一般。"

译文

薛侃问："佛教也主张无善无恶，这两者有何区别？"

先生说："佛教执著于无善无恶，其余一概不管，不能够治理天下。圣人的无善无恶，只是不有意为善，不有意为恶，不为气所动。这样遵循先王之道，便自然能符合天理，也就能'裁成天地之道，辅助天地之宜'。"

薛侃说："既然草不为恶，那么，它也就不应该拔除了。"

先生说："这样又成为佛、老的主张了。如果草有妨碍，干吗不拔除呢？"

薛侃说："这样就又是有意为善、有意为恶了。"

先生说："不着意于为善去恶，并非说全无好恶，如果全无好恶，就会成为一个麻木不仁的人。所谓'不着意'，只是说好恶需要依循天理，不去多一分意思。如此，便与不曾好恶是一样了。"

评析

王阳明说佛教的无善无恶无济于事，对治理天下没有任何帮助。圣人之学的无善无恶，是不有意为善，不有意为恶。但做事还得依循天理，无善无恶不是让人成为一个麻木的人，只是于事外不多加一分私意。

■ **原文**

曰："去草如何是一循于理，不着意思？"

曰："草有妨碍，理亦宜去，去之而已。偶未即去，亦不累心。若着了一分意思，即心体便有贻累，便有许多动气处。"

曰："然则善恶全不在物。"

曰："只在汝心，循理便是善，动气便是恶。"

曰："毕竟物无善恶。"

曰："在心如此，在物亦然。世儒惟不如此，舍心逐物，将格物之学错看了，终日驰求于外，只做得个'义袭而取'，终身行不著，习不察。"

译文

薛侃问:"除草时如何依循天理而别无他意呢?"

先生说:"草有妨碍,就应该拔除,拔除就是了。有时没有拔干净,也不放在心上。如果念念不忘,就会成为心上的累赘,就会为气所动。"

薛侃说:"如此说来,善恶全然与物无关了。"

先生说:"善恶只在你心中,遵循天理即为善,为气所动即是恶。"

薛侃说:"那事物毕竟没有善恶之分了?"

先生说:"在心如此,在物亦如此。世上儒者不懂这个道理,舍心逐物,把格物之学认错了。整天向外寻求,只做得一个'义袭而取',终身只是行而不明,习而不察。"

评析

除草并非惩恶,养花也并非扬善。其实花与草本为自然中物,与天地同生共养,天地并没有给它们划分善恶,它们也非善非恶,善恶起于人的心念,人遵循天理,不为气所动,则无善恶之分,如此也就能视天地万物为一体。但为了不妨碍人的事工,障碍的草还是要除的,只是要过处不留心。

■ **原文**

曰:"如好好色,如恶恶臭,则如何?"

曰:"此正是一循于理,是天理合如此,本无私意作好作恶。"曰:"如好好色,如恶恶臭,安得非意?"

曰："却是诚意，不是私意。诚意只是循天理。虽是循天理，亦着不得一分意。故有所忿懥好乐，则不得其正。须是廓然大公，方是心之本体。知此，即知未发之中。"

伯生曰："先生云：'草有妨碍，理亦宜去。'缘何又是躯壳起念？"

曰："此须汝心自体当。汝要去草，是甚么心？周茂叔窗前草不除，是甚么心？"

译文

薛侃问："那么像'好好色，恶恶臭'，又该作何种理解呢？"

先生说："这正是始终遵循天理，天理理当如此，天理本没有私意为善为恶。"

薛侃说："但是好好色，恶恶臭，又怎么没有私意呢？"

先生说："这是诚意，而非私意。诚意只是遵循天理，虽然遵循天理，也不掺杂丝毫私意。因此，若有一丝忿恨或者欣喜，心就不能中正平和。大公无私，才是心之本体。懂得这个，就能明白'未发之中'了。"

伯生（人名）说："先生讲'草有妨碍，理应拔除'，但为什么又说着眼于外表才产生私念呢？"

先生说："这需要你自己用心体会。你想除草，安的是什么样的心？周敦颐不除窗前之草，他安的又是什么样的心？"

评析

这里指出人活世间，不能向天理一样对事物做到'同生共养'，善为人事者必然要有所持养，有所废弃，要扬善祛恶，但这并非是私意，而是诚意，诚意也是合于天理的。就拿草来说，依天理来说，它非善非恶，无所谓去除，但若是影响到人的生活，不去除就是怠惰的表现了。

原文

先生谓学者曰："为学须得个头脑，工夫方有着落。纵未能无间，如舟之有舵，一提便醒。不然，虽从事于学，只做个'义袭而取'，只是行不著，习不察，非大本达道也。"

又曰："见得时，横说竖说皆是。若于此处通，彼处不通，只是未见得。"

译文

先生对求学的人说："做学问必须有要领，如此功夫才有着落。纵然不能无间断，也应该像船的舵，关键时刻一提便明白。否则，虽然是做学问，也只是'义袭而取'，只能行而不明，习而不察，不是大本、达道。"

先生接着又说："有了要领，横说竖说都正确。如果只在此处畅通，别处不通，那只是因为没得要领。"

评析

学问之本在于通达无碍，而不在于寻章摘句，盲从迷信。只有通达无碍了，才能把话说圆，把理说透。若有不通之处，那便是尚未通达，也就是没有掌握要领。这个功夫虽然不必时刻无间断，但起码要做到关键时刻就能提起来。

原文

或问："为学以亲故，不免业举之累。"

先生曰:"以亲之故而业举为累于学,则治田以养其亲者,亦有累于学乎?先正云:'惟患夺志',但恐为学之志不真切耳。"

译文

有人说:"为了父母而做学问,难免有科举之累。"

先生说:"因为父母的原因而参加科举考试,是妨碍了学习,那么,为了赡养父母而种田,也妨碍学习吗?先贤说:'惟患夺志',只是担忧为学的志向不真切。"

评析

这段谈话的意思很明确,说明做学问首先要树立真切的志向。志向真切了,外在的因素就都不能妨碍精进学习了。反之,志向不真切,即使外在条件再好,学问也是做不好的。

▇ 原文

崇一问:"寻常意思多忙,有事固忙,无事亦忙,何也?"

先生曰:"天地气机,元无一息之停。然有个主宰,故不先不后,不急不缓,虽千变万化,而主宰常定,人得此而生。若主宰定时,与天运一般不息,虽酬酢万变,常是从容自在,所谓'天君泰然,百体从令。'若无主宰,便只是这气奔放,如何不忙?"

译文

崇一问:"平日里心意忙乱,有事时固然忙,可无事时也忙,这是怎么回事?"

先生说:"天地之气,原本没有一刻中断过。因为有了一个主宰，就能不先不后，不急不缓，即使千变万化，这个主宰是永恒不变的，人也因为有了这个主宰才产生的。如果主宰安定，如同天地运行一样运行不息，即使日理万机，也能从容自在，这就是所谓的'天君泰然，百体从令'，若没有这个主宰，就只任气在肆意奔流，怎么会不觉忙乱呢？"

评析

学生问自己平日心意烦乱的缘故，他不能理解为何自己无事的时候心意还是很烦乱。王阳明说这是因为内心失去了主宰，也就是主心骨，这个主宰和天理是一样的，有它的存在，人才会感到安定。不然，人就是凭着自己的血气在行事，终身劳苦不息。

▌原文

先生曰："为学大病在好名。"

侃曰："从前岁，自谓此病已轻。此来精察，乃知全未。岂必务外为人？只闻誉而喜，闻毁而闷，即是此病发来。"

曰："最是。名与实对，务实之心重一分，则务名之心轻一分。全是务实之心，即全无务名之心。若务实之心如饥之求食、渴之求饮，安得更有工夫好名？"

又曰："'疾没世而名不称'，'称'字去声读，亦'声闻过情，君子耻之'之意。实不称名，生犹可补，没则无及矣。'四十五十而无闻'，是不闻道，非无声闻也。孔子云：'是闻也，非达也。'安肯以此望人？"

▌译文

先生说："做学问最大的弊病就是好名。"

薛侃说:"自前年以来,我自觉好名的毛病已经减轻许多。最近细细省察,才发现这个毛病并未彻底除去。难道一定要听到别人的赞誉才算是好名吗?一听到赞誉就欢喜,听到诋毁就郁闷,这就是好名的毛病发作的缘故了。"

先生说:"十分正确。名与实相对,务实之心重一分,求名之心就轻一分。若全是务实的心,就没有求名之心了。如果务实的心就像饥而求食、渴而求饮一样,又哪来的好名的工夫?"

先生又说:"'疾没世而名不称','称'字应读去声,就是'声闻过情,君子耻之'的意思。名实不符,活着的时候尚可弥补,死了就来不及了。孔子认为'四十五十而无闻',是指没有闻道,并非指声名。孔子说:'是闻也,非达也',他怎么会用声名来看待别人呢?"

评析

好名,是很多人立身的弊病。不论是为官的,还是做学问的,还是做生意的,又或是工作的,想必都对名声有所贪恋。在王阳明看来,务实之心重,对名声就会看得很轻,他认为孔子所讲的"四十五十而无闻"不是看重名声,而是看重名实是否相符,是否闻道,而不是要求人在四十五十之前要出名。

▬ 原文

侃多悔。

先生曰:"悔悟是去病之药,然以改之为贵。若留滞于中,则又因药发病。"

译文

薛侃经常悔悟反省。

先生说:"悔悟是去病良药,贵在改正。如果把悔恨留在心里,那又是因药而生病了。"

评析

此段非常简短,但内容却法人深省。要求上进的人会经常反省,但反省有悔也要有悟,这才是良药。只有悔恨,那就是因药得病了。

原文

德章曰:"闻先生以精金喻圣,以分两喻圣人之分量,以锻炼喻学者之工夫,最为深切。惟谓尧、舜为万镒,孔子为九千镒,疑未安。"

先生曰:"此又是躯壳上起念,故替圣人争分两。若不从躯壳上起念,即尧、舜万镒不为多,孔子九千镒不为少。尧、舜万镒,只是孔子的;孔子九千镒,只是尧、舜的,原无彼我。所以谓之圣,只论'精一',不论多寡。只要此心纯乎天理处同,便同谓之圣。若是力量气魄,如何尽同得?后儒只在分两上较量,所以流入功利。若除去了比较分两的心,各人尽着自己力量精神,只在此心纯天理上用功,即人人自有,个个圆成,便能大以成大,小以成小,不假外慕,无不具足。此便是实实落落,明善诚身的事。

后儒不明圣学,不知就自己心地良知良能上体认扩充,却去求知其所不知,求能其所不能,一味只是希高慕大,不知自己是桀、纣心地,动辄要做尧、舜事业,如何做得?终年碌碌,至于老死,竟不知成就了个甚么,可哀也已!"

译文

德章说:"我曾听说先生用精金比喻圣人,用分量的轻重比喻圣人才力的大小,用锻炼纯金比喻学者下的功夫,这些喻义很深刻。只是您将尧舜比作万镒,而将孔子比作九千镒,这种说法似乎不恰当。"

先生说:"这又是从表面上看待问题了,因为你替圣人争轻重。如果不着眼于外表,那么,尧、舜万镒不为多,孔子九千镒也不为少。尧舜的万镒也就是孔子的,孔子的九千镒也就是尧舜的,这本来就不分你我。之所以称为圣,只看是否精一,不在数量多寡。只要此心都同样纯为天理,就同样可以称之为圣。至于力量气魄,哪有可能会完全相同呢?后世儒者只在分量上比较,所以陷入了功利的泥潭中。如果剔除这颗比较分量的心,各人尽自己的力量、精神,只在此心纯是天理上下功夫,就能各有所成,纯爱,如此就能大的成就大的,小的成就小的,不必外求,无不足具。这就是实实在在的明善诚身的功夫。后世儒生不理解圣学,不懂得怎样从自心的良知良能上体认扩充,却要去追求自己所不知的事情,追求自己力所不及的事情,一味好高骛远。不知自己的心底就像桀、纣,却动不动就要做尧、舜的事业,这怎么行得通?终年劳碌奔波,直到老死,也不知到底成就了什么,真可悲啊!"

评析

在儒者的心目中,孔子是当之无愧的圣人,而且有语录典籍传世,而尧舜虽然被尊为圣王,但却未曾给后世留下任何可供教育的著述。所以学生才会对王阳明的说法产生质疑,不过王阳明指出,谁大谁小不是最重要的,圣人心只是一个心,才力大小是外加的,之所以人会在这方面较量长短,是因为还没有抓住为学的本质。后世学者只在才能上较量长短，这其实是桀纣的心智，根本做不了圣人的事业。

■ 原文

侃问："先儒以心之静为体，心之动为用，如何？"

先生曰："心不可以动静为体用。动静，时也。即体而言，用在体；即用而言，体在用。是谓'体用一源'。若说静可以见其体，动可以见其用，却不妨。"

译文

薛侃问："先儒以心静为心体，以心动为心用，这样讲是否正确？"

先生说："心不可以动静来区分体用。动静是就时间来说的。就本体而言，用在体；就作用而言，体在用。这称作'体用一源'。倘若说静时可见心的本体，动时可见心的作用，倒也无妨。"

评析

心静，心动，是体用一源的关系，静心和动心并非是两颗心。但只说静时可以见到本体，动时可以见到心的作用，就不会产生误解了，因为这还是作一颗心理解的。

■ 原文

问："上智、下愚，如何不可移？"

先生曰："不是不可移，只是不肯移。"

问《子夏门人问交》章。

先生曰:"子夏是言小子之交,子张是言成人之交。若善用之,亦俱是。"

译文

薛侃问:"智慧高超的人和给极愚蠢的人,为什么不能改变?"

先生说:"不是不能改变,只是不愿意改变而已。"

薛侃向先生请教《子夏门人问交》一章。

先生说:"子夏是在说普通人之间的交往,子张是在说大人间的交往。如果善于应用,都是对的。"

评析

这里零碎地提了一些关于《论语》的问题,上智之人之所以不能改变是不想让自己变得愚蠢。下愚之人不能改变是自己的惰性使然。所以不能移,本质上是自己不愿意。子夏交朋友是看合适不合适,根据志趣来择友。子张主张尊贤容众,认为贤德的人应该能容众。王阳明说子夏说的是普通人的择友之道,子张说的是大人的交友之道。大人不是从年龄上来衡量的,而是根据才德。

原文

子仁问:"'学而时习之,不亦说乎?'先儒以学为效先觉之所为,如何?"

先生曰:"学是学去人欲、存天理。从事于去人欲、存天理,则自正诸先觉,考诸古训,自下许多问辨思索存省克治工夫。然不过欲去此心之人欲、存吾心之天理耳。若曰'效先觉之所为'，则只说得学中一件事，亦似专求诸外了。'时习'者，'坐如尸'，非专习坐也，坐时习此心也。'立如斋'，非专习立也，立时习此心也。'说'是'理义之说我心'之'说'。人心本自说理义，如目本说色，耳本说声。惟为人欲所蔽所累，始有不说。今人欲日去，则理义日洽浃，安得不说？"

译文

子仁问："'学而时习之，不亦说乎'的学，先儒解释是效法先觉者的行为，这么说正确吗？"先生说："学，是学去人欲、存天理。如果去人欲、存天理，就自然会求正于先觉，考求于古训，就自然会用心去问辨、思索、存养、省察、克制。这些也不过是要去人欲、存天理罢了。至于说'效法先觉者的行为'，只是说了学习当中的一件事，也似乎是专门向外求取了。'时习'就像'坐如尸'，不是专门练习端坐，是在端坐时休息这颗心。'立如斋'，也不是专门练习站立，是在站立时修习这颗心。'说'是'理义之悦我心'的'悦'。人心原本就欢喜义理，好比眼睛欢喜美色，耳朵喜欢音乐一样。只因为私欲的蒙蔽和缠累，人心才有不悦。如果私欲一天天减少，那么，天理就能一天天滋养身心，人心又怎会感到不悦呢？"

评析

存天理，去人欲，学问的功夫总归如此，道理不能外求。这里对"学而时习"的含义做出了归正，使人明白了一切学问上的训练，都是为了使人心恢复到喜欢义理的状态。

原文

国英问:"曾子三省虽切,恐是未闻一贯时工夫?"

先生曰:"一贯是夫子见曾子未得用功之要,故告之。学者果能忠恕上用功,岂不是一贯?'一'如树之根本,'贯'如树之枝叶。未种根,何枝叶之可得?体用一源,体未立,用安从生?谓'曾子于其用处,盖已随事精察而力行之,但未知其体之一'。此恐未尽。"

译文

国英问:"曾参的'吾日三省吾身'的功夫虽然真切,大概还不曾听闻'一以贯之'的功夫。"

先生说:"'一以贯之'是孔子看到曾子没有得到功夫的要领才告诉他的。学者若真能在'忠恕'上下功夫,难道不算一贯吗?'一'好比树根,'贯'好比树枝树叶。没有树根,哪有枝叶?体用一源,没有体,用从哪来?朱熹说:'曾子在其用功的地方,已经能做到随事省察己身并身体力行了,但还没有理解体用同源',这句话大概还没有说完全。"

评析

学生认为曾子每天多次反躬自省,这是还没有达到"一以贯之"的地步。不过王阳明却说每天都能在"忠恕"上下功夫,就是一贯的功夫。"一"是根,"贯"是贯通后的枝叶,没有"一"就没有"贯",在一上做功夫,就有贯通之日。

原文

黄诚甫问:"汝与回也,孰愈"章。

先生曰:"子贡多学而识,在闻见上用功,颜子在心地上用功,故圣人问以启之。而子贡所对又只在知见上,故圣人叹惜之,非许之也。"

"颜子不迁怒,不贰过,亦是有未发之中始能。"

译文

黄诚甫请教先生《论语》中"汝与回也,孰愈"一章。

先生说:"子贡博学有识,在见闻上下功夫,颜回在心地上下功夫,所以孔子用这个问题来启发子贡。不过子贡的回答只停留在知识见闻上,孔子因而叹息,并非赞扬他。"

"颜回不迁怒于人,同样的错误不犯第二次,这也只有'未发之中'的人才可做到。"

评析

孔子强调做学问要在心地上下功夫,很多人在见闻上功夫下得深,这样是非常耗损心力的。这个观点是王阳明先生反复提及的。

原文

"种树者必培其根,种德者必养其心。欲树之长,必于始生时删其繁枝。欲德之盛,必于始学时去夫外好。如外好诗文,则精神日渐漏泄在诗文上去。凡百外好皆然。"

又曰:"我此论学是无中生有的工夫。诸公须要信得及,只是立志。学者一念为善之志。如树之种,但勿助勿忘,只管培植将去,自然日夜滋长,生气日完,枝叶日茂。树初生时,便抽繁枝,亦须刊落,然后根干能大。初学时亦然。故立志贵专一。"

译文

"栽树的人必须培植树根,修德的人必须修养心性。要使树木长得高,必须开始时就剪去多余的树枝。要想德行高尚,必须在开始学习时就排除对外物的喜好。如喜爱诗文,就将精神逐渐倾注在诗文上。其他爱好也是如此。"

接着又说:"我在这儿讲学,讲的是无中生有的功夫。各位若要相信,只有立志。学者一心为善的念头,犹如树的种子,只要不忘记,不拔苗助长,一心栽培下去,自然会日夜生长,生机日益完备,枝叶日益茂盛。树木初生之时,有了分枝,就该剪掉,然后树干才能长大。初学时也是如此。所以,立志贵在专一。"

评析

专注的道理是人人都知道的,不论是做学问,还是爱好,人只有专注了,才能有所成就。为学的功夫首要就是立志,培植根本就在对善念的一以贯之,及时省察,出现了分支就要剪除,这样树干才能长大。王阳明主张人应该先专后博,这和当下很多人主张的先博后专的学习方法是迥然不同的。

原文

因论先生之门,某人在涵养上用功,某人在识见上用功。先生曰:"专涵养者,日见其不足;专识见者,日见其有余。日不足者,日有余矣。日有余者,日不足矣。"

译文

论及先生的弟子,谁是在涵养上用功,谁是在知识见闻上用功。

先生说:'专心在涵养上用功,就会一天天发现自己的不足;专心在知识见闻上用功,每天都会觉得自己已经认识足够了。日感不足之人,德行将会日日充盈。日感有余之人,德行将会日日衰微。"

评析

此处还是警戒学者要在心地上下功夫,才能日日见到自己的不足,这样在德行上才能日益充足。

原文

梁日孚问:"居敬、穷理是两事,先生以为一事,何如?"

先生曰:"天地间只此一事,安有两事?若论万殊,礼仪三百,威仪三千,又何止两?公且道居敬是如何?穷理是如何?"

曰:"居敬是存养工夫,穷理是穷事物之理。"

曰:"存养个甚?"

曰:"是存养此心之天理。"

曰:"如此,亦只是穷理矣。"

曰:"且道如何穷事物之理?"

曰:"如事亲便要穷孝之理,事君便要穷忠之理。"

曰:"忠与孝之理在君、亲身上,在自己心上?若在自己心上,亦只是穷此心之理矣。且道如何是敬?"

曰:"只是主一。"

曰:"如何是主一?"

曰:"如读书便一心在读书上,接事便一心在接事上。"

曰:"如此,则饮酒便一心在饮酒上,好色便一心在好色上,却是逐物,成甚居敬功夫?"

日孚请问。

曰:"一者,天理。主一是一心在天理上。若只知主一,不知一即是理,有事时便是逐物,无事时便是着空。惟其有事无事,一心皆在天理上用功,所以居敬亦即是穷理。就穷理专一处说,便谓之居敬,就居敬精密处说,便谓之穷理。却不是居敬了,别有个心穷理,穷理时别有个心居敬。名虽不同,功夫只是一事。就如《易》言'敬以直内,义以方外。'敬即是无事时义,义即是有事时敬,两句合说一件。如孔子言'修己以敬',即不须言义。孟子言'集义',即不须言敬。会得时,横说竖说,工夫总是一般。若泥文逐句,不识本领,即支离决裂,工夫都无下落。"

译文

梁日孚问:"'居敬'与'穷理'是两码事,而先生认为是一码事,为什么?"

先生说:"天地间仅有一件事,怎么会有两件事?至于事物的千差万别,'礼仪三百,威仪三千',又何止两件?您不妨先说一下什么是居敬？什么是穷理？"

梁日孚说："居敬是存养的功夫，穷理是穷尽事物之理。"

先生问："存养什么？"

梁日孚说："存养己心中的天理。"

先生说："这样也就是穷理了。"

先生又说："暂且谈一下怎样穷尽事物之理？"

梁日孚说："比如，侍奉父母就要穷尽孝的理，事君就要穷尽忠的理。"

先生说："忠和孝的理，是在国君、父母身上，还是在自己心上？如果在自己心上，也就是要穷尽此心只理了。再说说什么是敬？"

梁日孚说："敬，就是主一。"

先生问："怎样才算是主一？"

梁日孚说："例如，读书就一心在读书上，做事就一心在做事上。"

先生说："这样一来，饮酒就一心在饮酒上，好色就一心在好色上，像这样就是追逐外物，怎么能称为居敬的功夫呢？"

梁日孚向先生请教"主一"的问题。

先生说："一就是天理，主一就是一心在天理上。如果只懂得主一，不明白它就是天理，那么，一旦有事就会追逐物欲，无事时就会陷入虚妄的臆想。只有不管有事无事，都能够一心在天理上，如此居敬也就是穷理。就穷理的专一而言，是居敬；就居敬的精密而言，是穷理。并非居敬后，另有一个心去穷理，穷理时，又有一个心去居敬。名称虽然不同，功夫只有一个。正如《易经》中讲'敬以直内，义以方外'，敬就是无事时的义，义就是有事时的敬。敬义结合仍是一回事。孔子说'修己以敬'，义就不必说了。孟子说'集义'，敬也不必说了。领会了这点，横说竖说，功夫都是一样的。如果拘泥于文句，不明根本，只会支离破裂，功夫就没有着落的地方了。"

评析

在很多人看来，居敬是言行上的功夫，穷理是思辨上的功夫，这么理解其实是粗浅的。王阳明指出这两件事其实只是一件，那就是"主一"的功夫。穷理专一了，就能居敬；居敬到精密处，就是穷理。

■ 原文

问："穷理何以即是尽性？"

曰："心之体，性也，性即理也。穷仁之理，真要仁极仁；穷义之理，真要义极义。仁、义只是吾性，故穷理即是尽性。如孟子说'充其恻隐之心，至仁不可胜用'，这便是穷理工夫。"

译文

梁日孚问："穷理怎么就是尽性呢？"

先生说："心的本体是天性，天性即天理。穷尽仁的理，是使仁成为至仁；穷尽义的理，是使义成为至义。仁与义是我的天性，因此，穷理就是尽性。就像孟子所说的'充其恻隐之心，至仁不可胜用'，就是穷理的功夫。"

评析

理与性，本就是一样的。心的本体称为天性，里面充盈着天理，如此尽性也就是穷理了。

■ 原文

日孚曰:"先儒谓'一草一木亦皆有理,不可不察',何如?"

先生曰:'夫我则不暇。公且先去理会自己性情,须能尽人之性,然后能尽物之性。"

日孚悚然有悟。

译文

梁日孚说:"程颐先生说的'一草一木亦皆有理,不可不察',这句话怎么讲?"

先生说:"对于我来说,还没有那份闲功夫。您姑且先去涵养自己的性情,只有穷尽了人之天性,然后才能穷尽物之天性。"

梁日孚因此警醒而有所体悟。

评析

朱熹承袭程颐之说,认为格物是穷尽事物之理,也正因如此,他们终身劳苦,把学问的本末颠倒了。人如果连自己的心都没明了,又何谈穷物之理呢?天生万物,都离不开一个天理,理就是性,性要在自己的心上求。

■ 原文

惟乾问:"知如何是心之本体?"

先生曰:"知是理之灵处。就其主宰处说便谓之心,就其禀赋处说便谓之性。孩提之童，无不知爱其亲，无不知敬其兄。只是这个灵能不为私欲遮隔，充拓得尽，便完全是他本体，便与天地合德。自圣人以下，不能无蔽，故须格物以致其知。"

译文

惟乾问："为什么知是心的本体？"

先生说："知是天理的灵妙处，就其主宰处而言，称为心，就其禀赋处而言，称为性。幼年童子，没有不知道爱其父母，没有不知道敬其兄长。这正是因为，这个天生的灵性还没有被私欲蒙蔽，彻底扩充拓展，就完全是心的本体，也就能与天地之德合而为一。自圣人以下的，没有人是不被蒙蔽的，所以，需要通过格物来获得他的良知。"

评析

这里对心本体的妙用和禀赋做出了解释，心的妙用就是知，其表现在外的禀赋被称为性，而这个主宰就是心本身。主宰正，知就正了，变现在外的性也就正；主宰坏，知就坏了，那表现在外的性也就坏了。但圣人之下的人没有不是被蒙蔽的，学习就是为了通过格物来致良知。

■ 原文

守衡问："《大学》功夫只是诚意，诚意功夫只是格物、修、齐、治、平。只诚意尽矣。又有正心之功，有所忿懥好乐则不得其正，何也？"

先生曰："此要自思得之，知此则知未发之中矣。"

守衡再三请。

曰："为学工夫有浅深，初时若不着实用意去好善恶恶，如何能为善去恶？这着实用意便是诚意。然不知心之本体原无一物，一向着意去好善恶恶，便又多了这分意思，便不是廓然大公。《书》所谓'无有作好作恶'，方是本体。所以说有所忿懥好乐，则不得其正。正心只是诚意工夫。里面体当自家心体，常用鉴空衡平，这便是未发之中。"

译文

守衡问："《大学》中的功夫唯有诚意，诚意的功夫唯有格物，修身、齐家、治国、平天下，只要有一个诚意的功夫就足够了，又有正心功夫，'有所忿懥好乐，心就不能中正'，这是怎么回事呢？"

先生说："这一点需要自己思考、体会，明白之后，就能理解未发之中了。"

守衡再而三地请教先生。

先生说："治学的功夫有深有浅，刚开始若不肯专心去好善憎恶，又怎么能为善除恶呢？这里的专心就是诚意。但是，如果不懂得心的本体原无一物，只管执着地去好善憎恶，便又多了一份执着的意思，就不是豁然大公了。《尚书》中所谓的'无有作好作恶'，方为心之本体。因此说，有所忿懥好乐，心就不能中正。正心就是从诚意功夫中体察承当自己的心体，失心空明如镜，平衡如秤，这就是未发之中。"

评析

学生不明白一个诚意的功夫要引申出正心来，认为这是多余的。王阳明指出诚意的意思是专心地为善去恶，只是偏执地去理解，就会有偏执的行为，这样就不是大公了。因此告诫人们诚意后还要正心，不有意偏执善恶，才能合于"未发之中"。

原文

正之问曰:"戒惧是己所不知时之工夫,慎独是己所独知时之工夫,此说如何?"

先生曰:"只是一个工夫,无事时固是独知,有事时亦是独知。人若不知于此独知之地用力,只在人所共知处用功,便是作伪,便是'见君子而后厌然'。此独知处便是诚的萌芽。此处不论善念恶念,更无虚假,一是百是,一错而错。正是王霸、义利、诚伪、善恶界头。于此一立立定,便是端本澄源,便是立诚。古人许多诚身的工夫,精神命脉,全体只在此处,真是莫见莫显,无时无处,无终无始,只是此个工夫。今若又分戒惧为己所不知,即工夫便支离,便有间断。既戒惧,即是知,己若不知,是谁戒惧?如此见解,便要流入断灭禅定。"

曰:"不论善念恶念,更无虚假,则独知之地,更无无念时邪?"

曰:"戒惧亦是念。戒惧之念,无时可息。若戒惧之心稍有不存,不是昏聩,便已流入恶念。自朝至暮,自少至老,若要无念,即是己不知,此除是昏睡,除是槁木死灰。"

译文

正之问:"戒惧是自己不知而别人知道时的功夫,慎独是只有自己知道而别人不知道时的功夫,这种说法正确吗?"

先生说:"二者只是一个功夫。无事之时固然是只有自己知道,但有事之时也是只有自己知道。人们如果不懂在此独知的地方用功夫,只在人所共知处用功夫,就是虚伪,这就是《大学》里说的'见君子而后厌然'。这个独知处用功正是诚意萌芽处。此处不管善念恶念,都没有虚假,一对百对,一错百错。这也正是王与霸、义与利、诚与伪、善与恶的分界点。能够在这里立稳脚跟，就是正本清源，就是立定诚意。古人许多诚身的功夫，其精神命脉全部汇聚在这里，真是不见不显，无时无处，无始无终，只是这个功夫。倘若又把戒惧当成自己所不知的，功夫就会支离，也就有间断。既然感到戒惧，那就是自己知道，如果自己不知，又是谁在戒惧呢？这样的主张，又会使人陷入佛教的断灭禅定里去了。"

正之说："无论是善念还是恶念，毫无虚假，那么，自己独处时就没有无念的时候了吗？"

先生说："戒惧也是念。戒惧的念头，没有止息的时候，然而，如果戒惧之心稍有放失，人不是昏聩糊涂，就是流于恶念。从早到晚，从小到老，如果没有念头，那就是自己没有知觉，这样的话，除非是昏睡，除非是形如槁木，心如死灰了。"

评析

慎独的意思很好理解，那就是在独处的时候，或者在某个自己知道而别人不知道的地方有所警惕。那戒惧是不是就是别人知道，而自己不知道的时候表现出来的状态呢？其实并非如此，如果自己不知道，就不会感受到戒惧。有感觉，说明自己也是知道的。戒惧、慎独都是使自己保持警惕的意思。人心是一颗活物，只要醒着，就没有所谓无念的时候，无念只有人睡着了，或者形同槁木的人才会真有。而有念就要使自己有所戒惧，不然就会沦为昏聩糊涂，陷入恶念之中了。

▆ 原文

志道问："荀子云：'养心莫善于诚'，先儒非之，何也？"

先生曰："此亦未可便以为非。诚字有以工夫说者。诚是心之本体，求复其本体，便是思诚的工夫。明道说'以诚敬存之'，亦是此意。《大学》'欲正其心，先诚其意。'荀子之言固多病，然不可一例吹毛求疵。大凡看人言语，若先有个意见，便有过当处。'为富不仁'之言，孟子有取于阳虎，此便见圣贤大公之心。"

译文

志道问："荀子说'养心莫善于诚'，程子则不以为然，这是为什么呢？"

先生说："这句话也不能认为它不对。'诚'有从功夫上来说的。诚是心之本体，要恢复心的本体，便是思诚的功夫。程颢说的'以诚敬存之'，也是这个意思。《大学》中也说：'欲正其心，先诚其意。'荀子的话固然毛病不少，但也不能一味吹毛求疵。但凡看人说话，只要事先存有偏见，就会感觉有不妥当的地方。比如，'为富不仁'，就是孟子引用阳虎的话，由此可见圣人的大公之心。"

评析

人有个毛病，那就是只要对某个人有偏见，那对方说出来的话就没一句中听的。王阳明告诫学生要凭公而论，在不涉及核心问题的地方只要大致上说得过去就行了，咬文嚼字是一种吹毛求疵的表现。

原文

萧惠问："己私难克，奈何？"
先生曰："将汝己私来替汝克。"

又曰:"人须有为己之心,方能克己,能克己,方能成己。"

萧惠曰:"惠亦颇有为己之心,不知缘何不能克己?"

先生曰:"且说汝有为己之心是如何?"

惠良久曰:"惠亦一心要做好人,便自谓颇有为己之心。今思之,看来亦只是为得个躯壳的己,不曾为个真己。"

先生曰:"真己何曾离着躯壳?恐汝连那躯壳的己也不曾为。且道汝所谓躯壳的己,岂不是耳、目、口、鼻、四肢?"

惠曰:"正是为此。目便要色,耳便要声,口便要味,四肢便要逸乐,所以不能克。"

先生曰:"美色令人目盲,美声令人耳聋,美味令人口爽,驰骋田猎令人发狂,这都是害汝耳、目、口、鼻、四肢的,岂得为汝耳、目、口、鼻、四肢?若为着耳、目、口、鼻、四肢时,便须思量耳如何听,目如何视,口如何言,四肢如何动。必须非礼勿视、听、言、动,方才成得个耳、目、口、鼻、四肢,这个才是为著耳、目、口、鼻、四肢。汝今终日向外驰求,为名、为利,这都是为著躯壳外面的物事。汝若为着耳、目、口、鼻、四肢,要非礼勿视、听、言、动时,岂是汝之耳、目、口、鼻、四肢自能勿视、听、言、动,须由汝心。这视、听、言、动皆是汝心。汝心之视,发窍于目;汝心之听,发窍于耳;汝心之言,发窍于口;汝心之动,发窍于四肢。若无汝心,便无耳、目、口、鼻、四肢。所谓汝心,亦不专是那一团血肉。若是那一团血肉,如今已死的人,那一团血肉还在,缘何不能视、听、言、动?所谓汝心,却是那能视、听、言、动的,这个便是性,便是天理。有这个性,才能生这性之生理,便谓之仁。这性之生理发在目便会视,发在耳便会听,发在口便会言,发在四肢便会动,都只是那天理发生。以其主宰一身,故谓之心。这心之本体,原只是个天理,原无非礼。这个便是汝之真己,这个真己是躯壳的主宰。若无真己,便无躯壳。

真是有之即生，无之即死。汝若真为那个躯壳的己，必须用着这个真己，便须常常保守着这个真己的本体。戒惧不睹，恐惧不闻，惟恐亏损了他一些。才有一毫非礼萌动，便如刀割，如针刺，忍耐不过，必须去了刀，拔了针。这才是有为己之心，方能克己。汝今正是认贼作子，缘何却说有为己之心不能克己？"

有一学者病目，戚戚甚忧，先生曰："尔乃贵目贱心。"

译文

萧惠问："私欲不容易克除，该怎么办呢？"

先生说："把你的自私拿来让我替你克除私欲。"

又说："人只要有为自己着想的心，也就能克制自己的私欲，能够克己，就能成就自己。"

萧惠问："为自己着想的心我也有，但不知为什么总不能克除私欲？"

先生说："不妨先谈谈你为自己着想的心是怎样的？"

萧惠沉思良久，说："我也一心要做好人，就觉得总有为自己着想的心。如今想来，我只是为了自己的肉身躯壳着想，并不是为了真正的自我。"

先生说："真正的我何曾离开过身体？恐怕你也不曾为那肉身躯壳着想过，你所说的'躯壳的我'，岂不是指耳、目、口、鼻、四肢吗？"

萧惠说："正是为了这些。眼睛贪爱美色，耳朵贪爱美声，嘴巴贪爱美味，四肢贪爱享受安逸。因此便不能克制自己。"

先生说："美色使人目盲，美声使人耳聋，美味使人口伤，放纵令人心发狂，这些对你的耳目口鼻和四肢都是有损害的，怎么会保全你的耳目口鼻和四肢呢？如果真的是为了耳目口鼻和四肢着想，就要考虑耳朵当听什么，眼睛当看什么，嘴巴当说什么，四肢当做什么。只有做到'非礼勿视，非礼勿听，非礼勿言，非礼勿动'，才能保全耳目口鼻和四肢的功能，这才真正是为了自己的耳目口鼻和四肢着想。如今，你终日向外去寻求名、利，这些只是为了肉身躯壳意外的事物。若你确是为了自己的耳目口鼻和四肢，就必须'非礼勿视，非礼勿听，非礼勿言，非礼勿动'，此时，这些岂是你的耳目口鼻和四肢自己能做到的，这些必须是你的心在起作用。你的视、听、言、动就源于你的心。你心的视、听、言、动通过你的眼、耳、口、四肢来实现。如果你的心不存在，就没有你的耳目口鼻。所谓的心，并非专说那一团血肉。如果心是专指那团血肉，那么就是死去的人，那团血肉仍在，但为什么不能视、听、言、动呢？所谓的真正的心，其实是那能使你能视、能听、能言、能动的'性'，也就是天理。有了这个性，才有了这性的生生不息之理，这也就是仁。性的生生不息之理，表现在眼睛上就能看，表现在耳时就能听，表现在嘴巴上便能说，表现在四肢就能动，这些都是天理在起作用。因为天理主宰着人的身体，所以又叫心。这心的本体，本来只是一个天理，原本没有违背天理的地方存在。这就是你真实的自我，它才是人的躯壳的主宰。如果没有真我，也就没有肉体。有了真正的自我就生，没有它就死。你若真为了那个躯壳的自我，必须依靠这个真我，就需要时常坚守这个真我的本体。做到戒'慎乎不视，恐惧乎不闻'，害怕对这个真我的本体有些许的损伤。稍有丝毫的违礼的念头出现，有如刀剜针刺，不堪忍受。必须扔了刀、拔掉针，这样才算是有为己之心，也方能克己。你现在正是认贼为子，还说说什么有为自己着想的心而不能克己呢？"

有一位学者患有眼疾，十分忧戚。先生说："你这是贵目贱心啊。"

评析

人们认为对自己有利的东西，往往对自己是有害的。人人都想吃美食，听雅乐，看美色，闻香气，穿华服，这些都是损伤人的天性的。因为足够诱人，所以人们在这些事物面前往往把持不住，往往沉浸其中。人们都以为不能克制私欲是因为有为自己着想的心，其实人们正是因为没有为自己着想的心，才会任由外物对自己的形体造成损伤。五官的功用都是从心性上生发的，心性杂染了天性不全的事物，人就会感到痛苦、空虚。不过，完全对外物没有欲求也不太可能，万物节则阴阳和，节制才是最重要的，对欲望要进行疏导，而不是遏制，但这是很难拿捏的。

原文

萧惠好仙、释。

先生警之曰："吾亦自幼笃志二氏，自谓既有所得，谓儒者为不足学。其后居夷三载，见得圣人之学若是其简易广大，始自叹悔，错用了三十年气力。大抵二氏之学，其妙与圣人只有毫厘之间。汝今所学，乃其土苴，辄自信自好若此，真鸱鸮窃腐鼠耳。"

惠请问二氏之妙。先生曰："向汝说圣人之学简易广大，汝却不问我悟的，只问我悔的。"

惠惭谢，请问圣人之学。先生曰："汝今只是了人事问，待汝办个真要求为圣人的心，来与汝说。"

惠再三请。先生曰："已与汝一句道尽，汝尚自不会！"

译文

萧惠热衷于道教、佛教。

先生警戒他说："我自幼笃信佛、老，也自觉颇有收获，以为儒学不值一学。后来在贵州龙场住了三年，发现圣人之学是如此的简易、博大，才后悔白白浪费了三十年的精力。大体上佛老学问的精妙处与圣人之学并无多大的差别。你如今所学的只是佛老的糟粕，就如此狂热地信奉，真有点像鸱鸮抓到了一只腐鼠。"

萧惠向先生请教佛老之学的精妙之处。

先生说："我刚与你说圣人之学简易广大，你却不问我所领悟的道，只问我感到后悔的学问。"

萧惠惭愧地道歉，向先生请教什么是圣人之学。

先生说："你现在不过只是做表面功夫，为敷衍了事才这样问的，等你真有了一颗为圣之心时，我再和你讲。"

萧惠再而三地请教。

先生说："我已经用一句话给你说尽了，你还没有明白！"

评析

现在我们生活中也常有些人标榜信佛、信道，这些人的所得和萧惠比起来想必又差之甚远。王阳明指出了萧惠在学问上的狂热喜好，正说明了他得少为足的心态。不求简易广大的学问，却在佛道两派之间的糟粕上沾沾自喜。从王阳明的言辞中，我们是可以感受到他的威严的，当然这其中也有对学生的关切之情。

原文

刘观时问："未发之中是如何？"

先生曰："汝但戒惧不睹，恐惧不闻，养得此心纯是天理，便自然见。"

观时请略示气象。

先生曰："哑子吃苦瓜，与你说不得，你要知此苦，还须你自吃。"时曰仁在旁，曰："如此才是真知，即是行矣。"一时在座诸友皆有省。

译文

刘观时问："'未发之中'是什么样的状态？"

先生说："只要你在被人看不到的地方也有所戒惧，在别人听不到的地方也唯恐有失，把此心修养成纯为天理，你自然就能理解了。"

刘观时请先生粗略谈一下"未发而中"的气象。

先生说："这是所谓的哑巴吃苦瓜，与你说不得，你要知道其中之苦，还得自己去品尝。"这时候，徐爱在一旁说："这样才为真知，才算真正实践。"一时之间，在坐的各位都有所醒悟。

评析

刘观时想要知道老师王阳明口中反复提及的"未发之中"究竟是什么样的状态，就问了其中的境界和滋味。老师王阳明告诫他还是要在慎独上下功夫才行，这其中的滋味自己品尝过才知道。这才是知行合一。

▬ **原文**

萧惠问死生之道。

先生曰："知昼夜即知死生。"

问昼夜之道。

曰："知昼则知夜。"

曰："昼亦有所不知乎？"

先生曰："汝能知昼？懵懵而兴，蠢蠢而食，行不著，习不察，终日昏昏，只是梦昼。惟'息有养，瞬有存'，此心惺惺明明，天理无一息间断，才是能知昼。这便是天德，便是通乎昼夜之道而知，便有甚么死生？"

译文

萧惠向先生请教生死之道。

先生说："懂得昼夜，就能知道生死。"

萧惠再请教昼夜之道。

先生说："懂得白天，就知道了黑夜。"

萧惠说："难道还有人不知道白天吗？"

先生说："你能懂得白天吗？懵懵懂懂起床，稀里糊涂地吃饭，做事也不知道为什么做，修习从来不知道省察，成天昏昏噩噩，这只是梦中的白天。只有经常操持存养的功夫，内心清醒明亮，天理没有片刻间断，才能知道是白天。这个就是天德，就是明白了昼夜之道。知晓了白昼之道，还有什么生死的问题？"

评析

王阳明总是能把其它怪诞学说中肆意渲染的事物拉回到现实之中，好比这里的生死问题，本来是很难说通的，而且喜欢问这样问题的人往往也喜欢也穷追不舍，萧惠就是这么一个可爱的形象，他出现的地方，王阳明就像就换了个面孔，教训他好像教训小孩子一样严厉，完全不像对待徐爱和陆澄那样温文尔雅，但他也只是希望以此来鞭策萧惠。

■ 原文

马子莘问："'修道之教'，旧说谓圣人品节吾性之固有，以为法于天下，若礼、乐、刑、政之属，此意如何？"

先生曰："道即性即命。本是完完全全，增减不得，不假修饰的何须要圣人品节？却是不完全的物件。礼、乐、刑、政是治天下之法，固亦可谓之教，但不是子思本旨。若如先儒之说，下面由教入道的，缘何舍了圣人礼、乐、刑、政之教，别说出一段戒慎恐惧工夫？却是圣人之教为虚设矣。"

译文

马子莘问："朱熹认为'修道之教'是指我们心性中固有的圣人品节，是天下人效法的标准，比如礼、乐、刑、政之类。这种认识正确吗？"

先生说："道，就是性，就是命。道，本是完完全全的，不可增减，不用修饰，哪里需要圣人的品节？那样不就成了不完整的东西了吗？礼、乐、刑、政是治理天下的办法，当然可称为教，但并不是子思的原意。若依朱熹的解释，中下资质的人通过教育可行乎大道，为何要丢弃圣贤礼乐和刑政的教化，而另外说出戒慎恐惧的功夫呢？这样圣人之教就是虚设罢了。"

评析

这里指出礼、乐、刑、政等教育，对于人真正认识自己的本心是没有什么帮助的，不然也就不需要做戒慎恐惧的功夫了。如此一来，圣人的教化也就形同虚设了。

原文

子莘请问。

先生曰："子思性、道、教皆从本原上说。天命于人，则命便谓之性；率性而行，则性便谓之道；修道而学，则道便谓之教。率性是'诚者'事，所谓'自诚明，谓之性'也。修道是'诚之者'事，所谓'自明诚，谓之教'也。圣人率性而行即是道。圣人以下未能率性，于道未免有过不及，故须修道。修道则贤知者不得而过，愚不肖者不得而不及，都要循着这个道，则道便是个教。此'教'字与'天道至教''风雨霜露，无非教也'之'教'同。'修道'字与'修道以仁'同。人能修道，然后能不违于道，以复其性之本体，则亦是圣人率性之道矣。下面'戒慎恐惧'便是修道的工夫，'中和'便是复其性之本体。如《易》所谓'穷理尽性以至于命'，'中和''位育'，便是尽性至命。"

译文

马子莘就有关问题请教先生。

先生说："子思的性、道、教都是从根本上说的。天命在人，那么命就称为性；率性而行时，那么性就称为道；修道而学时，那么道就称为教。率性乃是'诚者'之事，正是《中庸》中讲的'自诚明，谓之性'。修道是'诚之者'的事，正是《中庸》中讲的'自明诚，谓之教'。圣人率性而行就是道。圣人之下的人不能率性，他们的行为难免会过分或者欠缺，因此必须修道。修道后，贤明的人就不会过分，愚昧平庸者就不会不及。依循这个道，道就成了教。这个'教'

与'天道至教''风雨霜露，无非教也'的'教'相同。'修道'与《中庸》里的'修道以仁'相同。人能够修道，然后才能与道不相违背，从而恢复性的本体，这也就是圣人率性的道了。《中庸》后面讲的'戒慎恐惧'便是修道的功夫。'中和'就是恢复性的本体。如《易经》上所说的'穷理尽性以至于命'。能够达到'中和''位育'，就是尽性而至命。"

评析

这里提到了性、道、教之间相互转化的关系，在人身上，天命就称之为'天性'，天性表现出来就是'道'，依循这个道学习就是'教'。只有圣人才能做到率性而为，现在我们说起率性而为已经脱离了儒者的意思，率性已经成为了任性的说法。其实能做到率性的是圣人，普通人只有通过修道才有可能达到这个地步。

■ **原文**

黄诚甫问："先儒于孔子告颜渊为邦之问，是立万世常行之道，如何？"

先生曰："颜子具体圣人，其于为邦的大本大原都已完备。夫子平日知之已深，到此都不必言，只就制度文为上说。此等处亦不可忽略，须要是如此方尽善。又不可因自己本领是当了，便于防范上疏阔，须是'放郑声，远佞人'。盖颜子是个克己向里、德上用心的人，孔子恐其外面末节或有疏略，故就他不足处帮补说。若在他人，须告以'为政在人，取人以身，修身以道，修道以仁''达道''九经'及'诚身'许多工夫，方始做得，这个方是万世常行之道。不然只去行了夏时，乘了殷辂，服了周冕，作了韶舞，天下便治得？后人但见颜子是孔门第一人，又问个为邦，便把做天大事看了。"

译文

黄诚甫问："《论语》中，孔子对颜回治国问题的回答，先儒认为它确立了万世常行之道，这种认识对吗？"

先生说："颜回在圣人的资质上全备了，对于治国的根本他已彻底掌握了。孔子平时对他十分了解，所以孔子在这儿没再多说，只是就典章制度上讲了讲。这些也不容忽视，只有这些都有了才算完善。也不能因自己具备这些本领便疏于防范，还应该'杜绝淫靡之音，远离奸佞之人'。大概颜回是一个性格内向、在德行上用功的人，孔子忧虑他忽视了外在的细节，才在他的不足处加以提示。如果是别人，孔子也许会告诉他'为政在人，取人以身，修身以道，修道以仁'，'达道''九经'及'诚身'等诸多功夫，如此才能去治国，因为这是万世常行之道。不然，只去用夏朝历法，乘商朝车舆，穿周朝礼服，享舜时韶乐，天下岂能大治？后世人只明白颜回是孔门最得意的高徒，而他又问了一个怎样治国的问题，，就把孔子的回答看作天大的事情。"

评析

颜回问怎样治理国家，孔子并没有跟他讲一番治国的大道理，而只是把典章制度强调了一遍，其实，孔子是针对颜回的个性来回答这个问题的。后世人便误认为孔子把典章制度当成了治国的根本，这是因为不了解孔子因材施教导致的。

原文

蔡希渊问:"文公《大学》新本,先格致而后诚意工夫,似与首章次第相合。若如先生从旧本之说,即诚意反在格致之前,于此尚未释然。"

先生曰:"《大学》工夫即是'明明德','明明德'只是个'诚意','诚意'的工夫只是'格物''致知'。若以'诚意'为主,去用'格物''致知'的工夫,即工夫始有下落。即为善去恶无非是'诚意'的事。如新本先去穷格事物之理,即茫茫荡荡,都无着落处,须用添个'敬'字,方才牵扯得向身心上来,然终是没根源。若须用添个'敬'字,缘何孔门倒将一个最要紧的字落了,直等千余年后要人来补出?正谓以'诚意'为主,即不须添'敬'字。所以提出个'诚意'来说,正是学问的大头脑处。于此不察,真所谓毫厘之差,千里之谬。大抵《中庸》工夫只是'诚身','诚身'之极,便是'至诚'。《大学》工夫只是'诚意','诚意'之极,便是'至善'。工夫总是一般。今说这里补个'敬'字,那里补个'诚'字,未免画蛇添足。"

译文

蔡希渊问:"朱熹修订的《大学》新本中,把格物致知放在诚意功夫之前,似乎与第一章的次序相同。如果按照先生的主张仍依据旧本的话,诚意就在格物致知的前面,在这里我还有不明白的地方。"

先生说:"《大学》的功夫就是'明明德','明明德'只是个'诚意','诚意'的功夫只是'格物''致知'。若以'诚意'为主,去下'格物''致知'的功夫,这样功夫才有着落。为善去恶也都是'诚意'

的事。如果像朱熹所说，先去穷究事物之理，就会茫茫荡荡，没有着落处。必须增添一个'敬'字，才能把里拉回到自己的身心上来，但毕竟没有根源。如果须添个'敬'字，为什么孔子及其弟子会把如此关键而重要的字给遗漏了，一直等到千余年后才被人补上呢？这正是要说以'诚意'为主要，就不用添个'敬'字。因此，特提一个'诚意'，这正是学问的主宰所在。对这点搞不明白，真就是失之毫厘，差之千里了。总的来说，《中庸》的功夫只是'诚身'，'诚身'的极境便是'至诚'，《大学》的功夫只'诚意'，'诚意'的极境便是'至善'。要下的功夫总是一样的。现在在这里添一个'敬'字，在那里要补一个'诚'字，未免画蛇添足了。"

评析

　　王阳明和朱熹对于"诚意"的理解产生分歧的根本原因在于他们穷理方式的不同，王阳明是从心上穷理，返照自身。朱熹是从物上穷理，所以才把诚意放在"格物""致知"之后。他们两个人对于"格物"的看法也有所不同，王阳明将之理解为格除物欲，朱熹将之理解为从事物中格出个道理来。王阳明的说法更契合圣学宗旨，毕竟心外求理是本末倒置的。

传习录

卷中

明·嘉靖三年（1524年）十月，王阳明的门人南大吉命其弟逢吉校刻《续刻传习录》于浙江绍兴，分上下两册，上册即《初刻传习录》，下册为王阳明论述学术的书信九篇，并附『示弟立志说』和『训蒙大意』，此续刻本即今本之中卷。

钱德洪序

钱德洪（1496—1574年），初名宽，字洪甫，号绪山，时称绪山先生，浙江余姚人。王阳明之大弟子，为王门"授业师"之一。在入京殿试途中，闻阳明先生病逝，即不试而奔丧。三年后中进士，官至刑部郎中，后在野三十年中以教授为生。他待子弟严而有礼，教学上因势利导，不时警诫，有"教授师"之称、见《明儒学案》卷十一。

■ 原文

德洪曰：昔南元善刻《传习录》于越，凡二册。下册摘录先师手书，凡八篇。其答徐成之二书，吾师自谓"天下是朱非陆，论定既久，一旦反之为难"。二书姑为调停两可之说，使人自思得之。故元善录为下册之首者，意亦以是欤！今朱、陆之辨明于天下久矣。洪刻先师《文录》，置二书于外集者，示未全也，故今不复录。

其余指知行之本体，莫详于答人论学与答周道通、陆清伯、欧阳崇一四书。而谓格物为学者用力日可见之地，莫详于答罗整庵一书。平生冒天下之非诋推陷，万死一生，遑遑然不忘讲学。惟恐吾人不闻斯道，流于功利机智，以日堕于夷狄禽兽而不觉。其一体同物之心，譊譊终身，至于毙而后已。此孔孟以来贤圣苦心，虽门人子弟未足以慰其情也。是情也，莫见于答聂文蔚之第一书。此皆仍元善所录之旧。而揭"必有事焉"即"致良知"功夫，明白简切，使人言下即得入手，此又莫详于答文蔚之第二书，故增录之。

元善当时汹汹，乃能以身明斯道，卒至遭奸被斥，油油然惟以此生得闻斯学为庆，而绝无有纤芥愤郁不平之气。斯录之刻，人见其有功于同志甚大，而不知其处时之甚艰也。今所去取，裁之时义则然，非忍有所加损于其间也。

译文

德洪说：过去，南元善在浙江绍兴刻印《传习录》，分为上、下两册。下册收录了先生的八封书信。其中在《答徐成之》两封信中，先生自己说："天下赞成朱熹的观点，排斥陆九渊的观点，长期以来已成定论，想要改变是很困难的。"这两封信也许能够调停朱陆两家之争，让人们自己思考作出判断。因此，南元善将这两封信放在下册的开篇，其用意也在这。直到今天，人们对朱陆之辨的争辩已经非常明了。我刻印先生的《文录》时，把两封信置于《外集》中，意在说明有些观点还不够完善，因此，现不作重复收录。

其他讲知行本体的论述，在《答人论学》《答周道通书》《答陆清伯书》《答欧阳崇一》四封信中最为详尽。而讲格物应是学者平常所做功夫的可见之处，没有比《答罗整庵》书更详细的了。先生平生面对世人的诽谤和诋毁，在万死一生的逆境中始终不忘讲学。他老人家唯恐我们这些弟子不了解圣学，而被功利和机巧所迷惑，以至于日益沦为禽兽夷狄而不自觉。先生毕生追求与天地万物融为一体的境界，直至死而后已。这种孔孟以来圣贤所独有的良苦用心，即便是门人子弟的劝慰也不宽慰其至情。先生的这种情怀，没有比在《答聂文蔚》的第一封信中更为详尽的。这几封信均按南元善原本刊刻而收录。而先生在《答聂文蔚》的第二封信中，详尽地揭示了'必有事焉'就是'致良知'的功夫，其论述明白简洁，使人言下就能入手，所以也增录进来。

南元善当时的处境极其艰难，仍坚持讲授阳明学说来光明此道，最终遭受奸臣排挤。但他依然很高兴地认为此生能够接受阳明学说是一生最大的幸事。因而，他没有丝毫的忧愤和悔恨。人们都知道，南元善刊刻的《传习录》对于有志于学的同志帮助很大，但不知他当时处境的艰难。现在我对《传习录》进行增删，是依据今天的需要，并不是对南元善所刻的《传习录》旧本有什么不满。

答顾东桥书

顾东桥（1476—1545年），名鳞，字华玉，号东桥。江苏江宁人。进士，官至南京刑部尚书。擅写诗，见《明史》卷二八六。

钱德洪的序是《答人论学书》，而《阴阳全书》则用《答顾东桥书》。日本有人解释说，当时顾东桥健在，直书其名恐怕有损他的面子。

▆ 原文

来书云："近时学者，务外遗内，博而寡要。故先生特倡'诚意'一义，针砭膏肓，诚大惠也！"

吾子洞见时弊如此矣，亦将何以救之乎？然则鄙人之心，吾子固已一句道尽，复何言哉？复何言哉？若诚意之说，自是圣门教人用功第一义，但近世学者乃作第二义看，故稍与提掇紧要出来，非鄙人所能特倡也。

译文

来信写道："近代的学者，只重视外在知识和学问的积累，而往往忽略了内在的道德修养，知识虽然广博却不得要领。因此先生着重提倡'诚意'的功夫，借以针砭病入膏肓的学子，其价值实在是不可估量啊！"

你对时势的洞察能如此透彻，那又准备如何去救治呢？当然，我的思想你已一语道破，我还有什么好说的呢？关于诚意的主张，原本就是圣学教人用功的第一要务，但近代学者却把它看成二流的事情，所以，我才稍稍把诚意表现出来，并不是我个人独自倡明的。

评析

这是王阳明给友人顾东桥信的开头语。信的一开头顾东桥就说明"诚意"是给当今病入膏肓的学子开的一剂大药。而后王阳明担心后世学者认为这是他自己发明的，所以强调这本来就是圣学的第一宗旨，这个问题在上卷已经讨论很清楚了。

▀ 原文

来书云："但恐立说太高，用功太捷，后生师传，影响谬误，未免坠于佛氏明心见性、定慧顿悟之机，无怪闻者见疑。"

区区格、致、诚、正之说，是就学者本心、日用事为间，体究践履，实地用功，是多少次第、多少积累在！正与空虚顿悟之说相反。闻者本无求为圣人之志，又未尝讲究其祥，遂以见疑，亦无足怪。若吾子之高明，自当一语之下便了然矣，乃亦谓立说太高，用功太捷，何邪？

译文

来信写道："只担心先生立论过高，学生用功太过迅捷，后学门生递相师传，以致产生谬误，难免会堕入佛教明心见性、定慧见悟的机关，也难怪您的主张被世人怀疑了。"

我的关于格物、致知、诚意、正身的观点，是在学者的本心与日常处事中，体察践行的，这是在实处用功，这需要经历多少阶段，包含多少积累呀！这正好与空虚、顿悟的观点相反。听到此说的人，有的根本就没有想成圣人的志向，也不曾仔细考察其中的详情，所以才产生怀疑，这不足为怪。像你这样聪明之人，我一说你就明白了，却也认为立论过高，用功过捷，这是怎么回事呢？

评析

这里王阳明指出自己的本心论和佛教的明心见性在功用上是有区别的，他的本心不离日用，需要靠学者体察践行，需要经过很多积累和磨砺。在儒者看来，明心见性的说法过于玄空，很容易堕入到境界思维中，这样很容易成为玄思而不能落到实处。不过，王阳明并不担心自己的学问会产生谬误，只要立志为圣的人，仔细考察其中的详情，就不会对他的说法产生怀疑。

原文

来书云："所喻知行并进，不宜分别前后，即《中庸》'尊德性而道问学'之功，交养互发，内外本末，一以贯之之道。然工夫次第，不能无先后之差。如知食乃食，知汤乃饮，知衣乃服，知路乃行，未有不见是物，先有是事。此亦毫厘倏忽之间，非谓有等今日知之，而明日乃行也。"

既云"交养互发，内外本末，一以贯之"，则知行并进之说无复可疑矣。又云"工夫次第，不能无先后之差。"无乃自相矛盾已乎？知食乃食等说，此尤明白易见。但吾子为近闻障蔽，自不察耳。夫人必有欲食之心，然后知食，欲食之心即是意，即是行之始矣。食味之美恶，必待入口而后知，岂有不待入口而已先知食味之美恶者邪？必有欲行之心，然后知路，欲行之心即是意，即是行之始矣。路歧之险夷，必待身亲履历而后知，岂有不待身亲履历而已先知路歧之险夷者邪？知汤乃饮，知衣乃服，以此例之，皆无可疑。若如吾子之喻，是乃所谓不见是物而先有是事者矣。吾子又谓"此亦毫厘倏忽之间，非谓截然有等今日知之，而明日乃行也。"是亦察之尚有未精。然就如吾子之说，则知行之为合一并进，亦自断无可疑矣。

译文

来信说："你所说的知行并进，不应区分先后，这也就是《中庸》提到的'尊德性'和'道问学'功夫，是互相存养，互相促进，内外本末，一以贯之的道。但是，功夫的顺序，不能没有先后之分。例如，知食才吃，知汤才饮，知衣才穿，知路才行。没有未见其物就先见其事的情况。这也有毫厘倏忽的间隙，不是说等今天知道了，明天才去实行。"

你既然讲"互相存养，互相促进，内外本末，一以贯乏'，那么对于知行并进的主张也不应再去疑惑了。你又说"功夫的顺序，不能没有先后之分"，这岂不是自相矛盾？'知食才吃'等例子，更是浅显易懂。但你被近来听到的观点蒙蔽了，自然不能有所省察。人定是有了想吃的心，之后才能想起食物。想吃的心就是意，也就是行的开始。食物味道的好坏，必然吃进口中才能知晓，哪有没吃进口就已知道食物味道的好坏之理呢？人必定是有想走路的心，然后才想起路，想行走的心就是意，也就是行的开始。路途的坎坷曲折，需要亲身走过才能知道，哪有未曾走过就先知道路途是平坦还是坎坷的呢？知汤才饮，知衣才穿，依次类推，均无可疑。若真如你所说，就正是'不见这个物就先有这个事'了。你又讲："这也有毫厘倏忽的间隙，并不是说，非等今天知道了，明天才去实行"，这种说法也是省察不精。但即便如你所说的那样，知行合一并进也肯定是断然不可怀疑的。

评析

"知行合一"是构成阳明心学的核心内容之一。这里的知行合一和我们平日里说的知识联系实践是两码事，王阳明的主张是知行是齐头并进的，就好比吃饭，入口的那一瞬间，既是知，也是行；走在路上，既是知，也是行。真知唯有在行动中才能显明出来，这句话差不多能表达王阳明的意思。

原文

来书云："真知即所以为行，不行不足谓之知。此为学者吃紧立教，俾务躬行则可。若真谓行即是知，恐其专求本心，遂遗物理，必有暗而不达之处，抑岂圣门知行并进之成法哉？"

知之真切笃实处即是行，行之明觉精察处即是知。知行工夫，本不可离。只为后世学者分作两截用功，失却知行本体，故有合一并进之说。真知即所以为行，不行不足谓之知。即如来书所云'知食乃食'等说可见，前已略言之矣。此虽吃紧救弊而发，然知行之体本来如是，非以己意抑扬其间，姑为是说，以苟一时之效者也。专求本心，遂遗物理，此盖失其本心者也。夫物理不外于吾心，外吾心而求物理，无物理矣。遗物理而求吾心，吾心又何物邪？心之体，性也，性即理也。故有孝亲之心，即有孝之理；无孝亲之心，即无孝之理矣。有忠君之心，即有忠君之理；无忠君之心，即无忠君之理矣。理岂外于吾心邪？晦庵谓"人之所以为学者，心与理而已。心虽主乎一身，而实管乎天下之理。理虽散在万事，而实不外乎一人之心。"是其一分一合之间，而未免已启学者心、理为二之弊。此后世所以有专求本心，遂遗物理之患。正由不知心即理耳。夫外心以求物理，是以有暗而不达之处。此告子义外之说，孟子所以谓之不知义也。心一而已，以其全体恻怛而言谓之仁，以其得宜而言谓之义，以其条理而言谓之理。不可外心以求仁，不可外心以求义，独可外心以求理乎？外心以求理，此知行之所以二也。求理于吾心，此圣门知行合一之教，吾子又何疑乎？

译文

来信写道："真知即为能够去行，不实行便不足以称为真知。这是给学者指出的切实方法，使学者务必躬身实行才可。但是，若真的把行当作知，只怕学者就会专求本心，从而遗落了事物之理。这样，肯定会有偏颇不通达之处，这岂是圣门知行并进的一成不变之方法呢？"

知的确切笃实处即为行，行的明觉精察处即为知。知行的功夫，本不可分离。只是后世学者把知行分为两个部分下功夫，遗弃了知行的本体，因此才有知行合一齐头并进的主张。真知即为能够践行，不行不足以称为真知。就如你的来信所讲，'知食才吃'等例子也可说明，这一点在前面已简要谈到了。这虽然是为了救治时弊而提出来的论调，但知行的本体本来就是如此，不是我任意褒贬，妄加论断，以求一时的效用。专求本心，遗弃物理，也就是失去了本心。因为万物之理不在我心之外，在我心之外去寻求物理，也就是没有物理了；遗弃物理反求我心，我心又是什么呢？心的本体是性，性即是理。因此，有孝敬双亲的心，就有孝敬的理；没有孝敬双亲的心，也就没有孝敬的理。有忠君之心，就有忠君之理；没有忠君之心，也就没有忠君之理。理岂能在我心之外？朱熹说："人之所以为学者，心与理而已。心虽主乎一身，而实管乎天下之理。理虽散在万事，而实不外乎一人之心。"他把心与理一分一合，未免使学生把心理当两件事物来看待。所以，后世才会有"专求本心而遗弃物理"的担忧，着正是因为不知心就是理。去心外寻求万物之理，才会有偏颇而不通达的地方。这也就是告子说义在心外，而孟子认为告子不理解义的原因。心只有一个，就心的恻隐方面来说，即称为仁；就心的合理处而言，就称为义；就心的条理方面而言，即称为理。不可在心外求仁，不可在心外求义，怎么可以在心外寻求理呢？去心外求理，就是把知行当作两回事。在我心中求理，才是圣学知行合一的主张，对此，你还有什么可质疑的？

评析

心即是理，不可舍心而求理。这里王阳明给世人的担忧做出了一个明确的答复，本心就是理，舍此之外就无理。所以不必有专求本心而遗忘世间之理的顾虑。

■ **原文**

来书云："所释《大学》古本，谓致其本体之知，此固孟子尽心之旨。朱子亦以虚灵知觉为此心之量。然尽心由于知性，致知在于格物。"

尽心由于知性，致知在于格物，此语然矣。然而推本吾子之意，则其所以为是语者，尚有未明也。朱子以"尽心、知性、知天"为格物、知致，以"存心、养性、事天"为诚意、正心、修身，以"夭寿不贰、修身以俟"为知至、仁尽，圣人之事。若鄙人之见，则与朱子正相反矣。夫"尽心、知性、知天"者，生知安行，圣人之事也；"存心、养性、事天"者，学知利行，贤人之事也；"夭寿不贰、修身以俟"者，困知勉行，学者之事也。岂可专以"尽心知性"为知，"存心养性"为行乎？吾子骤闻此言，必又以为大骇矣。然其间实无可疑者，一为吾子言之。夫心之体，性也；性也原，天也。能尽其心，是能尽其性矣。《中庸》云："惟天下至诚为能尽其性。"又云："知天地之化育，质诸鬼神而无疑，知天也。"此惟圣人而后能然。故曰：此生知安行，圣人之事也。存其心者，未能尽其心者也，故须加存之之功；必存之既久，不待于存而自无不存，然后可以进而言尽。盖"知天"之"知"，如"知州""知县"之"知"，知州则一州之事皆己事也，知县则一县之事皆己事也，是与天为一者也。"事天"则如子之事父，臣之事君，犹与天为二也。天之所以命于我者，心也，性也，吾但存之而不敢失，养之而不敢害，如"父母全而生之，子全而归之"者也。故曰：此学知利行，贤人之事也。至于"夭寿不贰"，则与存其心者又有间矣。存其心者虽未能尽其心，固已一心于为善，时有不存，则存之而已。今使之"夭寿不贰"，是犹以夭寿贰其心者也。犹以夭寿贰其心，是其为善之心犹未能一也，存之尚有所未可，而何尽之可云乎？今且使之不以夭寿贰其为善之心，若曰死去夭寿皆有定命，吾但一心于为善，修吾之身以俟天命而已，是其平日尚未知有天命也。事天虽与天为二，然已真知天命之所在，但惟恭敬奉承之而已耳。若俟之云者，则尚未能真知天命之所在，犹有所俟者也，故曰"所以立命"。立者"创立"之"立"，如"立德""立言""立功""立名"之类。凡言立者，皆是昔未尝有而今始建立之谓，孔子所谓"不知命，无以为君子"者也。故曰：此困知勉行,学者之事也。今以"尽心、知性、知天"为格物致知,使初学之士尚未能不贰其心者,而遽责之以圣人之生知安行之事,如捕风捉影,茫然莫知所措其心,几何而不至于"率天下而路"也?今世致知格物之弊,亦居然可见矣。吾子所谓务外遗内,博而寡要者,无乃亦是过欤?此学问最紧要处,于此而差,将无往而不差矣。此鄙人之所以冒天下之非笑,忘其身之陷于罪戮,呶呶其言有不容已者也。

译文

来信说:"先生对《大学》旧本进行注解时,说致知是获得对心的本体的认识,这固然与孟子尽心的主意相符。但朱熹也用虚灵知觉来作为人心的本体,而他认为,尽心是因为知性,致知在于格物。"

"尽心是因为知性,致知在于格物",这句话是正确的。然而,据我仔细推敲你话中的意思,你之所以这样说,是还未理解我所说的致知。朱熹说"尽心、知性、知天"是格物、致知,将"存心、养性、事天"看成是诚意、正心、修身,"夭寿不贰,修身以俟"是认识到极致、仁的尽头,是圣人的事情。我的看法,与朱熹正好相反。"尽心、知性、知天"即为生知安行,这是圣人的事情;"存心、养性、事天",是通过学习知道并付诸实践的,这是贤者的事情;"夭寿不贰,修身以俟",是为事所困,而后勉励学习、践行,这是学者的事情。哪里能认为"尽心知性"当作是知,将"存心养性"当作是行呢?你乍一听到这话,肯定会大吃一惊。但是,这里不可置疑,且待我一一解释明白。心的本体是性,性的本源是天理。能尽自己的心,也就是能尽自己的性。《中庸》中说:"惟天下至诚为能尽其性。"又说:"知天地之化育""质诸鬼神而无疑,知天也。"这些只有圣人才能做到。因而说,这是生知安行,是圣人的事情。需要存养本心，是因为不能尽心，因此必须加上存养的功夫，必须是存养了很长时间，不用再存养而无时不在存养时，才可说是尽心。大概"知天"的知，如同"知州""知县"的知。知州，就是一个州的事都是自己的事；知县，就是一个县的事情都是自己的事。"知天"，就是与天为一。"事天"就好比儿女侍奉父母，大臣侍奉君主，这还是把人与天分开为二了。天给予我的，是心，是性。我们只能保留而不能遗失，只敢养护而不敢伤害，犹如"父母全而生之，子全而归之"一般。所以说，学知利行，是贤人的事情。"夭寿不贰"的人与存养心的人又有区别。存养本心的人虽然不能穷尽自己的本心，但他本来就是一心向善。有时失去本心在所难免，只要再加以存养就行了。现今要求人不论夭寿始终如一，这依然是将夭寿一分为二。因为夭寿把心分为二，是由于他向善的心不能专一，这还谈不上存养，尽心又从何说起？现今要求人不要因为夭寿而改变行善的心，这好比说死生夭寿都是命，我只要一心向善，修养自身以待天命就行了，这是由于他平素尚未知道有天命。事天虽是把人和天分而为二，但已知道有天命存在，人只要恭敬地顺应天就够了。说到等待天命，其实是还不能真正认识天命之所在，还在等待，所以孟子说"所以立命"。"立"是"创立"的立，就像"立德""立言""立功"的"立"。大凡说"立"，就是从前没有，现在才建立的意思，也即孔子所谓的"不知命，无以为君子。"因此说，"困知勉行"，是学者的事情。如今把"尽心、知性、知天"看成格物、致知，使刚学的人不能不分散心，就马上指责他不能像圣人一样做到"生知安行"。这如同捕风捉影，使人不明就里，这岂能避免"率天下而路"的后果呢？现在，格物致知的弊端已经很明显了。你所讲的重视外在知识而忽略内在修养，知识广博却不得要领，这难道不是它的弊端吗？这正是做学问的关键之处，此处一出差错，就会无处不出差错。这正是我之所以甘冒天下之非议与嘲讽，不顾身陷罪戮，仍要说个不停的原因。

评析

朱熹的学问和王阳明的学问在起头处就全然反了，在王阳明看来朱熹错解了"尽心、知性、知命"等相关字义的含义，要求初学者做到圣人才能做到的事情，而把初学者该做的事归为圣人才能做到的事情。而且朱熹主张的格物致知的做学问功夫的弊端已经很明显了，按他这个路子走，就会导致知识广博而不得要领，终身疲于奔命，也为了然本心，就更谈不上"存养""尽心"了。

原文

来书云："闻语学者，乃谓即物穷理之说亦是玩物丧志，又取其厌繁就约涵养本原数说标示学者，指为晚年定论，此亦恐非。"

朱子所谓格物云者，在即物而穷其理也。即物穷理是就事事物物上求其所谓定理者也，是以吾心而求理于事事物物之中，析心与之理为二矣。夫求理于事事物物者，如求孝之理于其亲之谓也。求孝之理于其亲，则孝之理其果在于吾之心邪？抑果在于亲之身邪？假而果在于亲之身，则亲没之后，吾心遂无孝之理欤？见孺子之入井，必有恻隐之理。是恻隐之理果在于孺子之身欤？抑在于吾心之良知欤？其或不可以从之于井欤？其或可以手而援之欤？是皆所谓理也。是果在于孺子身欤？抑果出于吾心之良知欤？以是例之，万事万物之理莫不皆然，是可以知析心与理为二之非矣。夫析心与理而为二，此告子义外之说，孟子之所深辟也。务外遗内，博而寡要，吾子既已知之矣，是果何谓而然哉？谓之玩物丧志，尚犹以为不可欤？若鄙人所谓致知格物者，致吾心之良知于事事物物也。吾心之良知，即所谓天理也。致吾心良知之天理于事事物物，则事事物物皆得其理矣。致吾心之良知者，致知也。事事物物皆得其理者，格物也。是合心与理而为一者也。合心与理而为一，则凡区区前之所云，与朱子晚年之论，皆可以不言而喻矣。

译文

来信说："听先生对学生讲过，即物穷理就是玩物丧志，还将朱熹关于'厌繁就约''涵养本原'学说的书信取出来拿给学生看，并把这些称为朱熹的晚年定论，恐怕事实不是如此。"

朱熹所说的格物，就是指在具体事物中穷究其中的理。即物穷理，是从事事物物上寻求其定理，这是用我的心在各种事物中去求理，如此就把心与理一分为二了。在具体事物中求理，好比在父母那里求孝的理。在父母那里求孝的理，那么，孝的理究竟是在我心中，还是在父母身上呢？如果在父母身上，那父母去世后，我心中就没有孝顺之理了吗？看见孩子落在井中，必有恻隐的理。这个理是在孩子身上，还是在我内心的良知上呢？或许不能跟着孩子跳入井中，或许可以伸手来援救，这都是所说的理。这个理果真是在孩子身上，还是果真出于我内心的良知呢？从这个例子中可以看出，万事万物之理莫不是如此。由此可知，将心与理一分为二是错误的。把心与理一分为二，是告子的义在心外的主张，这是孟子竭力反对的。追求外在的知识而忽视内心修养，知识广博却不得要领，你既然已经明白了这些，为何还如此说呢？我讲它玩物丧志，难道你还认为有什么不正确之处吗？我讲的致知格物，是将我心的良知推广到各种事物上。我心的良知，也就是天理，把我心的良知推广到各种事物上，那么，各种事物就都能得到理了。推广我心的良知，即为致知。各种事物都得到理，即为格物。这是把心与理合而为一。将心与理合而为一，那么，前面我所讲的还有我对朱熹晚年定论的看法，都可不言而喻了。

评析

朱熹曾在晚年悔悟自己一生用错了功夫，将格物致知之学理解为到各种事物上去探究道理，直至晚年才知道良知、尽性的功夫才是学问的本源。王阳明说将焦点放在物上而不是心上，这是本末倒置的，说其实玩物丧志也不为过。

■ 原文

来书云："人之心体，本无不明，而气拘物蔽，鲜有不昏。非学、问、思、辨以明天下之理，则善恶之机，真妄之辨，不能自觉，任情恣意，其害有不可胜言者矣。"

此段大略似是而非，盖承沿旧说之弊，不可以不辨也。夫学问、思、辨、行皆所以为学，未有学而不行者也。如言学孝，则必服劳奉养，躬身孝道，然后谓之学。岂徒悬空口耳讲说，而遂可以谓之学孝乎？学射则必张弓挟矢，引满中的。学书则必伸纸执笔，操觚染翰。尽天下之学，无有不行而可以言学者。则学之始，固已即是行矣。笃者，敦实笃厚之意。已行矣，而敦笃其行，不息其功之谓尔。盖学之不能以无疑，则有问，问即学也，即行也。又不能无疑，则有思，思即学也，即行也。又不能无疑，则有辨，辨即学也，即行也。辨既明矣，思既慎矣，问既审矣，学既能矣，又从而不息其功焉，斯之谓笃行。非谓学问思辨之后，而始措之于行也。是故以求能其事而言谓之学，以求解其惑而言谓之问，以求通其说而言谓之思，以求精其察而言谓之辨，以求履其实而言谓之行。盖析其功而言则有五，合其事而言则一而已。此区区心理合一之体，知行并进之功，所以异于后世之说者，正在于是。今吾子特举学、问、思、辨以穷天下之理，而不及笃行，是专以学、问、思、辨为知，而谓穷理为无行也已。天下岂有不行而学者邪？岂有不行而遂可谓之穷理者邪？明道云："只穷理，便尽性至命。"故必仁极仁而后谓之能穷仁之理，义极义而后谓之能穷义之理。仁极仁则尽仁之性矣，义极义则尽义之性矣。学至于穷理至矣，而尚未措之于行，天下宁有是邪？是故知不行之不可以为学，则知不行之不可以为穷理矣。知不行之不可以为穷理，则知知行之合一并进，而不可分为两节事矣。夫万事万物之理，不外于吾心。而必曰穷天下之理，是殆以吾心之良知为未足，而必外求天下之广，以裨补增益之。是犹析心与理而为二也。夫学、问、思、辨、笃行之功，虽其困勉至于人一己百，而扩充之极，至于尽性知天，亦不过致吾心之良知而已。良知之外，岂复有加于毫末乎？今必曰穷天下之理，而不知反求诸其心，则凡所谓善恶之机，真妄之辨者，舍吾心之良知，亦将何所致其体察乎？吾子所谓气拘物蔽者，拘此蔽此而已。今欲去此之蔽，不知致力于此，而欲以外求，是犹目之不明者，不务服药调理以治其目，而徒怅怅然求明于其外。明岂可以自外而得哉？任情恣意之害，亦以不能精察天理于此心之良知而已。此诚毫厘千里之谬者，不容于不辨。吾子毋谓其论之太刻也。

译文

来信写道："人的心体，原来没有不明白的。但受了气的束缚和物欲的遮蔽，不昏暗的就很少有了。如果不用通过学习、求问、思考、辨析来明察天下之理，那善恶的起因，真伪的判别，就不能知晓，就会肆意放纵，它所产生的危害将难以言表。"

这番话给人的感觉似是而非。这是沿袭了从前的错误说法，此处不可不辨明。学习、求问、思考、辨析、践行，都是所谓的学，很少有学而不行的。例如学"孝"，就必须辛苦地服侍赡养，躬行孝道，然后才为学。岂能只凭嘴上说说就可以称学孝呢？学射箭就必须张弓搭箭，拉满弓以命中目标。学写字，就必须备铺好纸张，手执笔墨，提笔写字。天下所有的学问，没有不去行就称为学的。所以开始学习时，就已经是在行了。笃，就是敦厚笃实的意思。说已经去践行了，就是切实连续地用功。学必有疑惑，有疑惑就有提问，提问就是学习，学习就是践行。问了之后不能无疑，有疑惑就要思考。思考就是学习，学习就是践行。思考之后还不能无疑，有疑惑就有辨析。辨析就是学习，学习就是践行。辨析明了了，思考慎重了，疑惑清楚了，学习有长进了，再加上连续用功，这就叫做笃行。并不是说在学习、求问、思考、辨析之后，才肯着手去行。因此，就能做成事而言，称为学；就能解除困惑而言，称为问；就能通晓事物的道理而言，称为思；就能精细考察而言，称为辨；就能踏踏实实地做而言，称为行。要想分析它们的功用，可以从五个方面下手；将它们综合来看，其实只有一件事。我的心理统为一个本体，知行并进的功夫，正是我不同于朱熹的现点的地方。如今，你只举出学习、求问、思考、辨析来穷究天下之理，却不讲践行，这样反把学习、求问、思考、辨析当作知，而将穷理当作没有践行了。天下岂有不行而学的道理？岂有不行就可以称为穷究天理的道理？程颢说："只穷理，便尽性至命。"因此，必须行仁达到仁的极致，之后才可说穷尽了仁的理；行义达到义的极致，之后才能说穷尽了义的理。行仁达到仁的极致，就能尽仁的性；行义达到义的极致，就能尽义的性。学习如果能够穷理到极致，却还未落实到行动之中，天下哪有这种情况？由此可知，不去躬身实践不可以看成学习，不躬身实践就不可以看成穷究天理。知行必须合一并进，绝不能把它们看成两件事。万物之理，并不在我的心外，如果非要说穷尽天下的理，这大概是由于我心的良知不足，而非要向外广求天下事物之理，以弥补心良知的不足。这仍然是把心与理分而为二了。学习、求问、思考、辨析、践行的功夫，那些资质愚钝的人，要付出比别人多百倍的艰苦努力，但当到了尽性知天的地步，也不过是尽我的良知罢了。难道良知以外，还能再添加分毫吗？如今，非要执着于穷尽天下的理，而不知返回到内心寻求，那么，你所说的善恶的起因、真伪的分别，摒除了我心的良知，又将如何体察辨明呢？你所说的气的束缚与物欲的蒙蔽，正是被"穷天下之理"这种说法给束缚蒙蔽了。今天想要剔除这个毛病，不知在内心做功，却想向外寻求，如同患了眼疾的人，不去服药调理来治疗，反而到身外盲目地寻找光亮，试问，这样如何能找到光明？肆意放纵的害处，也是因为不能在人心良知上仔细究察天理。这种差之毫厘、谬以千里的情况，不得不辨别清楚。你不要觉得我讲得太严厉，太刻薄了。

评析

来信中说到学问不通过学习、求问、思考、辨析，就不可能达到真知的地步，王阳明认为光提这些事因为受到了"穷天下事物之理"的学说的影响。人如果没有践行，就不可能达到真知的境地，学习、求问、思考、辨析、践行只有综合起来，才能并为一件事，那就是致良知。如此，被蒙蔽的心眼才能被开启，否则心眼被蒙蔽，怎么求索事物的道理都是徒然的。

原文

来书云:"教人以致知、明德,而戒其即物穷理,诚使昏暗之士,深居端坐,不闻教告,遂能至于知致而德明乎?纵令静而有觉,稍悟本性,则亦定慧无用之见。果能知古今,达事变而致用于天下国家之实否乎?其曰:'知者意之体,物者意之用','格物如格君心之非之格'。语虽超悟,独得不踵陈见,抑恐于道未相吻合?"

区区论致知格物,正所以穷理,未尝戒人穷理,使之深居端坐而一无所事也。若谓即物穷理,如前所云务外而遗内者,则有所不可耳。昏暗之士,果能随事随物精察此心之天理,以致其本然之良知,则虽愚必明,虽柔必强。大本立而达道行,九经之属,可一以贯之而无遗矣。尚何患其无致用之实乎?彼顽空虚静之徒,正惟不能随事随物精察此心之天理,以致其本然之良知,而遗弃伦理,寂灭虚无以为常,是以要之不可以治家国天下。孰谓圣人穷理尽性之学,而亦有是弊哉?心者,身之主也,而心之虚灵明觉,即所谓本然之良知也。其虚灵明觉之良知应感而动者,谓之意。有知而后有意,无知则无意矣。知非意之体乎?意之所用,必有其物,物即事也。如意用于事亲,即事亲为一物,意用于治民,即治民为一物,意用于读书,即读书为一物,意用于听讼,即听讼为一物。凡意之所用,无有无物者。有是意即有是物,无是意即无是物矣。物非意之用乎?"格"字之义,有以"至"字训者,如"格于文祖""有苗来格",是以"至"训者也。然"格于文祖",必纯孝诚敬,幽明之间,无一不得其理,而后谓之"格"。有苗之顽,实以文德诞敷而后格,则亦兼有"正"字之义在其间,未可专以"至"字尽之也。如"格其非心""大臣格君心之非"之类,是则一皆"正其不正以归于正"之义，而不可以"至"字为训矣。且《大学》"格物"之训，又安知其不以"正"字为训，而必以"至"字为义乎？如以"至"字为义者，必曰"穷至事物之理"，而后其说始通，是其用功之要，全在一"穷"字，用力之地，全在一"理"字也。若上去一"穷"，下去一"理"字，而直曰"致知在至物"，其可通乎？夫"穷理尽性"，圣人之成训，见于《系辞》者也。苟格物之说而果即穷理之义，则圣人何不直曰"致知在穷理"，而必为此转折不完之语，以启后世之弊邪？盖《大学》"格物"之说，自与《系辞》"穷理"大旨虽同，而微有分辨。穷理者，兼格、致、诚、正而为功也。故言穷理，则格、致、诚、正之功皆在其中。言格物，则必兼举致知、诚意、正心，而后其功始备而密。今偏举格物而遂谓之穷理，止所以专以穷理属知，而谓格物未常有行。非惟不得格物之旨，并穷理之义而失之矣。此后世之学所以析知行为先后两截，日以支离决裂，而圣学益以残晦者，其端实始于此。吾子盖亦未免承沿积习，则见以为于道未相吻合，不为过矣。

译文

来信写道："先生，您教导学生要致知、明德，却劝诫他们不要即物穷理，假如让懵懂无知的人深居端坐，不加以教导和劝诫，就能够有知识、有德行吗？即使他静坐时有所领悟，对本性稍有体悟，那也是佛家定慧之类的无用之见，难道他真能知晓古今，通达事变，在国家需要时派上用场吗？您说：'知是意的体，物是意的用'，'格物的格，有如格君心之非的格'。这话见地高超，有独到不落俗套之处，但恐与圣道不相合。"

我说的格物致知，正是为了穷尽天理，并没有告诫别人去穷尽天理，而让他深居端坐，一无所事。若把即物穷理讲成是前面讲的意思，重视外在知识，忽略内心修养，那也是错误的。懵懂无知的人，果真能在事物中省察人心的天理，发现本心固有的良知，那么，愚蠢也会变得聪明，柔弱也能变得刚强。最终，他就能立大本，行大道，九经之类，就能一以贯之而毫无遗漏，怎么还会担心没有用武之地呢？那些只谈空虚寂静的人，正是由于不能在事物中省察人心的天理，发现本心固有的良知，因而抛弃了人伦，将寂灭、无为视为常道。所以，他们才不能治理好家庭、国家及天下。谁说圣人的穷理尽性也有这样的弊端呢？心为身的主宰，而心的虚灵明觉，即为人本身所固有的良知。虚灵明觉的良知因感应而动，这就是意。先有知后才有意，没有知也就没有意。怎能说'知'不是'意'的本体呢？意的作用，必有与之相应的物。物，亦即事。例如，意用于事亲，那事亲就是一事；意用于治民，那治民就是一事；意用于读书，那读书就是一事；意用于断案，那断案就是一事。只要是意作用的地方，总会有事物的存在。有这个意，就有这个物，没有这个意，也就没有这个物。事物难道不是意的作用吗？"格"的意思，有作"至"来解释解的，比如"格于文祖""有苗来格"，都需要用"至"来解释。但是，至（到）文祖庙前祭祀，内心必须纯孝虔敬，对人间和阴府的理，无一不晓，然后才能称为"格"。苗人资质愚钝，只有先施以礼乐教化，然后才能"格"，因此"格"也有"正"的含义，不是仅用"至"字就能完全解释得了的。例如，"格其非心""大臣格君心之非"的"格"，都是纠正不正以达到正的意思，此处就不能用"至"来解释了。《大学》中的"格物"，怎么又知道不能用"正"，而非得用"至"来解释呢？若用"至"解释，必说"穷至事物之理"，然后这种解释方能说得通。但如此一来，用功的关键全在"穷"字上，用功的对象全在"理"字上。如果删去前面的"穷"，删掉后面的"理"，而直接说说"致知在至物"，能说得通吗？"穷理尽性"是圣人早就定好的教诲，在《易经·系辞》中可以看到。若格物真的理解为穷尽天理，那么，圣人为什么不直接说"致知在穷理"，却非要来个转折，使语意不完整，导致后来的弊端呢？《大学》的"格物"和《易经》中的"穷理"大义虽近，但还有微妙的区别。穷理囊括了格物、致知、诚意、正心的功夫，所以，说穷理，格物、致知、诚意、正心的功夫全部包含在其中了；说格物，就必然再说致知、诚意、正心，这样格物的功夫才会完整而严密。如今片面地说到格物，说这就是穷理，这只把穷理看成知，而认为格物不包括践行。如此不但不能理解格物的本义，就连穷理的意思也歪曲了。后世学者，之所以把知行前后分成两截，使知行更加支离破碎，而圣学日益残缺暗淡，其根源正在此处。你因袭这种主张也是难免的，认为我的观点与圣道不相一致，也就不算什么了。

评析

来信认为王阳明的学说和佛道的学问很相近，有教人静坐悟理，不问世事的倾向。但王阳明指出，自己的学问既不是专求外在的知识而不顾内心，也不是教人空心守座而不顾世事，而是要于事物中省察自己的良知。有意必然有事物，有事物就可以返照己心，省察良知。

■ 原文

来书云："谓致知之功，将如何为温清，如何为奉养，即是诚意，非别有所谓格物，此亦恐非。"

此乃吾子自己意揣度鄙见而为是说，非鄙人之所以告吾子者矣。若果如吾子之言，宁复有可通乎？盖鄙人之见，则谓意欲温清，意欲奉养者，所谓意也，而未可谓之诚意。必实行其温清奉养之意，务求自慊而无自欺，然后谓之诚意。知如何而为温清之节、知如何而为奉养之宜者，所谓知也，而未可谓之致知。必致其知如何为温清之节者之知，而实以之温清；致其知如何为奉养之宜者之知，而实以之奉养，然后谓之致知。温清之事，奉养之事，所谓物也，而未可谓之格物。必其于温清之事也，一如其良知之所知当如何为温清之节者而为之，无一毫之不尽；于奉养之事也，一如其良知之所知当如何为奉养之宜者而为之，无一毫之不尽，然后谓之格物。温清之物格，然后知奉养之良知始致；奉养之物格，然后知奉养之良知始致。故曰"物格而后知至"。致其知温清之良知，而后温清之意始诚；致其知奉养之良知，而后奉养之意始诚。故曰"知至而后意诚。"此区区诚意、致知、格物之说盖如此。吾子更熟思之，将亦无可疑者矣。

译文

来信写道："先生，您说所谓致知的功夫，就是怎样让父母冬暖夏凉，怎样奉养合宜，也就是诚意，而不是别有所谓的格物，这只怕也不是很正确。"

你这是在用自己的意思来揣度我的想法，我从未跟你如此说过，若真如你所言，这又怎能说得过去？我认为，想让父母冬暖夏凉、奉养合宜，这只是意，而非诚意。知道如何做到冬暖夏凉，知道如何奉养合宜，这只是知，而不能说致知。必须正确运用关于冬暖夏凉的知识，并切实做到了使父母冬暖夏凉；知道如何运用关于奉养合宜的知识，并切实做到了奉养合宜，这才叫做致知。冬暖夏凉、奉养合宜之类的事，就是所说的物，但不可说是格物。对于冬暖夏凉的事，完全依照良知所知道的如何去做的方法去践行，没有丝毫不足的地方，这才能称为格物。冬暖夏凉，这个物"格"了，然后才知冬暖夏凉的良知才算是"致"了；奉养合宜这个物"格"

了，然后才知奉养正恰的良知才算是"致"了。因此，《大学》才说："格物而后知至。"有了那个知道冬暖夏凉的良知，而后冬暖夏凉的意才能诚；有了那个知道奉养正恰的良知，而后奉养合宜的意才能诚。因此，《大学》又说："知至而后意诚。"以上这些就是我对诚意、致知、格物的解释。你再深入地思考一下，就不会有所怀疑了。

评析

来信者人武断地认为王阳明主张做某件事就是诚意的表现，这是他从未深入了解过王阳明学说导致的。仅仅是做事，那只是事，还不是"格物"；仅仅知道怎么做，那只是知，不是"致知"。王阳明将《大学》里"格物而后知""知至而后意诚"做了深入浅出的阐释，说明了格物才能致良知，在某件事上有了良知才能做到意诚。

原文

来书云："道之大端，易于明白，所谓良知良能，愚夫愚妇可与及者。至于节目时变之详，毫厘千里之缪，必待学而后知。今语孝于温清定省，孰不知之。至于舜之不告而娶，武之不葬而兴师，养志、养口，小杖、大杖，割股，庐墓等事，处常处变，过与不及之间，必须讨论是非，以为制事之本。然后心体无蔽，临事无失。"

道之大端易于明白，此语诚然。顾后之学者忽其易于明白者而弗由，而求其难于明白者以为学，此其所以"道在迩而求诸远，事在易而求诸难"也。孟子云："夫道若大路然，岂难知哉？人病不由耳。"良知良能，愚夫愚妇与圣人同。但惟圣人能致其良知，而愚夫愚妇不能致，此圣愚之所由分也。节目时变，圣人夫岂不知，但不专以此为学。而其所谓学者,正惟致其良知,以精审此心之天理,而与后世之学不同耳。吾子未暇良知之致,而汲汲焉顾是之忧,此正求其难于明白者以为学之弊也。夫良知之于节目时变,犹规矩尺度之于方圆长短也。节目时变之不可预定,犹方圆长短之不可胜穷也。故规矩诚立,则不可欺以方圆,而天下之方圆不可胜用矣;尺度诚陈,则不可欺以长短,而天下之长短不可胜用矣;良知诚致,则不可欺以节目时变,而天下之节目时变不可胜应矣。毫厘千里之谬,不于吾心良知一念之微而察之,亦将何所用其学乎?是不以规矩而欲定天下之方圆,不以尺度而欲尽天下之长短,吾见其乖张谬戾,日劳而无成也已。吾子谓语孝于温清定省,孰不知之。然而能致其知者鲜矣。若谓粗知温清定省之仪节,而遂谓之能致其知,则凡知君之当仁者,皆可谓之能致其仁之知,知臣之当忠者,皆可谓之能致其忠之知,则天下孰非致知者邪?以是而言可以知致知之必在于行,而不行之不可以为致知也,明矣。知行合一之体,不益较然矣乎?夫舜之不告而娶,岂舜之前已有不告而娶者为之准则,故舜得以考之何典,问诸何人,而为此邪?抑亦求诸其心一念之良知,权轻重之宜,不得已而为此邪?武之不葬而兴师,岂武之前已有不葬而兴师者为之准则,故武得以考之何典,问诸何人,而为此邪?抑亦求诸其心一念之良知,权轻重之宜,不得已而为此邪?使舜之心而非诚于为无后,武之心而非诚于为救民,则其不告而娶与不葬而兴师,乃不忠不孝之大者。而后之人不务致其良知,以精察义理于此心感应酬酢之间,顾欲悬空讨论此等变常之事,执之以为制事之本,以求临事之无失,其亦远矣。其余数端,皆可类推,则古人致知之学,从可知矣。

译文

来信写道:"圣道的主旨,人很容易理解,所谓的'良知良能,愚夫笨妇'都可以理解。至于那些细节条目,随时节的变化,常常差之毫厘,谬以千里,必须等学过之后才能明白。如今要在'温清定省'的方面谈论孝道,还有谁不知道?至于舜没有向父禀告而娶妻,武王未葬文王就起兵伐纣,曾子养志而曾元养口,小杖承受而大杖逃跑,割股肉来治父母的病,为亲人守丧三年等等事情,在正常与不正常、过分与不及之间,必须要讨论一个是非准则,以此作为处理事情的依据。然后人的心体方才不被蒙蔽,遇事才不出差错。"

道的主旨容易理解,这种看法是正确的。只不过后世的学者疏忽了那容易理解的道而不去遵循,却把难以理解的东西作为学问,这正是"道在迩而求诸远,事在易而求诸难"。孟子说过:"道就像大路一般,难道很难理解吗?人的问题在于不遵循而已。"在良知良能方面,愚夫愚妇与圣人一样。只不过圣人能致良知,愚夫笨妇则不然。这正是二者的不同之处。细节、条目的随时变化,岂能瞒过圣人?只是圣人不在这上面大做文章。圣人所说的学问,正是仅去致其良知以此精察心中之天理,这与后世的学问大相径庭。你不顾着致良知,而在那里急切地担心这些小问题,这就是把难以理解的东西当作学问的弊端。良知良能对于随季节时令变化的某些细节而言,犹如规矩尺度与方圆长短的关系一样。细节条目随时变化的难以测定,犹如方圆长短的变化一样不可穷尽。因此,规矩一旦确立,方圆也就不可遮掩,而天下的方圆也就不可胜用;尺度一旦制定,长短与否就不可遮掩,而天下的长短也就不可胜用了。良知能够"致"了,细节、条目的随时变化也就一目了然了,而天下的细节、条目的不断变化也就能应付自如了。毫厘之差所导致的千里之谬,若不在我心良知的细微处省察,又将在什么地方学以致用呢?这如同不用规矩却要确定天下的方圆,不用尺度却要穷尽天下的长短，我只会看到这种看法的乖张谬戾，终日劳而无功。你说"温清定省上说孝，还有谁不知道？"但真能致其知的人太少了。若说大略地知晓温清定省的礼仪，便说能致孝的良知，那么只要是知道君主应该仁爱的人，就都可以说他能致仁的良知；但凡知道臣属应尽忠的人，都可说他能致忠诚的良知了，那么天下有谁不是致良知的人？由此可知，"致知"必须付之在行动上，而不实践就不是致知，这是最明白的人。知行合一的本体，不是愈加清楚了吗？舜不禀报父亲而娶妻，难道是在舜之前就有了不告而娶的先例作为标准，因而使他参考了什么典籍或是请教了别人，才这样做的呢？还是舜依据自心的良知，审度轻重后，不得已才这样做的呢？武王不葬文王而兴兵伐商，难道是在武王之前就有了不葬而兴师的先例作为标准，因而使武王参考了某部典籍，或是向别人请教，才这样做的呢？还是武王依据自心的良知，审度轻重后，不得已才这样做的呢？如果舜不是真的不担心没有后代，武王不是真心拯救百姓，那么，舜不禀报父亲而娶妻，武王不葬文王而兴师，就是最大的不孝和不忠。后世之人不肯尽力致良知，不在处理事物时细察天理，反而去空谈一些反常之事，一口咬定这些才是处理事情的标准，以求遇事没有闪失，这样离道就差得太远了。其它几点，都可依此而类推。因此，古人有关致知的学问，从此就会完全明白了。

评析

　　来信指出道的大端，还有基本的道理是人人都懂的，不需要再强调，来信者认为人们真正需要的是一些做事的具体准则。王阳明再次强调行出来才是真正知道，就如孝顺父母，没有行出来就不算致知。而至于那些具体的行事准则，是不能作为通用的道理的，每个人必须根据自己的良知结合具体情况来做出选择。

原文

来书云："谓《大学》格物之说，专求本心，犹可牵合。至于六经、四书所载"多闻多见""前言往行""好古敏求""博学审问""温故知新""博学详说""好问好察"，是皆明白求于事为之际，资于论说之间者。用功节目固不容紊矣。"

格物之义，前已详悉，牵合之疑，想已不俟复解矣。至于多闻多见，乃孔子因子张之务外好高，徒欲以多闻多见为学，而不能求诸其心，以阙疑殆，此其言行所以不免于尤悔，而所谓见闻者，适以资其务外好高而已。盖所以救子张多闻多见之病，而非以是教之为学也。夫子尝曰："盖有不知而作之者，我无是也。"是犹孟子"是非之心，人皆有之"之义也。此言正所以明德性之良知非由于闻见耳。若曰"多闻择其善者而从之，多见而识之"，则是专求诸见闻之末，而已落在第二义矣，故曰"知之次也。"夫以见闻之知为次，则所谓知之上者果安所指乎？是可以窥圣门致知用力之地矣。夫子谓子贡曰："赐也，汝以予为多学而识之者欤？非也，予一以贯之。"使诚在于多学而识，则夫子胡乃谬为是说，以欺子贡者邪？一以贯之，非致其良知而何？《易》曰："君子多识前言往行，以畜其德。"夫以畜其德为心，则凡多识前言往行者，孰非畜德之事。此正知行合一之功矣。好古敏求者，好古人之学，而敏求此之心理耳。心即理也。学者，学此心也。求者，求此心也。孟子云："学问之道无他，求其放心而已矣。"非若后世广记博诵古人之言词，以为好古，而汲汲然惟以求功名利达之具于外者也。博学审问，前言已尽。温故知新，朱子亦以温故属之尊德性矣。德性岂可以外求哉？惟夫知新必由于温故，而温故乃所以知新，则亦可以验知行之非两节矣。"博学而详说之"者，将以反说约也。若无反约之云，则博学详说者，果何事邪？舜之好问好察，惟以用中而致其精一于道心耳。道心者，良知之谓也。君子之学，何尝离去事为而废论说。但其从事于事为论说者，要皆知行合一之功，正所以致其本心之良知，而非若世之徒事口耳谈说以为知者，分知行为两事，而果有节目先后之可言也。

译文

来信写道："先生，您认为《大学》的格物，只是求本心，这还勉强说得通。至于《六经》《四书》所讲的'多闻多见''前言往行''好古敏求''博学审问''温故知新''博学详说''好问好察'，这些都清楚讲明要在处事中求取，在论辨中获得。功夫的节次是不可紊乱的。"

格物的内涵，前文已作了详细阐述。你觉得牵强附会的地方，我就不再多作解释。至于说到"多闻多见"之类，都是孔子针对子张而说。子张好高骛远，认为多闻多见才是学问，而不能反求内心，因而心存疑惑，所以，他的言行难免有怨悔，而他所谓的见闻正好滋长了他好高骛远的毛病。孔子说这番话并不是教导子张去多闻多见，而是为了纠正他那要多闻多见的毛病。孔子曾说过："盖有不知而作之者，我无是也。"这句话与孟子的"是非之心，人皆有之"的意思相近。这些正表明人的德行的良知并非来于多见多闻。至于孔子说"多闻，择其善者而从之，多见而识之"，则是说只寻求见闻上的细枝末节，已落入第二义了，因此孔子说是"知之次也"。把见闻方面的知作为次要学问，那么，主要的学问是指什么？在这里，对圣人致知用功的地方我们可以完全窥见了。孔子对子贡说："赐也，汝以予为多学而识之者与？非也，予一以贯之。"如若学问的功夫真在于多学多记，那么，孔子为什么要说这种话来欺骗子贡呢？

"一以贯之"，不为致良知又是什么？《易经》上说："君子多识前言往行，以畜其德。"倘若以积德为心，则那些对前言往行很了解的人，又哪个不是在积德？其中的关隘正是知行合一的功夫。"好古敏求"，就是热衷于古人的学问而勤劳敏捷地寻求我心的理。心即理。学习，就是学习本心；求，就是求这个心。孟子讲："学问之道无他，求其放心而已矣。"并不像后世之人，以广记博诵古人的言词为好古，那只是迫切追求功名利禄等表面的东西。关于"博学审问"，前文已讲得很详细。"温故知新"，朱熹也将其归为尊德性的范畴。德性岂能向心外寻求？知新必经过温故，温故才能知新，这又可作为知行并非两回事的有力佐证。"博学而详说之"，是为了重返至简约。如若没有重返简约，那博学详说到底是指什么呢？舜喜好询问观察，也仅是用喜、怒、哀、乐未发之中使道心至精至纯。道心就是良知。君子的学问，何时离开过践行，废弃过论说呢？但践行和论说，都是知行合一的功夫，也正是要致其本心的良知，而不像世上那些只用口耳之血为知的人那样，把知行当两回事看待，这样才会有节次先后可说。

评析

来信者断章取义地讲四书里的一些话来作为人要博学多闻，而非求其本心的例证，王阳明一一为其做解释，说明君子为学，博学多问是学问的次等功夫，真正的功夫从来都是致其本心。

■ 原文

来书云:"杨、墨之为仁义,乡愿之辞忠信,尧、舜、子之之禅让,汤、武、楚项之放伐,周公、莽、操之摄辅,谩无印证,又焉适从?且于古今事变、礼乐名物,未尝考识,使国家欲兴明堂,建辟雍,制历律,草封禅,又将何所致其用乎?故《论语》曰'生而知之者,义理耳。若夫礼乐名物、古今事变,亦必待学而后有以验其行事之实'。此则可谓定论矣。"

所喻杨、墨、乡愿、尧、舜、子之、汤、武、楚项、周公、莽、操之辨,与前舜、武之论,大略可以类推。古今事变之疑,前于良知之说,已有规矩尺度之喻,当亦无俟多赘矣。至于明堂、辟雍诸事,似尚未容于无言者。然其说甚长,姑就吾子之言而取正焉,则吾子之惑将亦可少释矣。夫明堂、辟雍之制,始见于吕氏之《月令》,汉儒之训疏。六经、四书之中,未尝详及也。岂吕氏、汉儒之知,乃贤于三代之贤圣乎?齐宣之时,明堂尚有未毁,则幽、历之世,周之明堂皆无恙也。尧、舜茅茨土阶,明堂之制未必备,而不害其为治。幽、历之明堂,固犹文、武、成、康之旧,而无救于其乱。何邪?岂能以不忍人之心,而行不忍人之政,则虽茅茨土阶,固亦明堂也;以幽、历之心,而行幽、历之政,则虽明堂,亦暴政所自出之地邪?武帝肇讲于汉,而武后盛用于唐,其治乱何如邪?天子之学曰辟雍,诸侯之学曰泮宫,皆象地形而为之名耳。然三代之学,其要皆所以明人伦,非以辟不辟、泮不泮为重轻也。

孔子云:"人而不仁,如礼何?人而不仁,如乐何?"制礼作乐,必具中和之德,声为律而身为度者,然后可以语此。若夫器数之末,乐工之事，祝史之守。故曾子曰："君子所贵乎道者三，笾豆之事则有司存也。"尧"命羲和，钦若昊天，历象日月星辰"，其重在于"敬授人时"也。舜"在璇玑玉衡"，其重在于"以齐七政"也。是皆汲汲然以仁民之心而行其养民之政。治历明时之本，固在于此也。羲和历数之学，皋、契未必能之也，禹、稷未必能之也，尧、舜之知而不偏物，虽尧、舜亦未必能之也。然至于今，循羲和之法而世修之，虽曲知小慧之人，星术浅陋之士，亦能推步占候而无所忒。则是后世曲知小慧之人，反贤于禹、稷、尧、舜者邪？

封禅之说尤为不经，是乃后世佞人谀士所以求媚于其上，倡为夸侈，以荡君心而靡国费。盖欺天罔人无耻之大者，君子之所不道，司马相如之所以见讥于天下后世也。吾子乃以是为儒者所宜学，殆亦未之思邪？夫圣人之所以为圣者，以其生而知之也。而释《论语》者曰："生而知之，义理耳。若夫礼乐名物，古今事变，亦必待学而后有以验其行事之实。"夫礼乐名物之类，果有关于作圣之功也，而圣人亦必待学而后能知焉，则是圣人亦不可以谓之生知矣。谓圣人为生知者，专指义理而言，而不以礼乐名物之类。则是礼乐名物之类无关于作圣之功矣。

圣人之所以谓之生知者，专指义理而不以礼乐名物之类，则是学而知之者。亦惟当学知此义理而已。困而知之者，亦惟当困知此义理而已。今学者之学圣人，于圣人之所能知者，未能学而知之，而顾汲汲焉求知圣人之所不能知者以为学，无乃失其所以希圣之方欤？凡此皆就吾子之所惑者而稍为之分释，未及乎拔本塞源之论也。

夫拔本塞源之论不明于天下，则天下之学圣人者，将日繁日难，斯人沦于禽兽夷狄，而犹自以为圣人之学。吾之说虽或暂明于一时，终将冻解于西而冰坚于东，雾释于前而云滃于后，呶呶焉危困以死，而卒无救于天下之分毫也已。

夫圣人之心，以天地万物为一体，其视天下之人，无外内远近。凡有血气，皆其昆弟赤子之亲，莫不欲安全而教养之，以遂其万物一体之念。天下之人心，其始亦非有异于圣人也，特其间于有我之私，隔于物欲之蔽，大者以小，通者以塞。人各有心，至有视其父、子、兄、弟如仇雠者。圣人有忧之，是以推其天地万物一体之仁以教天下，使之皆有以克其私，去其蔽，以复其心体之同然。其教之大端，则尧、舜、禹之相授受，所谓"道心惟微，惟精惟一，允执厥中"。而其节目，则舜之命契，所谓"父子有亲，君臣有义，夫妇有别，长幼有序，朋友有信"五者而已。唐、虞、三代之世，教者惟以此为教，而学者惟以此为学。当是之时，人无异见，家无异习，安此者谓之圣，勉此者谓之贤，而背此者，虽其启明如朱，亦谓之不肖。下至闾井田野，农、工、商、贾之贱，莫不皆有是学，而惟以成其德行为务。何者？无有闻见之杂，记诵之烦，辞章之靡滥，功利之驰逐，而但使孝其亲，弟其长，信其朋友，以复其心体之同然。是盖性分之所固有，而非有假于外者，则人亦孰不能之乎？

学校之中，惟以成德为事。而才能之异，或有长于礼乐，长于政教，长于水土播植者，则就其成德，而因使益精其能于学校之中。迨夫举德而任，则使之终身居其职而不易。用之者惟知同心一德，以共安天下之民，视才之称否，而不以崇卑为轻重，劳逸为美恶。效用者亦惟知同心一德，以共安天下之民，苟当其能，则终身处于烦剧而不以为劳，安于卑琐而不以为贱。当是之时，天下之人熙熙皞皞，皆相视如一家之亲。其才质之下者，则安其农、工、商、贾之分，各勤其业，以相生相养，而无有乎希高慕外之心。其才能之异，若皋、夔、稷、契者，则出而各效其能。若一家之务，或营其衣食，或通其有无，或备其器用，集谋并力，以求遂其仰事育之愿，惟恐当其事者之或怠而重己之累也。故稷勤其稼，而不耻其不知教，视契之善教，即己之善教也；夔司其乐，而不耻于明礼，视夷之通礼，即己之通礼也。盖其心学纯明，而有以全其万物一体之仁。故其精神流贯，志气通达，而无有乎人己之分，物我之间。譬之一人之身，目视、耳听、手持、足行，以济一身之用。目不耻其无聪，而耳之所涉，目必营焉。足不耻其无执，而手之所探，足必前焉。盖其元气充周，血脉条畅，是以痒疴呼吸，感触神应，有不言而喻之妙。此圣人之学所以至易至简，易知易从，学易能而才易成者，正以大端惟在复心体之同然，而知识技能非所与论也。

三代之衰，王道熄而霸术焻。孔孟既没，圣学晦而邪说横，教者不复以此为教，而学者不复以此为学。霸者之徒，窃取先王之近似者，假之于外以内济其私己之欲，天下靡然而宗之，圣人之道遂以芜塞。相仿相效，日求所以富强之说，倾诈之谋，攻伐之计。一切欺天罔人，苟一时之得，以猎取声利之术，若管、商、苏、张之属者，至不可名数。既其久也，斗争劫夺，不胜其祸，斯人沦于禽兽夷狄，而霸术亦有所不能行矣。

世之儒者慨然悲伤，蒐猎先圣王之典章法制，而掇拾修补于煨烬之余，盖其为心、良亦欲以抚回以先王之道。圣学既远，霸术之传，积渍已深，虽在贤知，皆不免于习染，其所以讲明修饰，以求宣畅光复于世者，仅足以增霸者之藩篱，而圣学之门墙，遂不复可睹。于是乎有训诂之学，而传之以为名；有记诵之学，而言之以为博；有词章之学，而侈之以为丽。若是者，纷纷籍籍，群起角立于天下，又不知其几家。万径千蹊，莫知所适。世之学者如入百戏之场，戏谑跳踉，骋奇斗巧，献笑争妍者，四面而竞出，前瞻后盼，应接不遑，而耳目眩瞀，精神恍惑，日夜遨游淹息其间，如病狂丧心之人，莫自知其家业之所归。时君世主亦皆昏迷颠倒于其说，而终身从事于无用之虚文，莫自知其所谓。间有觉其空疏谬妄，支离牵滞，而卓然自奋，欲以见诸行事之实者，极其所抵，亦不过为富强功利，五霸之事业而止。

圣人之学日远日晦，而功利之习愈趋愈下。其间虽尝瞽惑于佛老，而佛老之说卒亦未能有以胜其功利之心。虽又尝折衷于群儒，而群儒之论终亦未能有以破其功利之见。盖至于今，功利之毒沦浃于人之心髓，而习以成性也，几千年矣。相矜以知，相轧以势，相争以利，相高以技能，相取以声誉。其出而仕也，理钱谷者则欲兼夫兵刑，典礼乐者又欲与于铨轴，处郡县则思藩臬之高，居台谏则望宰执之要。故不能其事则不得以兼其官，不通其说则不可以要其誉。记诵之广，适以长其敖也；知识之多，适以行其恶也；闻见之博，适以肆其辨也；辞章之富，适以饰其伪也。是以皋、夔、稷、契所不能兼之事，而今之初学小生皆欲通其说，究其术。其称名僭号，未尝不曰吾欲以共成天下之务，而其诚心实意之所在，以为不如是则无以济其私而满其欲也。

呜呼，以若是之积染，以若是之心志，而又讲之以若是之学术，宜其闻吾圣人之教，而视之以为赘疣枘凿；则其以良知为未足，而谓圣人之学为无所用，亦其势有所必至矣！

呜呼！士生斯世，而尚何以求圣人之学乎？尚何以论圣人之学乎？士生斯世，而欲以为学者，不亦劳苦而繁难乎？不亦拘滞而险艰乎？呜呼，可悲也已！所幸天理之在人心，终有所不可泯，而良知之明，万古一日，则其闻吾拔本塞源之论，必有恻然而悲，戚然而痛，愤然而起。沛然若决江河，而有所不可御者矣。非夫豪杰之士，无所待而兴起者，于谁与望？

译文

来信写道："杨朱和墨子的行仁义，乡愿的貌似忠信，尧舜及子之的禅让，汤武、项羽的放逐与杀伐，周公、王莽及曹操的摄政，一概论之都是无从考证，人们又将何去何从？况且对于古今事变、礼乐名物都未曾鉴察区别，如果国家要修明堂、建学校、制历律、行封禅，又有什么用处？所以《论语集注》中说道：'生而知之者，义理耳，若夫礼乐名物，古今事变，亦必待学，而后有以验共行事之实也。'这个可以当成定论了。"

你所讲的杨朱、墨子、乡愿、尧、舜、子之、商汤、武王、项羽、周公、王莽、曹操各自的区分，和前面说的舜与武王的情景相当，可以类推，对于古今事变，你心存疑虑，前面讲良知时，已经用规矩尺度作比喻加以说明了，此处不再重述。至于说到修明堂、建学校的事，似乎应讲几句。然而，这些事情也不是一两句话就能说清楚的，暂且就你所说加以辨析，或许稍微能消除一点你的困惑。关于明堂与学校的记述，最早见于《吕氏春秋·月令》和汉代学者郑玄的注释中，《六经》与《四书》中还未曾作详细记载。难道吕不韦和汉代学者郑玄的知识，比夏商周三代的圣贤还要渊博吗？齐宣王时，明堂还有未毁掉的，由此可知，周幽王、周厉王时，周的明堂还完好无损的。尧舜远古之时，用茅草盖房屋，垒土作台阶，明堂之制未必完善，但并不因此而妨碍他们治理天下。周幽王、周厉王的明堂，依然是文王、武王、成王、康王时的老样子，但不能拯救周幽王和周厉王时的天下大乱。为什么？这不是表明：能用怜恤他人的仁德之心来施行怜恤他人的仁政，那茅屋土阶也是明堂；用周幽王、厉王的蛇蝎心肠来施行幽王、厉王的暴政，虽称为明堂，那也是暴政实施的场所。汉武帝时重新探讨明堂之事，武则天时也曾大建明堂，他们治理国政的效果又如何呢？国君的学校称辟雍，诸侯建的学校称泮宫，都是根据地形而命名。但是，夏、商、周三代的学问，均是以讲明人伦为核心，至于它外表像不像壁环，或者是否建在泮水边，都不重要。

孔子说:"人而不仁,如礼何?人而不仁,如乐何?"制礼作乐,必须有中和之德。只有以声为音律,以身为尺度的人,才能制礼作乐。至于礼仪乐器的细节和技巧,则是乐工和祝史的工作。因此曾参说:"君子所贵乎道者三,笾豆之事则有司存也。"尧,"命羲和,钦若昊天,历象日月星辰",主要是为了让人们把握时间;舜,"在璇玑玉衡",主要是为了"以齐七政"。这些都是争取尽快地以仁爱百姓的心来施行养民的仁政。制定历法、掌握时令的根本,正是在于此。羲氏、和氏在历法数学方面的才华,皋陶和契不一定赶得上,大禹和后稷也不一定有这方面的才华。孟子说:"尧舜的智能对事情并不能面面俱到",即使尧、舜也不一定能从事羲、和的工作。但是,到现在,依照羲、和的方法,世代修习,即便是一点小慧之人、鄙陋的占卜之士,也能推演历法,卜算天象而不会有闪失。难道这是后代的小慧之人反倒比大禹、后稷、尧、舜更加贤能吗?

封禅之说更是无稽之谈。这些都是后代奸佞之徒为了讨好献媚,夸大其词,借以惑乱君心,浪费国力。这种欺天骗人、无耻之极的卑劣行径,君子不屑谈论。这也正是司马相如被后人耻笑的原因。然而,你却认为这是儒生应当学习的,只怕欠缺考虑吧!

圣人之所以成为圣人,因为他"生而知之",然而朱熹在《论语集注》中引尹氏话说:"生而知之者,义理耳。若夫礼乐名物,古今事变,亦必待学而后有以验其行事之实。"若礼乐名物之类真与成圣的功夫相关,而圣人也必须等学了之后才能知晓,那么,圣人也就不能说是生而知之了。圣人生而知之,是专就义理而言的,并不是从礼乐名物方面说的,那么,礼乐名物之类,亦与圣人毫无关系了。之所以说圣人是生而知之的,仅指义理,而非指有关礼乐名物之类的知识;学而知之的人,也应该只是学这个义理罢了;困而知之的人,也应该只是在困难中学这个义理罢了。现今的学者向圣人学习，对于圣人所能知道的，不去通过学习而知晓，反而迫切地把圣人所不能知道的拿来作为学问，这不是迷失了向圣人学习的方向了吗？所有这些论述，都是就你感到困惑的地方加以剖析、阐释的，至于拔本塞源这一根本问题还没有谈及。

人们还不明白拔本塞源的主张，却让天下人向圣人学习，就会日益感到复杂、艰难，最终将会渐渐沦为禽兽夷狄，还满以为是在修习圣人的学问。不懂拔本塞源，即便一时理解我的主张，最终将是此起彼伏，疑惑接踵而至。我即使唠叨不停，甘冒一死，也丝毫不能拯救天下。

圣人之心，与天地万物融为一体，他看全天下之人，并无内外远近之别。只要是有气血能呼吸的，都如他的兄弟儿女。圣人想让他们有安全感，并去教养他们，以实现他的万物一体的心愿。天下平常人的心，开始与圣人并无什么不同。只是他们被自我的私欲迷惑，受到物欲的障蔽，公天下的大心变为了自己的小心，通达的心变得狭隘了。人人都怀着私心，甚至有将自己的父亲、儿子、兄弟当他人看待的。圣人为此深感忧虑，所以推广他天地万物一体的仁心来教化世人，使每个人都能克制私心，去除物欲的蒙蔽，借以恢复人们原本共有的心体。圣人教化的主旨就是尧舜所传授的"道心惟微，惟精惟一，允执厥中"；它的具体内容就是舜命令契的"父子有亲，君臣有义，夫妇有别，长幼有序，朋友有信"这五伦而已。尧舜与夏商周三代，所教的就是这些内容，所学的也只有这些。那个时候，人们没有不同的意见，户户没有不同的习惯，安于这些的就能自然称圣，努力做到这些就能称贤，而违背这些的，即使像丹朱一样聪明，也为不肖之徒。下至街巷田野之中，从事农工商的人均纷纷学习这些，病努力完善自己的德行。为什么？因为他们没有纷繁的见闻，没有烦复的记诵，没有泛滥芜杂的诗词章句及对功利的追求，而只让他们去孝敬父母，敬重兄长，诚实待友，籍以恢复他们心体中本来就相同的心体。而这些是人性中固有的，并不是从外假借而来的，又有谁不能做到？

学校培养人只是为了成就他们的德行。人的才能各异，有的擅长礼乐，有的擅长政治教化，有的擅长治理水里农事，这就需要依据他们所成就的德行，在学校中进一步培养。依据才能让他任职，才可能让他在这个职位上终生不再更改。作为领导，用人者只需要让大家同心同德使天下人民安居乐业，注意他的才干是否称职，而不身份的高低来分轻重，不以职业种类来分贵贱。被任用的人也只需同心同德，使天下的人民安居乐业，若自己职位与才能相符，即便终生从事繁重的工作也不会感到辛苦，安于卑微琐碎的工作也不认为低贱。那时，全天下的人都高兴快乐，和睦相处，亲如一家。那些资质较差的人，就会安守从事农工商的本分，工作勤奋，彼此为对方提供生活必需品，也没有攀比虚荣的心理。那些才能卓著的人，如皋、夔、稷、契等，就出仕当官，各自发挥自己的才能。天下就像一个大家庭，有的经营衣食，有的经商互通有无，有的制造器具，大家集思广益、通力合作，纷纷献计献策，共同实现赡养父母、养育子女的愿望，生怕自己在做事时有所怠慢，因而特别重视自己的职责。所以，稷勤勉地种庄稼而不因为自己不明教化而感到羞耻，他把契的擅长教化看成是自己擅长教化；夔专于音乐，但不因为自己不懂礼仪而感到羞耻，他把伯夷通晓礼看成自己能通晓礼仪。他们心地纯洁明亮，具有能够与天下万物融为一体的仁爱之心。因此，他们的精神顺达，志气通达，没有彼此的区分和物我的差别。例如人的身体，用眼看，用耳听，用手拿，用脚行，都是为了满足自身的需要，服务于自身的。眼睛不会因为自己听不见而感到可耻，但当耳朵听时，眼睛一定会辅助耳朵。脚不因没有手持的功能而感到羞耻，但当手拿东西时，脚也必定会向前迈进。由于人身全身元气流通，血液畅通，即使小病和呼吸，感官也能感觉到，并有神奇的反应，其间有不可言喻之妙。圣人的学问之所以至简至易，容易通晓和实践，容易学会和成才，正是因为它的目的在于恢复心体所共有的义理，而没有注重有关知识方面的技能。

自夏商周三代之后，王道衰落而霸术盛行。孔子、孟子去世后，圣学晦暗而邪说横行，传授的人不肯再教圣学，学习的人不肯再学圣学。那些施行霸术的人，偷偷地用与先王相似的东西，借助外在的知识来掩盖和满足内心的私欲，天下的人竞相模仿他们，于是圣人之道因此被丛生的荆棘阻塞了。世人彼此相互效法，整日妄求的只是富强的技巧，倾诈的谋术和攻伐的计策。一切能够欺天罔人得到一时的好处，可以短时间内获取声名利益的方法，人人都去追逐，像管仲、商鞅、苏秦、张仪这种人，多得数不胜数。时间一长，人与人之间的斗争、掠夺，祸患无穷，人与禽兽夷狄几乎没有两样，就连霸术也无法再推行了。

世上的儒者感慨悲伤，他们搜寻从前圣王的典章制度，在焚书的灰烬中拾掇修补，其用心良苦的意图正是要恢复先王仁道。然而圣学的失传已经很久了，霸术的流传积淀很深了，即便是贤明睿智之人，也不免深受霸术的熏陶。如此，他们为了将圣学发扬光大，希望讲明修饰，但所做的努力也只能增加霸道的势力范围，圣学的痕迹再也寻觅不到踪迹了。于是，就产生了解释古书的训诂学，通过传播来获取名誉；产生了记诵圣学的学问，为了显示知识的渊博；产生了词章之学，只是通过奢靡的文字来为追求外在的华丽。像这样沸沸扬扬，竞相在天下争斗打闹，不知有多少人！面对千蹊万径，人们无所适从。天下的学者好像走进了百戏同演的剧场，嬉戏跳跃、竞奇斗巧、争妍献笑之人都从四面八方涌出，令观者瞻前顾后，应接不暇，以至于耳聋眼昏，神情恍惚，日夜沉浸其中，就像丧心病狂的人，不知道从哪里回到自己的家一样。那时君王们也被这些主张弄得神魂颠倒，他们终生从事无益的虚文，其实根本不知道它到底说了些什么。虽然有人偶尔意识到这些学问的空洞浅薄、荒谬怪诞、支离破碎，便想发奋自强，想用实际的行动做些事情的人，但他全身心投入，尽己所能，也只不过是为争取富强功利的霸业罢了。

圣人的学问日渐遥远晦暗，功利的习气也越来越严重。其间，虽也有人推崇佛、老，但佛、老的观点最终也没能消除人们的功利之心。虽也有人曾综合群儒的主张来折中，但群儒的论说最终也不能攻破人们追逐功利的想法。时至今日，功利的流毒已深深渗透到人的骨髓，积习成性已达数千年之久了。人们在知识上彼此夸耀，在权势上彼此倾轧，在利益上彼此争夺，在技能上彼此攀比，在声誉上彼此竞争。那些从政为官的人，主管钱粮还想兼管军事和刑法；主管礼乐还想兼职吏部要职。身为郡县长官还想提升到藩司和臬司；身为御史又窥视着宰相的要职。没有某方面的才能就不要担任某方面的职务；不通晓某方面的知识，就不能谋求那方面的名誉。记诵的广博，恰好助长了他们的傲慢；知识的增多，恰好让他们去为非作歹；见闻的广泛，恰好使他肆意诡辩；华丽的文辞，恰好掩饰了他们的虚伪做作。因此，原本连皋、夔、稷、契不能兼作的事情，现在却连刚入学的小孩子都想要通晓它的理论，穷尽他们的方法。他们打着为了什么共同促进天下的事业的招牌，但真正的意图是，以此为幌子来满足他们的私欲，实现他们的私心。

唉！凭着如此的积习，凭着如此的心志，而又讲求如此的学术，当他们闻听圣人的教导时，自然就会把它视为累赘包袱，从而格格不入。他们认为良知并不完美，把圣人的学问当作是无用的，这也是理所当然的了。

唉！儒生在这样的世道，又岂能求得圣人的学问？又岂能讲明圣人的学问？儒生在这样的世道，想要成为学者，不也是太过劳苦繁重，太过拘泥、太过艰难了吗？唉，真可悲啊！所幸的是人心中的天理始终不会泯灭覆没，良知的光明，万古如一日。那么，听了我所讲的拔本塞源的主张，一定会哀伤感慨，愤然而起，就像决口的河水，一泻千里而势不可挡！若非豪侠之士自觉勇敢地奋起，我还有谁可以寄予厚望呢？

评析

这里大段论述了学问始末的问题，还将理想的治学风气和当下的治学风气作了深入的对比。王阳明指出现在的人追求的都是学问的末端，务求博学多识，追求虚词，好记诵、训诂之学，但是对于本心的体察却是从来没有过，而且以自己不知道的学问为耻，不能做到把别人的学问当做自己的学问。圣世的人是互为肢体，才能互为己用，不分彼此，不以自己不会的感到羞耻。而世风衰颓之后，人们互相较力，希望在各个方面都超过别人，有了这个还想要那个，学习知识不是越来越谦卑，反而是越来越自负了。只有认识到王阳明所说的将学问的末端都看清，抓住学问的根本，人们才不至于在社会博杂的信息中迷失自我。

答周通书

道通，姓周，名衡，号静庵，常州宜兴人。曾从学于王阳明，后又从学湛若水，合会王、湛两家。曾历任知县。见《明儒学案》卷二十五。

■ 原文

吴、曾两生至，备道道通恳切为道之意，殊慰相念。若道通真可谓笃信好学者矣。忧病中会不能与两生细论，然两生亦自有志向肯用功者，每见辄觉有进，在区区诚不能无负于两生之远来，在两生则亦庶几无负其远来之意矣。临别以此册致道通意，请书数语。荒愦无可言者，辄以道通来书中所问数节，略下转语。奉酬草草，殊不详细。两生当亦自能口悉也。

来信云："日用工夫只是立志，近来于先生诲言，时时体验，愈益明白。然于朋友不能一时相离。若得朋友讲习，则此志才精健阔大，才有生意。若三五日不得朋友相讲，便觉微弱，遇事便会困，亦时会忘。乃今无朋友相讲之日，还只静坐，或看书，或游衍经行。凡寓目措身，悉取以培养此志，颇觉意思和适。然终不如朋友讲聚，精神流动，生意更多也。离群索居之人，当更有何法以处之？"

此段足验道通日用工夫所得。工夫大略亦只是如此用，只要无间断，到得纯熟后，意思又自不同矣。大抵吾人为学，紧要大头脑，只是立志。所谓困、忘之病，亦只是志欠真切。今好色之人，未尝病于困忘，只是一真切耳。自家痛痒，自家须会知得，自家须会搔摩得。既自知得痛痒，自家须不能不搔摩得。佛家谓之"方便法门"，须是自家调停斟酌，他人总难与力，亦更无别法可设也。

译文

有吴氏、曾氏二位后生来拜访我，详细备至地说了你恳切向道的志向，我甚感欣慰，并十分挂念你。像你这样的人，真可算得上笃信好学的了。只是当时我正为父守丧，未能和他们二人细谈。然而，他们两人也极有志向，肯下苦功。每次相见，均能感到他们很大的进步。在我来说，确实不能辜负于他们远道来访的诚意；在他们来说，也可说是无负于他们远道而来的用意。他们临走时，我写了这封信以表达对你的问候。在恍惚昏乱中，我也无话可讲，只就你在信上所问到的几个问题，做简单说明。匆匆奉答，不太详细，两位后生应该也会向你进行口头转达。

来信写道："平日下的功夫仅是立志。最近，我对于先生的教诲时时有所体悟，越来越明白。但是对于朋友，我是片刻工夫也不能离开。若能与朋友探讨，这个志向才会精健宽广，充满生机。若三、五天不能与朋友共同讲习，就发觉这个志向软弱无力，遇事就会产生困惑，并且还会忘记它。现在，当我不能和朋友聚首讨论时，我或静坐，或读书，或到外边逛逛，举目投足之间，我都是为了培育这个志向，颇感心舒意适。但是，终究还是不像与朋友相聚探讨那样精神振奋，充满生气。离群独居之人，还有什么更好的方法来帮助立志吗？"

这番话足以表明你在日常用功的收获。立志的功夫差不多只是如此，只需要持续不断，等到功夫纯正熟练后，感觉自然会有所不同。一般来说我们做学问，其关键核心就在立志。你所说的疲劳、遗忘的缺点，那是因为志向不够真切。比如，好色的人从来不会有疲劳、遗忘的毛病，那是因为他们好色的欲望真切罢了。自己的痛痒自己一定知道，自己应当会搔痒按摩，既然自知道了痛痒，自己也就不可能不去搔痒按摩了。佛教管这个叫"方便法门"，必须自己去斟酌，别人总是很难帮得上忙，也再没有其它的方法可以借鉴了。

评析

弟子说自己和同学在一起讨论学问时，会显得志气充沛，但自己独处时，志气就会衰颓，也容易困惑、疲劳、忘事。王阳明对弟子待之以诚，直截了当指出作学问时困惑、疲劳、遗忘的问题，关键在于不真切，并强调作学问的关键核心处就是立志。

━ 原文

来书云："上蔡尝问天下何思何虑。伊川云：'有此理，只是发得太早。'在学者工夫，固是'必有事焉而勿忘'，然亦须识得'何思何虑'的气象，一并看为是。若不识得这气象，便有正与助长之病；若认得'何思何虑'，而忘'必有事焉'工夫，恐又堕于无也。须是不滞有，不堕于无。然乎否也？"

所论亦相去不远矣，只是契悟未尽。上蔡之问，与伊川之答，亦只是上蔡、伊川之意，与孔子《系辞》原旨稍有不同。《系》言"何思何虑"，是言所思所虑只是一个天理，更无别思别虑耳，非谓无思无虑也。故曰："同归而殊途，一致而百虑，天下何思何虑。"云殊途，云百虑，则岂谓无思无虑邪？心之本体即是天理。天理只是一个，更有何可思虑得？天理原自寂然不动，原自感而遂通。学者用功，虽千思万虑，只是要复他本来体用而已，不是以私意去安排思索出来。故明道云："君子之学，莫若廓然而大公，物来而顺应。"若以私意去安排思索便是用智自私矣。"何思何虑"正是工夫。在圣人分上，便是自然的；在学者分上，便是勉然的。伊川却是把作效验看了，所以有"发得太早"之说。既而云："却好用功"，则已自觉其前言之有未尽矣。濂溪主静之论亦是此意。今道通之言，虽已不为无见，然亦未免尚有两事也。

译文

你在来信中写道："谢上蔡曾经问：'天下何思何虑'，程颐说：'有此理，只得发得太早。'从学者的功夫而言，固然是'必有事焉而勿忘'，但也必须明白'何思何虑'的气象，要放在一块综合看才正确。若没有看清这气象，就会滋生期望过高与助长的弊病；若识得'何思何虑'，却忘记了'必有事焉'的功夫，只怕又会堕入虚无的误区里。应该是既不为自己所有的牵滞，又不堕入于虚无。难道不是如此吗？"

你所讲的离正道是不远了，只是体悟得不够彻底罢了。谢上蔡的提问与程颐的回答，也只不过是他们二人的观点，和孔子《系辞》的本意略有不同。《系辞》上说"何思何虑"，它是指所思所虑的都只是一个天理，除此之外别无他虑，并不是说完全无思无虑。因此说："同归而殊途，一致而百虑。天下何思何虑。"所谓殊途，所谓百虑，难道也是说无思无虑吗？心的本体就是天理，天理只有一个，除此之外还有什么可思虑的呢？天理原本寂然不动，是要自己感应了之后才能明白的。学者用功，即使有千思万虑，也只是要恢复他本来的心之体用罢了，并不是用自己的一己之私就能安排思索出来的。因此，程颢说："君子之学，莫若廓然而大公，物来而顺应。"如果学者只是用私意去安排思考，那便是在私欲上逞能耍才。"何思何虑"正是做学问的功夫。就圣人而言，是理所当然的；就学者而言，需要勉力去做到。程颐是将它当成功夫的效果看待了，所以他才认为"发得太早"。紧接着他又说："却好用功"，就是他自己也觉察到前面的话有所欠缺。周敦颐主张的主静也正是这个意思。就你在信中所说而言，你的话虽然不能称作没有见识，但还是把功夫当两回事来看待了。

评析

天理只有一个，心之本体即天理，而且天下人的心之本体都是一致的，圣人与常人，上智与下愚，无不如此。之所以出现分别，全是在功夫上不一致。圣人只在天理上思考、推算，事事不离天理，常人也能做到何思何虑，前提是认识到所思所虑只有一个天理。这样就不会把"何思何虑"当成学习的效果来看待，而是会将之作为一个需要时常操练的功夫来看了。

▇ 原文

来书云："凡学者才晓得做工夫，便要识得圣人气象。盖认得圣人气象，把做准的，乃就实地做工夫去，才不会差，才是作圣工夫。未知是否？"

先认圣人气象，昔人尝有是言矣，然亦欠有头脑，圣人气象自是圣人的，我从何处识认？若不就自己良知上真切体认，如此无星之称而权轻重,未开之镜而照妍媸,真所谓以小人之腹,而度君子之心矣。圣人气象,何由认得?自己良知,原与圣人一般。若体认得自己良知明白,即圣人气象不在圣人而在我矣。程子尝云:"觑著尧,学他行事,无他许多聪明睿智,安能如彼之动容周旋中礼?"又云:"心通于道,然后能辨是非。"今且说通于道在何处?聪明睿智从何处出来?

译文

来信写道:"大凡学者开始懂得做功夫,就应当能够辨识圣人的气象。在大概认识了圣人的气象后,把它当做办事的准则,真切实际地下功夫,才不会有多少闪失,才是作圣人的功夫,不知是否真的如此?"

为学先认识到圣人的气象,过去也有人这样认为,然而它缺少一个要领。圣人的气象自然是圣人的,我们又从哪里去体会认识到呢?若不在自己的良知上真切体认,就好像用没有准星的秤去称轻重,用未经打磨的铜镜去照美丑。那便是所谓的以小人之腹度君子之心了。圣人的气象从哪里可以体会到呢?自己的良知本来与圣人没有区别,一旦能清楚地体认自己的良知,那么圣人的气象就不在圣人身上,反而在我们身上了。程颐曾经这样说:"偷看着尧,学他行事,没有他许多的聪明睿智,又如何能像他那样动容周旋都合乎礼呢?"他又说:"心通于道,然后能辨是非。"现在你且讲出在哪里可以与道相通?从哪里又可以得到聪明睿智呢?

评析

人人都想以圣人为楷模,但光从外表气象上去看,就会依葫芦画瓢,如果自己不能体察圣人用心,那就会"以小人之心度君子之腹"。王阳明指出了真切的落实处——从自己的良知上去体认,这种方法才算上得是踏实的用功处。

原文

来书云:"事上磨练,一日之内,不管有事无事,只一意培养本原。若遇事来感,或自己有感,心上既有觉,安可谓无事?但因事凝心一会,大段觉得事理当如此,只如无事处之,尽吾心而已。然仍有处得善与未善,何也?又或事来得多,须要次弟与处,每因才力不足,辄为所困,虽极力扶起而精神已觉衰弱。遇此未免要十分退省。宁不了事,不可不加培养。如何?"

所说工夫,就道通分上也只是如此用,然未免有出入在。凡人为学,终身只为这一事。自少至老,自朝至暮,不论有事无事,只是做得这一件,所谓"必有事焉"者也。若说宁不了事,不可不加培养,却是尚为两事也。"必有事焉而勿忘勿助",事物之来,但尽吾心之良知以应之,所谓"忠恕违道不远"矣。凡处得有善有未善,及有困顿失次之患者,皆是牵于毁誉得丧,不能实致其良知耳。若能实致其良知,然后见得平日所谓善者未必是善,所谓未善者,却恐正是牵于毁誉得丧,自贼其良知者也。

译文

来信写道:"磨练于事上,就是在一日之内,无论有事无事,都要一心栽培本源。倘若遇事有所感触,或者自己突然有了感悟,自己心中就会有想法,又怎么能认为是无事可做呢?但是,若就着这些事情聚精会神地思考,就会觉着道理理当如此。然后就像什么事也没有发生一样看待,略尽我的心意罢了。然而,为什么还是会有事情处理得好或不好的情况呢？偶尔事情特多，需要一件一件地依次处理，但因才力不够而被事情搅昏了头脑，虽竭力去坚持，精神还是会觉得疲惫不堪。如果碰到这种情况，未免需要静下来反省，宁可不把事情处理完，也不可不去栽培本源，这种做法正确吗？"

所谓功夫，就你说的而言，也只能这样了，但有些出入也在所难免。人做学问，终身也只是为了这一件事。自小到老，从早到晚，不管有事无事，只要能够做到一件事就行了，这就是所谓的"必有事焉"。如果说，宁可不把事情处理完，也不可不去培养本源，那么还是把它当成两件事看待了。"必有事焉而勿忘勿助"，事情一来，只是尽我的良知去应对，这就是所谓"忠恕违道不远"。处理事情出现有时好有时不好的情况，并伴有困顿失序的弊端，都是因为被毁誉得失的心所牵累，不能实际地做到致良知。若能切实地推致他的良知，然后就能看到，平常所谓的好未必就是真好，所谓的不好，大概正是因为计较毁誉得失而损害其良知的东西。

评析

这里讲到了处理事情和做学问的关联。若是为了培养本源，也就是为了明心而愿意把事情给撂下，其实还是把学问和做事看成了两件事。本质上他们是一件事，一个人能在做事上用功，就是一种致良知的功夫。至于做事过程中出现弊端，那多半是因为掺杂了毁誉心。做事和致良知的功夫，如果将心对焦在致良知上，那这两者本质上是一样的。

▃ 原文

来书云："致知之说，春间再承诲益，已颇知用力，觉得比旧尤为简易。但鄙心则谓与初学言之,还须带格物意思,使之知下手处。本来致知格物一并下,但在初学未知下手用功,还说与格物,方晓得致知"云云。

格物是致知功夫,知得致知便已知得格物。若是未知格物,则是致知工夫亦未尝知也。近有一书与友人论此颇悉,今往一通细观之,当自见矣。

译文

来信写道:"关于致知的学说,我在春季又一次承蒙您的教诲,已经深知当在何处用功了,我感到比从前简易多了。然而,我的观点是对初学的人谈致知,还须加上格物的意思,使他们明白从什么地方入手。本来致知和格物是一起用功的,但初学的人不知功夫从何处入手,还是要等说到格物后,才能懂得什么是致知。"等等。

格物正是致知的功夫,明白了致知就已经明白了格物。如果还不知道格物,那么,致知的功夫又何曾知晓。最近,我在写给朋友的一封信中详细地探讨了这个问题,现在把它寄给你,相信认真读后,就会明白。

原文

来书云:"今之为朱、陆之辩者尚未已。每对朋友言,正学不明已久,且不须枉费心力为朱、陆争是非。只依先生'立志'二字点化人,若其人果能辨得此志来,决意要知此学,已是大段明白了。朱、陆虽不辩,彼自能觉得。又尝见朋友中见有人议先生之言者,辄为动气。昔在朱、陆二先生所以遗后世纷纷之议者,亦见二先生工夫有未纯熟,分明亦有动气之病。若明道则无此矣。观其与吴涉礼论介甫之学云:'为我尽达诸介甫，不有益于他，必有益于我也。'气象何等从容！尝见先生与人书中亦引此言，愿朋友皆如此，如何？"

此节议论得极是极是。愿道通遍以告于同志，各自且论自己是非，莫论朱、陆是非也。以言语谤人，其谤浅。若自己不能身体实践，而徒入耳出口，呶呶度日，是以身谤也，其谤深矣。凡今天下之论议我者，苟能取以为善，皆是砥砺切磋我也，则在我无非警惕修省进德之地矣。昔人谓"吾之短者是吾师"，师又可恶乎？

译文

来信写道："现在为朱熹、陆九渊争辩的人依然存在。我经常与朋友们说，天下圣道不见倡明的状态已经很久了，暂且不必为朱、陆争是非而枉费心力。只需要根据先生的'立志'两字点化人。如果此人果能辨别这个志向，坚决要把圣学弄明白，那么他已基本上明白了。朱、陆谁是谁非，就算不去辩解，他自己也感觉到了。我曾看见朋友中有人听到别人非议您的学说就十分愤慨。朱熹与陆象山两位先生之所以招致后世的众多争议，也可见他们的功夫还有不精炼、不纯熟的地方，其中意气用事的地方在所难免。而程颢在这上面就表现的比较公正。他与吴涉礼讨论王安石的学问主张时说：'把我的想法全部告诉介甫，不有益于他，必有益于我也。'这种气象是何等从容啊！我曾看到先生给别人的信中也引述了这句话。我谨希望朋友们都能如此。您认为怎样？"

这番议论精彩极了。希望你能让同仁们都知道，各人只管反省自己的对错，而不要去理睬朱、陆的是非。用言论去诋毁他人是很肤浅的，如果自己不能身体力行，而仅仅是从耳朵听进去，又马上从嘴里说出来，终日夸夸其谈，浪费时日，这实际上是在诽谤自己，这样对自己的伤害是很深的。现在天下议论我的人，如果能因此为善，那么，就都是在与我砥砺切磋，于我而言，不过是提高警惕，反省自己，增道进德。古人云："攻我短者是吾师"，作为学生，怎能连老师都讨厌呢？

评析

明代儒家学者继宋代的程、朱学派之后，以《大学》《中庸》为依据，纷纷在"格物""致知"等命题上争论不休，至王阳明心学问世，开启了一代儒学之新风，但王阳明也因此招致了很多非议。不过，王阳明却显得很大度，他认为为学不是在诋毁和夸夸其谈上用功的，而是要真有身体力行的功夫，这样才能明辨是非。

原文

来书云："有引程子'人生而静，以上不容说，才说性便已不是性。'何故不容说？何故不是性？晦庵答云：'不容说者，未有性之可言。不是性者，已不能无气质之杂矣。'二先生之言皆未能晓，每看书至此，辄为一惑，请问。"

"生之谓性""生"字即是"气"字，犹言气即是性也。气即是性。人生而静以上不容说，才说"气即是性"，即已落在一边，不是性之本原矣。孟子性善，是从本原上说。然性善之端，须在气上始见得，若无气亦无可见矣。恻隐、羞恶、辞让、是非即是气。程子谓"论性不论气，不备；论气不论性，不明。"亦是为学者各认一边，只得如此说。若见得自性明白时，气即是性，性即是气，原无性气之可分也。

译文

来信写道:"有人借用程颐的'人生而静,以上不容说,才说性便已不是性',反问朱熹,为什么不能说,又为什么不是性。朱熹回答:'不容说者,未有性之可言。不是性者,已不能无气质之杂矣。'我始终不能理解两人的内涵,每逢读到此处便会感到疑虑丛生,因此特向您请教。""生之谓性""生"字就是"气"字,犹如说气即天性也。"气"就是"性"。人生而静以上是不容说的,才说"气就是性",性就已偏向一边了,就已不再是性的本源了。孟子讲性善是就本源而言的。然而性善的发端只有在气上方能看到。若没有气,也就无法看到性。恻隐、羞恶、辞让、是非就是气。程颐先生讲"论性不论气,不备;论气不论性,不明",这也是因为学者各执一词,所以他们只能作如是说。若清楚地认识到自己的性,那么气就是性,性就是气,根本就没有性气之分呀。

评析

气是性的发端,没有气,我们就不能追溯本源,对性就会不明朗。气是什么,气离不开恻隐、羞恶、辞让、是非之心,这些虽然不是性的本体,但只有借着这些,人才可以认识到自己的本心。如果循着这些气见到本心,那气性之分本来就是多余的。

答陆原静书（一）

陆原静，即陆澄，见卷上·《陆澄录》。

原文

来书云："下手工夫，觉此心无时宁静，妄心固动也，照心亦动也。心既恒动，则无刻暂停也。"

是有意于求宁静，是以愈不宁静耳。夫妄心则动也，照心非动也。恒照则恒动恒静，天地之所以恒久而不久也。照心固照也，妄心亦照也。"其为物不贰，则其生物不息。"有刻暂停，则息矣，非至诚无息之学矣。

译文

来信写道："着手用功时，感觉自己内心没有一刻是宁静的。妄心固然在动，澄明的心也在动。既然心无时不动，那么，也就不会有片刻的停息了。"

这是刻意追求宁静，所以就更加不能宁静，虚妄的心是活动的，而照心则是不动的。恒照就能恒动恒静，这正是天地万物之所以永久不停歇的原因。照心固然是明亮的，妄心也是明亮的。《中庸》说：

"其为物不贰，则其生物不息。"只要有片刻的暂停，就会死亡，也就不是至诚不息的学问了。

评析

刻意求静，就会觉得天下没有片刻的停息，但是如果一个人能够在照心中观察动静，那天地万物的动静都能在这颗不动的照心中鲜明出来。

▬ 原文

来信云："良知亦有起处，"云云。

此或听之未审。良知者，心之本体，即前所谓恒照者也。心之本体，无起无不起。虽妄念之发，而良知未尝不在。但人不知存，则有时而或放耳。虽昏塞之极，而良知未尝不明，但人不知察，则有时而或蔽耳。虽有时而或放，其体实未尝不在也，存之而已耳。虽有时而或蔽，其体实未尝不明也，察之而已耳。若谓良知亦有起处，则是有时而不在也，非其本体之谓矣。

译文

来信写道："良知也有它开端的地方。"等等

说这句话是因为你未经审查。良知是心的本体，也就是前面说到的"恒照"。心的本体，无所谓是否有开端。即使妄念产生了，良知也不是就不存在了。然而，人若不知存养，有时就会将良知放失了。就算是人糊涂闭塞到了极点，良知仍旧是光明的。只是人不知体察，有时就会遭到蒙蔽。即使有时放失了良知，但它的本体并未消失，只要存养它就够了。虽然有时被蒙蔽，良知的本体仍未曾变

得不明亮，只要体察它也就够了。如果说良知也有开端的地方，那就是说良知有时会不存在，这样，良知就不是心的本体了。

评析

心的本体和道一样，是不生不灭的，不论是多么昏聩的人，只要对它体察、存养，本心就会向人显明它自己。所以，它没有开端，也没有终止，或者它既是开端，又是终止。

— 原文

来书云："前日'精一'之论，即作圣之功否？"

"精一"之"精"以理言，"精神"之"精"以气言。理者，气之条理；气者，理之运用。无条理则不能运用；无运用则亦无以见其所谓条理者矣。精则精，精则明，精则一，精则神，精则诚。一则精，一则明，一则神，一则诚，原非有二事也。但后世儒者之说与养生之说各滞于一偏，是以不相为用。前日"精一"之论，虽为原静爱养精神而发，然而作圣之功，实亦不外是矣。

译文

来信写道："先生，您前段时间关于'精一'的论述，是不是作成圣人的功夫？"

"精一"的"精"字是从理上说的，"精神"的"精"是从气上说的。理为气的条理，气为理的运用。没有条理就不能运用，没有运用就无法看到所谓的条理。掌握了精，就能精，就能明，就能一，就能神，就能诚。一，就能精，就能明，就能神，就能诚。精与一原本就不是两回事。但是后世儒生的学说与道家养生的学说各执一词，偏于一端，是因为他们不能彼此取长补短。前段时间关于"精一"的论说，虽然是为了你能爱护保养精神才说的，然而作圣人的功夫，其实也不外乎这些。

评析

保养精神和成圣的功夫本就是一体两用，保养精神注重气，成圣在乎理，然后理是气的条理，气是理的运用，所以，明理和养气的功夫是一样的，也就是"静一"。

▬ 原文

来书云："元神、元气、元精，必各有寄藏发生之处。又有真阴之精，真阳之气。"云云。

夫良知一也，以其妙用而言谓之神，以其流行而言谓之气，以其凝聚而言谓之精，安可形象方所求哉？真阴之精，即真阳之气之母；真阳之气，即真阴之精之父。阴根阳，阳根阴，亦非有二也。苟吾良知之说明，即凡若此类，皆可以不言而喻。不然，则如来书所云三关、七返、九还之属，尚有无穷可疑者也。

译文

来信写道："元神、元气、元精，必定各自有隐藏寄生之处。又有所谓的真阴之精，真阳之气。"等等。

良知只有一个，就它的妙用而言为"神"，就它的流行而言为"气"，就它的凝聚而言为"精"。怎么能够从形象、方位、场所上求得良知呢？真阴之精，也即真阳之气的母体；真阳之气，也即真阴之精的父体。阴生于阳，阳生于阴，阴阳不可分割为二。如果理解了我的良知主张，那么，只要是这一类的问题都可以不言自明了。否则，就会像你来信所述的三关、七返、九还之类，还会有无穷无尽的可疑之处。

评析

王阳明从"精"和"神""阴"与"阳"两个方面再次论证"良知唯有一个"的论点。他认为良知就是"心的本体"，亦即"天理"，是一个无形象、无方所、超时空的绝对本体。它在人心之中，又是"天地鬼神的主宰"，万事万物的生成者，因此天下万事万物及其变化，都"不出于此心之一理"。这才是学问的根本，精、气、神都是良知的分化，三位一体。

答陆原静书（二）

此篇为"答陆原静"的又一封论学书信。

▇ 原文

来书云："良知，心之本体，即所谓性善也，未发之中也，寂然不动之体也，廓然大公也，何常人皆不能而必待于学邪？中也，寂也，公也，既以属心之体，则良知是矣。今验之于心，知无不良，而中、寂、大公实未有也，岂良知复超然于体用之外乎？"

性无不善，故知无不良。良知即是未发之中，即是廓然大公、寂然不动之本体，人人之所同具者也。但不能不昏蔽于物欲，故须学以去其昏蔽。然于良知之本体，初不能有加损于毫末也。知无不良，而中、寂、大公未能全者，是昏蔽之未尽去，而存之未纯耳。体即良知之体，用即良知之用，宁复有超然于体用之外者乎？

译文

来信写道："良知是人心的根本，也就是所谓的性善、未发之中、寂然不动之体、廓然大公，为何普通的人都不能持守而一定要经过学习呢？中和、寂然、大公，既然是心的本体，那么也就是良知。此时到心中去省察体验，就应该知道知无不良，而中和、寂静、大公实际上却没有，难道良知还超然于体用之外吗？"

人性无不善，所以知无不良。良知即"未发之中"，即"廓然大公""寂然不动"的本体，为人人所共有。但是，良知不可能不被物欲所蒙蔽，所以就需要通过学习来剔除蒙蔽。然而这么做，对于良知的本体是不会有丝毫的损伤。知无不良，如果中和、寂静、大公不能彻底显现，是由于没有完全剔除蒙蔽，而良知的存养得还不够纯正。体，即良知的本体；用，即良知的运用，又怎么会有超然于体用之外的良知呢？

评析

这里对中和、寂静、大公能否显露的问题，对良知是否有超然于体外之用的看法做出了解释。王阳明指出，之所以这些性情没有显露，是因为物欲没有被完全剔除。

原文

来书云："周子曰'主静'，程子曰'动亦定，静亦定'，先生曰'定者，心之本体'，是静定也，决非不睹不闻、无思无为之谓。必常知、常存、常主于理之谓也。夫常知、常存、常主于理，明是动也，已发也，何以谓之静？何以谓之本体？岂是静定也，又有以贯乎心之动静者邪？"

理无动者也。常知、常存、常主于理，即不睹不闻、无思无为之谓也。不睹不闻、无思无为，非槁木死灰之谓也。睹闻思为一于理，而未深有所睹闻思为，即是动而未尝动也。所谓"动亦定，静亦定"，体用一原者也。

译文

来信写道:"周敦颐主张'主静',程颢主张'动亦定,静亦定',先生,您主张'定者,心之本体',这里的"静"和"定",绝不是指不看不听、不想不做的意思。它是指常知、常存、常主于理。但是,常知、常存、常主于理,明显是动的,是已发,又怎么称为静呢?又怎么称为本体呢?这个静定难道是贯通于心的动静吗?"

理是静止不动的。常知、常存、常主于理,就是指不看不听、不想不做。不看不听、不想不做,并不是如同槁木死灰一般,看、听、想、做全部依循理,而没有另外的看、听、想、做,这也就是动而不动,程颐所谓的"动亦定,静亦定",也就是指体用一源。

评析

学者主静的功夫,要在动静中皆能运用。不看不听,不想不做,是除了依循天理外,没有什么别的想听的、想看的、想做的,这不是教人像槁木死灰一般,没有任何心思,那是死人的状态。不论动静,人心皆有所思,有所听,有所视,有所为,只是思什么、听什么、视什么、做什么是很重要的。

■原文

来书云:"此心未发之体,其在已发之前乎?其在已发之中而为之主乎?其无前后、内外而浑然之体者乎?今谓心之动静者,其主有事无事而言乎?其主寂然、感通而言乎?其主循理、从欲而言乎?若以循理为静,从欲为动,则于所谓'动中有静,静中有动','动极而静,静极而动'者，不可通矣。若以有事而感通为动，无事而寂然为静，则于所谓'动而无动，静而无静'者，不可通矣。若谓未发在已发之先，静而生动，是至诚有息也，圣人有复也，又不可矣。若谓未发在已发之中，则不知未发、已发俱当主静乎？抑未发为静而已发为动乎？抑未发、已发俱无动无静乎？俱有动有静乎？幸教。"

"未发之中"，即良知也，无前后内外，而浑然一体者也。有事、无事可以言动、静，而良知无分于有事、无事也。寂然、感通可以言动、静，而良知无分于寂然、感通也。动静者，所遇之时。心之本体，固无分于动静也。理无动者也，动即为欲。循理则虽酬酢万变，而未尝动也；从欲则虽槁心一念，而未尝静也。"动中有静，静中有动"，又何疑乎？有事而感通，固可以言动，然而寂然者未尝有增；无事而寂然，固可以言静，然而感通者未尝有减也。"动而无动，静而无静"，又何疑乎？无前后内外而浑然一体，则至诚有息之疑，不待解矣。未发在已发之中，而已发之中未尝别有未发者在；已发在未发之中，而未发之中未尝别有已发者存。是未尝无动、静，而不可以动、静分者也。

凡观古人言语，在以意逆志而得其大旨。若必拘滞于文义，则"靡有孑遗"者，是周果无遗民也。周子"静极而动"之说，苟不善观，亦未免有病。盖其意从太极"动而生阳，静而生阴"说来。太极生生之理，妙用无息，而常体不易。太极之生生，即阴阳之生生。就其生生之中，指其妙用无息者而谓之动，谓之阳之生，非谓动而后生阳也；就其生生之中，指其常体不易者而谓之静，谓之阴之生，非谓静而后生阴也。若果静而后生阴，动而后生阳，则是阴阳、动静，截然各自为一物矣。阴阳一气也，一气屈伸而为阴阳。动静一理也，一理隐显而为动静。春夏可以为阳为动，而未尝无阴与静也；秋冬可以为阴为静，而未尝无阳与动也。春夏此不息，秋冬此不息，皆可谓之阳、谓之动也。春夏此常体，秋冬此常体，皆可谓之阴、谓之静也。自元、会、运、世、岁、月、日、时以至刻、秒、忽、微，莫不皆然。所谓动静无端，阴阳无始，在知道者默而识之，非可以言语穷也。若只牵文泥句，此拟仿像，则所谓心从《法华》转，非是转《法华》矣。

译文

来信写道："此心未发之体，具体是指在已发之前呢，还是在已发之中并主宰着已发呢，还是不分前后、内外而浑然一体呢？现在所说的心的动静，主要是针对有事无事说的，还是主要针对寂然不动、感应相通上来说的，还是针对循理、从欲来说的呢？如果认为循理是静、从欲是动，那么，所谓的'动中有静，静中有动'，'动极无静，静极无动'，也就说不过去了。如果把有事而感应当作是动，无事而寂然不动当作是静，那么，所谓的'动而无动，静而无静'，也就说不通了。如果认为'未发'在'已发'之前，静而生动，那么，至诚就会有停息，圣人也需要复归本性了，这又说不通了。如果认为未发在已发之中，那么不知道是'未发''已发'都当主宰静呢？还是'未发'是静，而'已发'是动呢？还是'未发''已发'都没有动与静，或者都有动有静呢？以上疑惑，还望不吝赐教。"

"未发之中"也即良知，它浑然一体，没有前后内外之别。有事、无事可以说成是动或者静，但是良知本身不存在有事和无事的区别。寂然、感通而言可以分动、静，但是良知不存在寂然和感通的区别。动静是因时而异的。但是心的本体，原本就没有动静之分。理是不动的，如果动了，就会变为私欲。只要遵循理，即使是千变万化，也不会动。如果依从私欲，即使是心中只有一个念想，也不是静。"动中有静，静中有动"，这又有什么地方值得怀疑的呢？遇事时感应相通固然可以称作是动，但是，其感应想通者也未曾增加什么；无事时寂然固然可以说是静，但是，其感应相通者也并未减少什么。"动而无动，静而无静"，这又有什么地方值得怀疑的呢？良知是浑然一体的，它没有前后内外之分，那么，关于"至诚有息"的疑问也就无需再多加解释了。未发在已发之中，而已发之中，未尝另有一个未发存在。已发在未发之中，而未发之中，未尝另有一个已发存在。所以这里未尝没有动、静，只是不能用动静来区别彼此罢了。

大凡读古人的言论，需要用心去斟酌古人的意思，从而明白其文章主旨。如果一味拘泥于文义，那么"靡有孑遗"岂不是真说明周朝没有遗民了吗？周濂溪的"静极而动"的学说，若不作正确理解，就难免出现差错。因为他的意思大概是从太极"动而生阳，静而生阴"来说的。太极的生生之理，既妙用不息而又常体不易。太极的生生，也就是阴阳的生生。在生生之中，就其妙用不息的方面叫作动，这是阳的产生，并不是说在动之后才产生阳；在生生之中，就其本体不变的方面叫作静，这是阴的产生，并不是说在静之后才产生阴。如果真是静之后产生阴，动之后产生阳，那么，阴阳动静就是截然分开的，各为一物了。阴阳是气，因气的屈伸而产生阴阳。动静是理，因理的潜伏与显现而产生动静。春夏可以说是阳、是动，但也照样有阴和静；秋冬可以说是阴、是静，但照样有阳和动。春夏秋冬也这样生生不息，都可说成是阳，都可称为是动。春夏秋冬的本体有这不变的常体，都可称为阴，也同时可称为静。从元、会、运、世、岁、月、日、时至刻、分、秒、忽、微，无不如此。程颐所讲的"动静无端，阴阳无始"，明理的人默默体会就能认识到，非言语可以说尽的。若只拘泥于文句，摹拟仿效，那么，就是所谓的《法华》转心，而非心转《法华》了。

评析

　　学者学习切记拘泥于文字，学习的人很少不被文字知见束缚的，大概只有那些平日里对心性有所操练的人，才能透过文字知见洞察良知所在。

▰ 原文

　　来书云："尝试于心，喜、怒、忧、惧之感发也，虽动气之极，而吾心良知一觉，即廓然消阻，或遏于初，或制于中，或悔于后。然则良知常若居优闲无事之地而为之主，于喜、怒、忧、惧若不与焉者，何欤？"

　　知此，则知未发之中、寂然不动之体，而有发而中节之和、感而遂通之妙矣。然谓良知常若居于优闲无事之地，语尚有病。盖良知虽不滞于喜、怒、忧、惧，而喜、怒、忧、惧亦不外于良知也。

译文

　　来信写道："我曾经在心中体验喜怒忧惧的情感的生发时，哪怕愤怒到了极点，但只要我心中的良知一旦觉察，就能缓解或消失，偶尔在开始时被遏止，或者在它发作中被扼制，或者在它发作后才后悔。但是，良知往常常是在清闲无事之处主宰着人的情感，而与喜怒忧惧好像没有关系，这是为什么呢？"

　　明白了这一点，你就明白了"未发之中""寂然不动"之本体，并能体悟到发而中节之和、有感而通的奇妙了。但是你所说的良知常常在清闲无事之处主宰着情感，这句话还存在着缺点。因为，良知虽不会滞留在喜怒忧惧等情感中，但喜怒忧惧也不会存在于良知之外。

评析

陆原静认为，在自己愤怒时，良知只起到了抑制和消解的作用，而不是占据支配地位，所以，认为喜怒忧惧等情感的生发与良知没有什么关系。不过，王阳明指出，良知的确不会显明在喜怒忧惧的情感中，但是喜怒忧惧不可能独立于良知而存在。喜怒忧惧与良知依然是体用一源的关系。

▃ 原文

来书云："夫子昨以良知为照心。窃谓良知，心之本体也。照心，人所用功，乃戒慎恐惧之心也，犹思也。而遂以戒慎恐惧为良知，何欤？"

能戒慎恐惧者，是良知也。

来书云："先生又曰：'照心非动也。'岂以其循理而谓之静欤？'妄心亦照也。'岂以其良知未尝不在于其中、未尝不明于其中，而视听言动之不过则者皆天理欤？且既曰妄心，则在妄心可谓之照，而在照心则谓之妄矣。妄与息何异？今假妄之照以续至诚之无息，窃所未明，幸再启蒙。"

"照心非动"者，以其发于本体明觉之自然，而未尝有所动也。有所动即妄矣。"妄心亦照"者，以其本体明觉之自然者，未尝不在于其中，但有所动耳。无所动即照矣。无妄、无照，非以妄为照，以照为妄也。照心为照，妄心为妄，是犹有妄、有照也。有妄、有照，则犹二也，二则息矣。无妄、无照则不二，不二则不息矣。

译文

来信写道:"先生,您从前认为良知就是照心。我私下以为良知是心的本体。照心,是人所下的功夫,就是戒惧之心。和"思"相类似。而您直接认为戒惧之心即为良知,这是为何?"

能够让人戒惧的,就是良知。

来信又写道:"您又认为'照心非动也',难道是因为照心遵从天理,就说它是静的吗?'妄心亦照也',这难道是因为良知未尝不在妄心中,又未曾不在妄心中明细体察,而人的视听言动不符合准则的也都是天理吗?既然说是妄心,那么,良知在妄心上可称照,而对于照心来说则称妄了。妄与息有什么不同?如今把妄心之照与至诚无息结合起来,我仍不能理解,敬请再指教。"

"照心非动",因为它起源于心体自然的明觉,所以不曾有动。有所动便成为妄了。"妄心亦照",因为本体的天然明觉未曾不在妄心中,只是有所动而已,无所动就是照了。所谓'无妄无照',并不是把妄看成照,把照看成妄。把照心当作照,妄心当作妄,这还是认为有妄心有照心存在。认为有妄有照,就依然还是两个心。一心分为二,良知就会停息。认为无妄无照,就不是把心当做两个看待,这样良知也就不会停息了。

评析

妄心、照心只是一颗心,气和、气燥都是一团气,心的本质没有发生变化,只是呈现性质有了变化。心明时,良知是主宰,心妄时,情绪就成了主宰。良知是心灵的府库,良知平,心就平。

■ 原文

来书云:"养生以清心寡欲为要。夫清心寡欲,作圣之功毕矣。然欲寡则心自清,清心非舍弃人事而独居求静之谓也。盖欲使此心纯乎天理,而无一毫人欲之私耳。今欲为此之功,而随人欲生而克之,则病根常在,未免灭于东而生于西。若欲刊剥洗荡于众欲未萌之先,则又无所用其力,徒使此心之不清。且欲未萌而搜剔以求去之,是犹引犬上堂而遂之也,愈不可矣。"

必欲此心纯乎天理,而无一毫人欲之私,此作圣之功也。必欲此心纯乎天理,而无一毫人欲之私,非防于未萌之先而克于人萌之际不能也。防于未萌之先而克于方萌之际,此正《中庸》"戒慎恐惧"、《大学》"致知格物"之功。舍此之外,无别功矣。夫谓灭于东而生于西、引犬上堂而逐之者,是自私自利、将迎意必之为累,而非克治洗荡之为患也。今曰养生以清心寡欲为要,只"养生"二字,便是自私自利、将迎意必之根。有此病根潜伏于中,宜其有灭于东而生于西、引犬上堂而逐之之患也。

■ 译文

来信写道:"养生关键的就是清心寡欲。如果能清心寡欲,做圣人的功夫也就完成了。然而,人的欲望少了,心自然会清明,清心并不要人远离尘世来求得宁静,而是要让这心纯乎天理,没有丝毫的私欲。如今,想要做这样的功夫,在私欲产生时便加以克制,那么,病根依旧存在,不免会灭于东而生于西。如果说想在私欲还未萌芽之前就将之消除干净,就完全没有什么用功之处,只会徒劳地使这心不清明，而且，私欲未萌芽就去寻找并铲除它，这就好比把狗带到屋里而又驱赶它，如此更讲不通了。"

如你所言，一定要此心纯乎天理，无丝毫的私欲，这才是作圣人的功夫。要想此心纯是天理而无丝毫的私欲，就一定要在私欲未萌生之前加以防范，在私欲萌生时加以克制，这正是《中庸》中"戒慎恐惧"和《大学》中"致知格物"的功夫，除此而外，再没有别的功夫了。你所说的私欲灭于东而生于西、引犬入室再驱赶的问题，是被自私自利、刻意求成所累的结果，而并非由克制私欲造成的。现在你说养生最关键的是清心寡欲，这"养生"二字就是自私自利、可以追求的根源。有这个病根隐藏在心中，如你所说的私欲灭于东而生于西、引犬入室又驱赶的问题也就在所难免了。

评析

有人担心克制私欲会灭于东而生于西，所以打算在私欲还没有萌生前就克制它，但这样就像把狗带到屋子里再赶走它，多此一举。为学的功夫就是在私欲没有产生前加以防范，在私欲产生后用力克制，初此之外，没有别的办法。

■ **原文**

来书云："佛氏于'不思善、不思恶时，认本来面目'，于吾儒随物而格之功不同。吾若于不思善、不思恶时用致知之功，则已涉于思善矣。欲善恶不思，而心之良知清静自在，惟有寐而方醒之时耳。斯正孟子'夜气'之说。但于斯光景不能久，倏忽之际，思虑已生。不知用功久者，其常寐初醒而思未起之时否乎？今澄欲求宁静，愈不宁静，欲念无生，则念愈生。如之何而能使此心前念易灭，后念不生，良知独显，而与造物者游乎？"

不思善不思恶时认本来面目。此佛氏为未识本来面目者设此方便。本来面目即吾圣门所谓良知。今既认得良知明白，即已不消如此说矣。随物而格，是致知之功，即佛氏之"常惺惺"，亦是常存他本来面目耳。体段工夫大略相似。但佛氏有个自私自利之心，所以便有不同耳。今欲善恶不思，而心之良知清静自在，此便有自私自利、将迎意必之心，所以有"不思善、不思恶时，用致知之功，则已涉于思善"之患。孟子说"夜气"，亦只是为失其良心之人，指出个良心萌动处，使他从此培养将去。今已知得良知明白，常用致知之功，即已不消说"夜气"。却是得兔后不知守兔，而仍去守株，兔将复失之矣。欲求宁静，欲念无生，此正是自私自利、将迎意必之病，是以念愈生而愈不宁静。良知只是一个良知，而善恶自辨，更有何善何恶可思？良知之体本自宁静，今却又添一个求宁静，本自生生，今却又添一个欲无生，非独圣门致知之功不如此，虽佛氏之学亦未如此将迎意必也。只是一念良知，彻头彻尾，无始无终，即是前念不灭，后念不生。今却欲前念易灭，而后念不生，是佛氏所谓"断灭种性"，入于槁木死灰之谓矣。

译文

来信写道："佛教认为'不思善、不思恶时，认本来面目'，这不同于我们儒家所说的随物而格的功夫。我若在不思善、不思恶时下致知的功夫，便已经想到善了。如果想要不思善恶，而心的良知又清静自在，那只有早晨刚睡醒时可以达到，这正是孟子所谓的'夜气'，但这样的状态不能持续很久，转眼之间，思虑就会产生。不懂得常用的人，能常常像刚睡醒而思虑还未产生时那样吗？如今，我想清除私欲以求得宁静，却更加不能宁静；想没有杂念，却杂念丛生。怎样使此心前念易灭而后念不生，只有良知显露，与造物者同游呢？"

在不思善、不思恶时认识本来面目，这是佛教针对那些不识本来面目的人设立的简便方法。所谓"本来面目"，就是我们儒家讲的良知。现在，既然已经清楚地理解良知，就不需要像佛家这样说了。"随物而格"，是致知的功夫，也是佛教所说的"常惺惺"，是佛教要求常存他的本来面目。由此可知，儒、佛的格物的功夫大致相同，但佛教有个自私自利、刻意追求的心，因此就和儒家有所不同了。如今，你想做到善恶不思，所以才有了"不思善、不思恶时用致知之功，就已经涉于思善"的隐患。孟子讲"夜气"，也只是为那些丢失良心的人指明一个良心萌动的地方，使他们能从这中去培养良知。现在已经清楚地理解了良知，又常用致知的功夫，就不必再谈什么"夜气"了。否则，就会像那个守株待兔的人，为了得到兔子却不知道去守着兔子，反而得死守着树株，如此，已经得手的兔子就会再次失去。想求得宁静，想没有私念，这正是自私自利、刻意追求的弊端，因此才会使杂念更多而愈加不能宁静。良知唯有一个，自然能辨别善恶，还有什么善恶是需要思考再去分辨的呢？良知的本体原本就是宁静的，现在却又添加一个追求宁静；良知的本体原本就是生生不息的，现在却又添加一个不生私欲。不但儒学致知的功夫不是这样，即便佛教也不是这样刻意追求。只要念头全在良知上，彻首彻尾，无始无终，也就自然会前念不灭，后念不生，如今，你却要前念易灭，后念不生，这是佛教所谓的"断灭种性"，如此就进入槁木死灰的状态了。

评析

晋代的慧远大师认为，佛教教义和儒家经典并不矛盾，他们的目的都是为了致人良知，只不过论述方式以及针对的人群有所不同，所以才产生了千万法门的差别,但最核心也是唯一功夫,也就是克己复礼。学者在这功夫上有所切实的用功,就不会因为两个学派表面上的差异而产生口舌之辩了。

原文

来书云:"佛氏又有常提念头之说,其犹孟子所谓'必有事',夫子所谓致良知之说乎?其即'常惺惺'、常记得、常知得、常存得者乎?于此念头提在之时,而事至物来,应之必有其道。但恐此念头提起时少,放下时多,则工夫间断耳。且念头放失,多因私欲客气之动而始,忽然惊醒而后提,其放而未提之间,心之昏杂多不自觉。今欲日精日明,常提不放,以何道乎?只此常提不放,即全功乎?抑于常提不放之中,更宜加省克之功乎?虽曰常提不放,而不加戒惧克治之功,恐私欲不去;若加戒惧克治之功焉,又为'思善'之事,而于本来面目又未达一间也。如之何则可?"

戒惧克治即是常提不放之功,即是"必有事焉",岂有两事邪?此节所问,前一段已自说得分晓,末后却是自生迷惑,说得支离,及有本来面目未达一间之疑,都是自私自利、将迎意必之为病,去此病自无此疑矣。

译文

来信写道:"佛家还有常提念头的观点,这像孟子讲的'必有事',像您说的'致良知'吗?这是不是'常惺惺'、常记得、常知得、常存得的意思呢?当这个念头提起时,诸多事物临到时,一定会有恰当的应对办法。但只怕这念头提起的时候少,放失的时候多,那么功夫就会有间断了。并且，这念头的放失，多是因为私欲和气的产生而开始，猛然惊醒之后又可提起，但在放失而未提起的中间过程，由于心的昏暗与杂乱自己往往不能感觉到。如今要想念头日益精进光明、常提不放，又使用什么方法呢？只要这念头常提不放便是全部的功夫了吗？还是在这常提不放中，更应该有省察克治的功夫呢？虽然做到了常提不放，然而，若不增加戒惧克治的功夫，私欲只怕还是无法完全剔除。如果增加戒惧克治的功夫，又成为'思善'的事情，这和本来面目又不相符了，到底怎样办才好？"

戒惧克治就是"常提不放"的功夫，就是"必有事焉"，难道有两回事吗？你在这里提的问题，前面我已说得很清楚了。只是后来你又产生了自我迷惑，言语说得支离破碎，零乱不堪，以至于有了与本来面目不相符的疑问，这都是自私自利、刻意追求产生的毛病引起的，去除这个毛病，这个疑问也就迎刃而解了。

评析

这里将佛家的"常提不放"与儒家的"戒惧克制"并举，说明真学问都是一个功夫，如果看成了两个、三个，那说明自己有自私自利、刻意求成的心，所以才会起分别之见。

▰ 原文

来书云："'质美者明得尽，渣滓便浑化。'如何谓明得尽？如何而能便浑化？"

良知本来自明。气质不美者，渣滓多，障蔽厚，不易开明。质美者，渣滓原少，无多障蔽，略加致知之功，此良知便自莹彻，些少渣滓，如汤中浮雪，如何能作障蔽。此本不甚难晓，原静所以致疑于此，想是因一"明"字不明白,亦是稍有欲速之心。向曾面论明善之义,"明则诚矣",非若后儒所谓明善之浅也。

译文

来信写道:"'质美者明得尽,渣滓便浑化'。明得尽是指的什么?怎样才能将渣滓浑化?"

良知原本就是自然光明的。气质不好的人,心里渣滓多,遮蔽也厚,他的良知就不能光明显现。而气质好的人,心里渣滓少,没有很多遮蔽,稍加一点致知的功夫,他的良知就能晶莹透彻。少许的渣滓仿佛沸水中的浮雪,怎么能构成遮蔽呢?这本来不难理解,你之所以会对此存在疑惑,大概是不明白"明"字的意思,其中也有你急于求成的心理。之前我曾与你当面探讨过"明善"的问题,"明则诚矣",并不是像后世儒生所讲的"明善"那样简单、浅陋。

评析

这里对良知能够明尽的问题做了一番探讨。来信者因为对明善的含义理解得浅陋了,有急于求成的心理,不知道致良知这就好像炼金一样,需要循序渐进地将渣滓炼出,而不是一下子就能达到"明则诚矣"的境地。

■ 原文

来书云:"聪明睿知,果质乎?仁义礼智,果性乎?喜怒哀乐,果情乎?私欲客气,果一物乎?二物乎?古之英才,若子房、仲舒、叔度、孔明、文中、韩、范诸公,德业表著,皆良知中所发也,而不得谓之闻道者,果何在乎?苟曰此特生质之美耳,则生知安行者,不愈于学知、困勉者乎？愚者窃云，谓诸公见道偏则可，谓全无闻，则恐后儒崇尚记诵训诂之过也。然乎否乎？"

性一而已。仁、义、礼、知，性之性也。聪、明、睿、知，性之质也。喜、怒、哀、乐，性之情也。私欲、客气，性之蔽也。质有清浊，故情有过不及，而蔽有浅深也。私欲、客气，一病两痛，非二物也。张、黄、诸葛及韩、范诸公，皆天质之美，自多暗合道妙，虽未可尽谓之知学，尽谓之闻道，然亦自有其学，违道不远者也。使其闻学知道，即伊、傅、周、召矣。若文中子则又不可谓之不知学者，其书虽多出于其徒，亦多有未是处，然其大略，则亦居然可见。但今相去辽远，无有的然凭证，不可悬断其所至矣。夫良知即是道，良知之在人心，不但圣贤，虽常人亦无不如此。若无有物欲牵蔽，但循著良知发用流行将去，即无不是道。但在常人多为物欲牵蔽，不能循得良知。如数公者，天质既自清明，自少物欲为之牵蔽，则其良知之发用流行处，自然是多，自然违道不远。学者学循此良知而已。谓之知学，只是知得专在学循良知。数公虽未知专在良知上用功，而或泛滥于多歧，疑迷于影响，是以或离或合而未纯。若知得时，便是圣人矣。后儒尝以数子者尚皆是气质用事，未免于行不著，习不察。此亦未为过论。但后儒之所谓著、察者，亦是狃于闻见之狭，蔽于沿习之非，而依拟仿像于影响形迹之间，尚非圣门之所谓著、察者也。则亦安得以己之昏昏，而求人之昭昭也乎？所谓生知安行，"知行"二字亦是就用功上说。若是知行本体，即是良知良能。虽在困勉之人，亦皆可谓之生知安行矣。"知行"二字更宜精察。

译文

来信写道："聪明睿智，果真是人天生的资质吗？仁义礼智，果真是人的本性吗？喜怒哀乐，果真是人与身俱来的情感吗？私欲与虚伪，究竟是一回事，还是两回事呢？古代许多的英才，诸如张良、董仲舒、黄宪、诸葛亮、王通、韩琦、范仲淹等，他们功德卓著，名载史册，都是他们的良知起着决定性的作用，然而后人并不认为他们是通晓圣道的人，这是为什么？如果说这是因为他们天生的资质好，那么，生知安行的人岂不是不如学知利行、困知勉行的人吗？我以为，说他们对道的认识不完全还可以，说他们完全不通晓圣道，大概是后世儒生因推崇记诵训诂的学问，进而对他们产生了偏见。这种理解是否正确呢？"

天性只有一个。仁义礼智是天性的本质，聪明睿智是天性的资质，喜怒哀乐是天性的情感，私欲虚伪是天性的障蔽。本质有清浊之分，因此，情感会有过分与不及之处，而障蔽也就有了深浅之分。私欲和虚伪是一种病两个痛处，并非两回事。古代的张良、黄宪、董仲舒、诸葛亮、王通、韩琦、范仲淹等人，都拥有美好的资质，自然与神妙的道多有符合。虽不能说他们是完全通晓圣学的人，但他们也自有与天道许多巧妙暗合之处，他们的学问离圣道已经不远了。如果他们都通晓圣学、圣道，那他们就成为伊尹、傅说、周公、召公了。比如文中子王通，不能认为他是不知学的人，虽然他的书大部分出自于他门人弟子之手，也有很多错谬的地方，但也能看出其大概。只是时代相隔久远，今天没有确凿的凭证，不能妄断他的学与道到底达到了什么程度。

良知，就是道，它就在人的心中，不仅圣贤如此，平常人也是如此。若没有物欲的牵累蒙蔽，只要遵循良知并发挥作用，那将会无处无时不是道。然而，平常人大多被物欲所牵累蒙蔽，不能够遵循良知。就像前面提到的诸位人物，他们的资质已十分清明，自然很少有物欲的牵累蒙蔽，所以他们的良知产生作用的地方自然会多一些，自然离道较近。学者就是学习去遵从良知。所谓"知学"，只是要学习专一地去遵从良知。上述人物，虽然没有学会专门在良知上下功夫，有的在岔路口徘徊，受到影响和迷惑，因此，他们对于道就时偏时合，若即若离，没有达到纯粹的境界。若他们都遵循良知，也就是圣人了。后世儒生曾认为上述诸位都是凭天生的资质行事，难免会"行不著""习不察"，这种说法并不为过。但是，后世儒生所说的"著"和"察"，也只是被狭隘的见闻和不良风气的蒙蔽的，只是把似是而非的现象加以模仿，还不是圣人所讲的"著"和"察"。又怎么能以自己之糊里糊涂而使他人清楚明白呢？所谓生知安行，这"知""行"二字也是从用功这个层面来说的。如果说知行的本体就是良知良能，那么即使是困知勉行的人，也都能说是生知安行的人。"知""行"这两个字，更应该细心体察了。

评析

学生指出，天赋异禀的人既然是良知在他们心中起着决定性的作用，那么为何还将他们说成是不通晓圣道的人呢？王阳明指出，通晓圣道要专一地去遵循良知，但很多历史上功勋卓著的人往往是凭借天赋做事，在思想、言行上都会出现偏离的现象而不能达到纯粹的境地，如此也就不能称为圣人了，也就不能称之为通达圣学了。但他们仍然是离道很近的。

原文

来书云："昔周茂叔每令伯淳寻仲尼、颜子乐处。敢问是乐也，与七情之乐同乎？否乎？若同，则常人之一遂所欲，皆能乐矣，何必圣贤？若别有真乐，则圣贤之遇大忧、大怒、大惊、大惧之事，此乐亦在否乎？且君子之心常存戒惧，是盖终身之忧也，恶得乐？澄平生多闷，未尝见真乐之趣，今切愿寻之。"

乐是心之本体，虽不同于七情之乐，而亦不外于七情之乐。虽则圣贤别有真乐，而亦常人之所同有，但常人有之而不自知，反自求许多忧苦，自加迷弃。虽在忧苦迷弃之中，而此乐又未尝不存，但一念开明，反身而诚，则即此而在矣。每与原静论，无非此意，而原静尚有何道可得之问，是犹未免于骑驴觅驴之蔽也。

译文

来信写道："过去周敦颐常常要求程颢搜寻孔子与颜回的快乐之处。我想请问先生他所说的乐趣与七情之乐是否相同？如果相同，普通人满足了欲望都能快乐，又何须成为圣贤呢？如果这之外另有真正的乐，那么圣贤碰到大忧、大怒、大惊、大惧的事情，这个快乐还存在吗？更何况君子的心是常怀戒惧的，这大概是终身忧患，怎么可能得到快乐呢？我平生有很多的烦恼，还未曾体会过真正的乐趣，现在我真急切希望能找到这种快乐。"

乐是心的本体，它虽和七情之乐不同，但也不在七情六欲的乐之外。圣贤虽有真正的快乐，然而这种快乐也是普通人所共有的，只是普通人有这种快乐，自己却不知道，反而给自己招来了许多烦恼忧苦，糊里糊涂地把快乐丢弃了。虽然在烦恼迷弃之中，但这种乐也并非就不存在。只要一念顿悟，反身自求，就能体会到这种快乐。我每次和你谈论的无非是这个意思，而你仍要询问能用什么方法可以得到这种乐，这难免犯了一种骑驴觅驴的错误了。

评析

学生在提问时还是将圣贤之乐与常人之乐混为一谈了。普通人的快乐多是出于血气私欲的快乐，而圣贤之乐则是清明畅怀的快乐。普通人追求的快乐事后会给人带来许多空虚感和烦恼，而圣贤之乐不像普通人一样放肆，但却是像活水一样，是源源不断的。

■ 原文

来书云："《大学》以心有好乐、忿懥、忧患、恐惧为不得其正，而程子亦谓'圣人情顺万事而无情。'所谓有者，《传习录》中以病疟譬之，极精切矣。若程子之言，则是圣人之情不生于心而生于物也。何谓耶？且事感而情应，则是是非非可以就格。事或未感时，谓之有则未形也，谓之无则病根在有无之间，何以致吾知乎？学务无情，累虽轻，而出儒入佛矣，可乎？"

圣人致知之功，至诚无息。其良知之体，皦如明镜，略无纤翳，妍媸之来，随物见形，而明镜曾无留染：所谓情顺万事而无情也。"无所住而生其心"，佛氏曾有是言，未为非也。明镜之应物，妍者妍，媸者媸，一照而皆真，即是生其心处。妍者妍，媸者媸，一过而不留，即是无所住处。病疟之喻，既已见其精切，则此节所问可以释然。病疟之人，疟虽未发，而病根自在，则亦安可以其疟之未发，而遂忘其服药调理之功乎？若必待疟发而服药调理，则既晚矣。致知之功，无间于有事无事，而岂论于病之已发未发邪？大抵原静所疑，前后虽若不一，然皆起于自私自利、将迎意必之为祟。此根一去，则前后所疑，自将冰消雾释，有不待于问辨者矣。

译文

来信写道："《大学》中认为心有好乐、忿恨、忧患、恐惧等情感，就不能达到中正，程颢也说过：'圣人情顺万事而无情。'所谓有情,《传习录》中用疟疾作比喻,十分精当。若像程颢所说,圣人的情感不是从心里产生而是从事物上产生的。为什么?如果遇到相应的事就会产生相应的情,那么,其中的是非对错可以去格。没有感觉到事物的时候,说它有情,它并未显露;说它无情,可情就像病根一样存在着,在这有无之间,它怎么来致知呢?如果学习致力于无情,这样,烦恼虽少了,却又偏离了儒家而入佛家了。这样行吗?"

圣人致知的功夫是至诚不息的。圣人的良知本体,像明镜一样皎洁,没有一丝灰尘,在镜子前面,美的丑的原貌毕露,而镜子上并未留下什么。此正是所谓的情顺适万事而无情。"无所住而生其心",佛家这句话说得很正确。明镜照物,美就是美,丑就是丑,一眼便能看出真实面目,这就是"生其心"。美就是美,丑就是丑,过后在镜子里什么也不留下,这就是"无所住"。有关疟疾的比喻,你既然已经看到了它的精辟,那么,这里的问题就很容易解决了。患疟疾的人,虽然暂时未发作,可病根仍在,怎么能因为疟疾没有发作而不去服药调治呢?如果一定要等到疟疾复发之后才服药调治,那就为时已晚。致知的功夫不分有事无事,怎能和是否发作相提并论呢?你的主要疑问,虽然前后不相同,但都是自私自利、刻意追求在作怪,这个病根一旦除去,那么你的诸多疑问自然会冰消云释,再也不用去问辨了。

评析

大学里认为中正之心,应该是没有好乐、忿恨、忧患、恐惧的,也就是圣心的状态。圣人无情,不是说圣人失去了知觉,而是说他心明眼亮,心里能照明一切,好丑自现而不留尘影,无所执着。

■ 原文

答原静书出，读者皆喜澄善问，师善答，皆得闻所未闻。师曰："原静所问只是知解上转，不得已与逐节分疏。若信得良知，只在良知上用用功，虽千经万典无不吻合，异端曲学一勘尽破矣，何必如此节节分解？佛家有扑入逐块之喻，见块扑人，则得人矣，见块逐块，于块奚得哉？"在座诸友闻之，惕然皆有惺悟。此学贵反求，非知解可入也。

译文

答陆原静的信公开于世后，读者们都很喜欢陆澄的善于提问，先生的精彩回答，都听闻到了他们没有听说过的内容。先生说："陆澄的问题只是在知解问题上纠缠，我是不得已只得给他逐段讲解，如果真的相信并得到了良知，只在良知上下功夫，即使是千经万典都会与之吻合，异端邪说将会不攻自破，又何必这样逐段解释呢？佛教有'扑人逐块'的比喻。狗看见石块才扑向人，才能咬住人；见到石块而去追逐石块，在石块那又能得到什么呢？"其时，在座的朋友们听了这番话后，都立刻所醒悟。致良知，先生的这一学问贵在返身自求，并不是从认知上获得的。

评析

世上人都喜欢赞扬善于发问者，即能够问出好问题的人。王阳明却指出这些问题都只是在认知的功夫上纠缠，还不是真正相信并且在良知上用功。如果一个人真的在良知上用功了，那千万经典都会暗合于心，异端邪说将会不攻自破。这也告诫人们不要一味只是在见闻上下功夫。

答欧阳崇一

欧阳崇一（1496—1554年），名德，字崇一，号南野，江西泰和人。嘉靖二年（1523年）进士，历任安徽六安知州、翰林院编修、礼部尚书兼翰林院学士。王阳明在赣州首倡"致良知"时，欧阳崇一独曰："此正学也。"其识见异于世儒。常与邹守益、聂豹、罗洪先等讲论，学者甚众，"称南野门人者半天下"。曾在北京灵济宫讲论"致良知"，赴者五千。其学以"吾惟求诸心，心知其为是，即毅然行之"为宗旨，信守师说，其新见在于以阳明"致良知"重新解释《大学》"格物致知"的义旨。著有《欧阳南野先生文集》。

原文

崇一来书云："师云：'德性之良知，非由于闻见，若曰多闻择其善者而从之，多见而识之，则是专求之见闻之末，而已落在第二义。'窃意良知虽不由见闻而有，然学者之知，未尝不由见闻而发。滞于见闻固非，而见闻亦良知之用也。今日落在第二义，恐为专以见闻为学者而言。若致其良知而求之见闻，似亦知行合一之功矣。如何？"

良知不由见闻而有，而见闻莫非良知之用。故良知不滞于见闻，而亦不离于见闻。孔子云："吾有知乎哉？无知也。"良知之外，别无知矣。故致良知是学问大头脑，是圣人教人第一义。今云专求之见闻之末，则是失却头脑，而已落在第二义矣。近时同志中，盖已莫不知有致良知之说，然其工夫尚多鹘突者，正是欠此一问。

大抵学问功夫只要主意头脑是当。若主意头脑专以致良知为事，则凡多闻多见，莫非致良知之功。盖日用之间，见闻酬酢，虽千头万绪，莫非良知之发用流行。除却见闻酬酢，亦无良知可致矣。故只是一事。若曰致其良知而求之见闻，则语意之间未免为二。此与专求之见闻之末者虽稍不同，其为未得精一之旨，则一而已。"多闻，择其善者而从之，多见而识之。"既云"择"，又云"识"，其良知亦未尝不行于其间。但其用意乃专在多闻多见上去择识，则已失却头脑矣。崇一于此等语见得当已分晓，今日之问，正为发明此学，于同志中极有益。但语意未莹，则毫厘千里，亦不容不精察之也。

译文

崇一在来信中写道："先生说'人的德性良知不倚仗见闻，若说多闻而选择其善者依从，多见而记取，那是只在见闻的细枝末节上寻求，这已落在学问的第二义之中了。'我以为，良知虽不倚仗见闻而存在，然而，学者的知识，未尝不是从见闻引发的。局限于见闻固然不对，但见闻也是良知的作用。您现在说见闻是次要的，大概专门是针对只把见闻为学问的人而说的，如果为了致良知而在见闻上探求，这似乎也是知行合一的功夫。不知这种理解是否正确？"

良知并不是从见闻上产生的，而见闻无一不是良知的运用。因此，良知不局限于见闻，但也不会与见闻分离开。孔子说："吾有知乎哉？无知也。"良知以外，再也别无他知。所以，致良知是做学问的关键，是圣人教人的第一要义。现在如果只在见闻的细枝末节上追求，那就丢弃了主宰，寻求的只是次要的东西了。近来在志同道合的人中大概没有不知道致良知的，但他们的功夫中仍有许多糊涂之处，正好是缺你的这一问。

大致来说，在学问上下功夫首先要抓住核心问题。若把致良知看成最关键的事情，那么，多闻多见无一不是致良知的功夫。在日常生活中，见闻酬酢，虽然千头万绪，也没有不是良知的发挥与流传。去掉见闻酬酢，也就没有良知可以致了，所以两者为一件事。如果说致良知是从见闻上寻求的，那么它的意思未免是把良知见闻看成两件事了。这虽然和只在见闻的细枝末节上寻求良知的人稍有不同，但也是同样不理解惟精惟一的宗旨。"多闻，择其善者而从之。多见而识之"，既然说了"择"与"识"，可见良知也在其中起了很大作用，只是它的用意还是专门在多闻多见上去选择和认识，已经丢失了关键。崇一，想必你对这些问题已经十分清楚了，今天的问题，正是为了阐明致良知的学说，相信对志同道合的读书人有很大的裨益。只是意思表达的不够清楚，就会有差之毫厘，失之千里，所以不能不认真仔细的体察。

评析

做学问要分清主次，王阳明主张学问的关键在于致良知，但不是说废弃见闻，只是有感于后世学风将专注力全放在了多闻多见上，而对良知没有任何体察。不过，分清主次不是说把次要的丢掉，没有见闻，致良知也就缺少了媒介，因为见闻本身就是良知的功用。

原文

来书云："师云：《系》言何思何虑，是言所思所虑只是天理，更无别思别虑耳，非谓无思无虑也。心之本体即是天理，有何可思虑得？学者用功，虽千思万虑，只是要复他本体，不是以私意去安排思索出来。若安排思索，便是自私用智矣。'学者之蔽，大率非沉空守寂，则安排思索。德辛壬之岁著前一病，近又著后一病。但思索亦是良知发用，并与私意安排者何所取别？恐认贼作子，惑而不知也。"

"思曰睿，睿作圣。""心之官则思，思则得之。"思其可少乎？沉空守寂，与安排思索，正是自私用智，其为丧失良知一也。良智是天理之昭明灵觉处，故良知即是天理，思是良知之发用。若是良知发用之思，则所思莫非天理矣。良知发用之思，自然明白简易，良知亦自能知得。若是私意安排之思，自是纷纭劳扰，良知亦自会分别得。盖思之是非邪正，良知无有不自知者。所以认贼作子，正为致知之学不明，不知在良知上体认之耳。

译文

来信写道："先生，您认为《易传·系辞》中讲的'何思何虑'，它是指所思虑的只有天理，此外没有其他的思虑，并不是说无思无虑。心的本体即天理，还有什么可思虑得到的？学者下功夫虽然千思万虑，也只是要恢复心的本体，并非靠私意去安排思考天理。若去安排思考，也就是自私要聪明了。'学者的弊病，大概不是陷入死守空寂，就是刻意去安排思索天理。我在辛巳到壬午期间（明·正德十六年到嘉靖元年，即1521—1522年）犯过前一种毛病，最近又犯后一种毛病。但是，思考也是良知的运用，它与用私意去安排的情况又有什么区分呢？我担心自己认贼作子，受了他的迷惑还不知道。"

"思曰睿，睿作圣""心之官则思，思则得之。"思考难道可以缺少吗？死守空寂与安排思考，正是自私要聪明，它们同样都丧失了良知。良知是天理的昭然灵觉之所在，因此，良知就是天理，思是良知的发端和作用。如果思索是从良知上产生的，那么，所思的也不过是天理。从良知上产生的思索，自然简单明白，良知自然也就能够知道。如果凭私意安排的思索，自然是纷纷扰扰，万千头绪，良知也自然能够分辨。大概思索的是非正邪，良知没有不知道的。之所以会出现认贼作子的情况，正是因为还不明白致良知的学问，不知道从良知上去体察、认识罢了。

评析

"心之官则思，思则得之。"意思是说，心的职能是思维，思维就能获得。但是思索要从良知上开始体察，不是从欲望上，从良知上思索求得，自然就能明晰天理。学问不能明辨的关键原因，还是因为认贼作子，没有找到良知。

原文

来书又云："师云：'为学终身只是一事，不论有事无事，只是这一件。若说宁不了事，不可不加培养，却是分为两事也。'窃意觉精力衰弱，不足以终事者，良知也。宁不了事，且加体养，致知也。如何却为两事？若事变之来，有事势不容不了，而精力虽衰，稍鼓舞亦能支持。则持志以帅气可矣。然言动终无气力，毕事则困惫已甚，不几于暴其气已乎？此其轻重缓急，良知固未尝不知，然或迫于事势，安能顾精力？或困于精力，安能顾事势？如之何则可？"

宁不了事，不可不加培养之意，且与初学如此说亦不为无益。但作两事看了，便有病痛。在孟子言"必有事焉"，则君子之学终身只是

"集义"一事。义者，宜也，心得其宜之谓义。能致良知则心得其宜矣，故集义亦只是致良知。君子之酬酢万变，当行则行，当止则止，当生则生，当死则死，斟酌调停，无非是致其良知，以求自慊而已。故"君子素其位而行""思不出其位"。凡谋其力之所不及，而强其知之所不能者，皆不得为致良知。而凡"劳其筋骨，饿其体肤，空乏其身，行拂乱其所为，动心忍性以增益其所不能"者，皆所以致其良知也。若云宁不了事，不可不加培养者，亦是先有功利之心，计较成败利钝而爱憎取舍于其间，是以将了事自作一事，而培养又别作一事，此便有是内非外之意，便是自私用智，便是义外，便有"不得于心，勿求于气"之病，便不是致良知以求自慊之功矣。

所云鼓舞支持，毕事则困惫已甚，又云迫于事势，困于精力，皆是把作两事做了，所以有此。凡学问之功，一则诚，二则伪。凡此皆是致良知之意，欠诚一真切之故。《大学》言"诚其意者，如恶恶臭，如好好色，此之谓自慊。"曾见有恶恶臭，好好色，而须鼓舞支持者乎？曾见毕事则困惫已甚者乎？曾有迫于事势，困于精力者乎？此可以知其受病之所从来矣。

译文

来信接着写道："先生，您曾说'为学，终身只是一件事，不论有事无事，也只是一件事。如果说宁愿不处理事情，也不可不培养本源，这就是把致良知和做事分开成为两件事了。'我以为，当感到精力衰弱，不能将事情处理完的，就是良知。宁可不处理事情，也要去培养本源，这是致良知。宁可不处理事情也要去培养本源，这是致知。怎么能成了两回事呢？如果碰到从天而降的不能处理的事情，即使精力衰弱，只需稍加勉励也能坚持下去。由此可知，意志还是统领着气力的。但是，这个时候，言行举止毕竟是软弱无力的，等处理完事情后会十分匹配，这和滥用精力不是差不多吗？其中的轻重缓急，良知固然不会知道。然而，有时被事势所逼，岂能顾及精力？有时精力疲惫不堪，又岂能顾及事势？这究竟怎么办呢？"

"宁可不去处理事情，也不可不去培养本源"，这句话对初学者来说，也不是没有好处。但是把这看成两件事就有问题了。孟子说："必有事焉。"那么，"集义"就成了君子做学问一生的事情了。义，即为宜，心做到它应当做的叫做义。能致良知，心就能做它该做的事。所以，集义也就是致良知。君子酬酢万变，该行则行，该止则止，该生则生，该死则死，如此调停斟酌，只不过是致良知，以求自得罢了。因此，"君子素其位而行""思不出其位"。大凡谋求自己力所不及的事，勉强自己做智力不能完成的事，都不是致良知。但凡"劳其筋骨，饿其体肤，空乏其身，行拂乱其所为，动心忍性以增益其所不能"的人，都是为了致良知。如果说宁可不去处理事情，也不可不去培养本源，这也是因为先有一个功利心去计较其中的成败得失，从而再作出爱憎取舍的选择。因此，把做事情当成一回事，又把培养本源当作另一回事，这就是有了是非内外的区别，就是自私弄耍聪明，就把义看成外在的，这便有了"不得于心，勿求于气"的弊病，就不是致良知以求内心满足的功夫了。

你所说的略加鼓励也能坚持下去，处理完事情后就会极度困乏疲惫，又说为事势所迫，受精力的限制，这些都是因为把处理事情和培养本源当作两件事看待了，因此才有这样的情况。所有做学问的功夫，只要始终一心一意就是真诚，一分为二就会虚伪。你所说的这些情况都是由于致良知的心意缺乏诚信、真切产生的。《大学》中认为"诚其意者，如恶恶臭，如好好色，此之谓自慊。"你什么时候见过在讨厌恶臭，迷恋美色时，还需要鼓舞支持才能坚持下去的人呢？你什么时候见过做完这些事情后感觉极度困乏疲惫的人呢？曾有被事势所逼而精力不够用的人吗？从这几点你就可以寻找出病根到底在哪儿了。

评析

致良知的心意缺乏专一，缺乏诚信，就会将学问与做事分开作为两件事来理解，这样不但在学问上不能致良知，也会让事情不得果效，也会让身体精力透支。所有的这些问题都处在心志不专上。

原文

来书又有云："人情机诈百出，御之以不疑，往往为所欺。觉则自入于逆、臆。夫逆诈，即诈也。臆不信，即非信也。为人欺，又非觉也。不逆不臆，而常先觉，其惟良知莹彻乎。然而出入毫忽之间，背觉合诈者多矣。"

不逆不臆而先觉，此孔子因当时人专以逆诈、臆不信为心，而自陷于诈与不信。又有不逆、不臆者，然不知致良知之功，而往往又为人所欺诈，故有是言。非教人以是存心，而专欲先觉人之诈与不信也。以是存心，即是后世猜忌险薄者之事。而只此一念，已不可与入尧、舜之道矣。不逆、不臆而为人所欺者，尚亦不失为善。但不如能致其良知，而自然先觉者之尤为贤耳。崇一谓其惟良知莹彻者，盖已得其旨矣。然亦颖悟所及，恐未实际也。

盖良知之在人心，亘万古、塞宇宙而无不同。"不虑而知""恒易以知险""不学而能""恒简以知阻""先天而天不违，天且不违，而况于人乎？况于鬼神乎？"夫谓背觉合诈者，是虽不逆人，而或未能无自欺也。虽不臆人，而或未能果自信也。是或常有先觉之心，而未能常自觉也。常有求先觉之心，即已流于逆、臆，而足以自蔽其良知矣。此背觉合诈之所以未免也。

君子学以为己，未尝虞人之欺己也，恒不自欺其良知而已。是故不欺则良知无所伪而诚，诚则明矣。自信则良知无所惑而明，明则诚矣。明、诚相生，是故良知常觉、常照。常觉、常照则如明镜之悬，而物之来者自不能遁其妍媸矣。何者？不欺而诚，则无所容其欺，苟有欺焉而觉矣。自信而明，则无所容其不信，苟不信焉而觉矣。是谓"易以知险""简以知阻"，子思所谓"至诚如神，可以前知"者也。然子思谓"如神"，谓"可以前知"，犹二而言之，是盖推言思诚者之功效，是犹为不能先觉者说也。若就至诚而言，则至诚之妙用，即谓之"神"，不必言"如神"。至诚则无知而无不知，不必言'可以前知"矣。

译文

来信又写道："人情诡诈无穷，如果用不疑的态度来对待它，往往会受到它的欺骗。要想觉察人情的诡诈，就会事先揣度别人会欺诈我，就会臆想别人不相信我。揣度别人会欺诈本身就是欺诈，臆想别人不相信自己就是不诚信。被别人欺骗了，又是没有提前觉察到。能够不事先怀疑别人欺诈和不诚信，而又能预先觉察的，难道只有光明纯洁的人才做到吗？其中的差别只在毫忽之间，但背离知觉而暗合欺诈的事情却时常发生。"

不事先揣度别人的欺诈和不诚信，但是能做到先知先觉，这是孔子就当时的社会风气而言的。当时许多人一门心思想着去揣度别人，反而把自己陷于了欺诈和不诚信的境地。同时也有人虽然不这么做，但不懂得致良知的功夫，常常受到人的欺骗，因此孔子有感而发，说了这番话。孔子这话并不是教人事先存这样的心去发现别人的欺诈和不诚信。存这种心去发现别人的欺诈和不诚信，是后世猜忌刻薄的小人所做的事。而只要存有了这个念头，就已经和尧舜之道背道而驰了。不存心如此的却被人欺骗的人，虽然不失为善，但还是比不上那些能致其良知，能预先觉知的人更加贤明。你认为只有那些良知光明纯洁的人才能这样，可见你已领悟了孔子的宗旨了。但这只是你的聪明领悟到的，恐怕还不能落实到实践之中去。

大概良知存在于人的心中，亘通万古，充塞宇宙，无有不同。此正是古人所谓的"不虑而知""恒易以知险""不学无能""恒简以知阻""先天而天不违，天且不违，而况人乎？况于鬼神乎？"你所说的"背觉合诈"的人，他虽然能做到不揣度别人，但他恐怕没有不自欺的。虽然能不臆断怀疑别人，但却不能真的做到自信。他们虽然时常有探寻先觉的念头，但却不能时常做到自觉。时常希望能够先觉，这样就已经陷入了逆诈和不臆信的境地，已足能蒙蔽他的良知了。这正是他难免背离知觉而暗合欺诈的原因。

君子学习是为了提高自己，不曾忧虑别人欺骗自己，只是永远不欺骗自己的良知罢了。所以，君子不欺骗，良知就没有虚假而能真诚，良知真诚就能晶莹光明。君子自信，良知就不会迷惑而能明澈，良知光明就会真诚。明澈和真诚彼此促进，因此良知能常觉、常照。常觉、常照就仿佛明镜高悬，映照在明镜前的万事万物都不能隐藏其美丑。这是什么原因呢？因为良知没有欺骗就会诚信，也就不能容忍别人的欺骗，若有欺骗就能觉察。良知自信而光明，也就不能容忍不诚信，如果有不诚信存在，就能立马觉察。所谓"易以知险，简以知阻"，也就是子思讲的"至诚如神，可以前知"。但是，子思说的"如神""可以前知"，还是当两件事看待的，因为他是从思、诚的功效上说的，仍然是给不能事先觉知的人讲的。如果从至诚上来说，那么，至诚的妙用即为"神"，而不必说"如神"了。

至诚就能无知而又无所不知,也就不用说"可以前知"了。

评析

至诚如神,这个诚不是对别人说的,而是首先对自己说的。只有对自己内心真诚的人,才能做到不揣度别人的欺诈和不诚信,而又能事先做到觉察。说到底,这个功用还是致良知产生的,我们要知道,王阳明说来说去,都是在致良知的学问上做探讨,在王阳明这里,四书五经都是围绕致良知的学问。

答罗整庵少宰书

罗整庵（1465—1547年），即罗钦顺，字允升，号整庵。明代江西泰和人。进士，官至吏部尚书、少宰（明清吏部侍郎的别称）。学术上主张理得于天而具于心，理气本为一物，著有《困知记》。阳明先生的这封回信写于正德十五年，罗的信见于《困知记》附录卷五。参见《明儒学案》卷四十七。

▀ 原文

某顿首启：昨承教及《大学》，发舟匆匆，未能奉答。晓来江行稍暇，复取手教而读之。恐至赣后人事复纷沓，先具其略以请。

来教云："见道固难，而体道尤难。道诚未易明，而学诚不可不讲。恐未可安于所见而遂以为极则也。"

幸甚幸甚！何以得闻斯言乎？其敢自以为极则而安之乎？正思就天下之道以讲明之耳。而数年以来，闻其说而非笑之者有矣，诟訾之者有矣，置之不足较量辨议之者有矣，其肯遂以教我乎？其肯遂以教我，而反复晓喻，恻然惟恐不及救正之乎？然则天下之爱我者，固莫有如执事之心深且至矣，感激当何如哉！夫"德之不修，学之不讲"，孔子以为忧。而世之学者稍能传习训诂，即皆自以为知学，不复有所谓讲学之求，可悲矣！夫道必体而后见，非已见道而后加体道之功也。道必学而后明，非外讲学而复有所谓明道之事也。然世之讲学者有二，有讲之以身心者，有讲之以口耳者。讲之以口耳，揣摸测度，求之影响者也。讲之以身心，行著习察，实有诸己者也。知此，则知孔门之学矣。

译文

鄙人顿首谨启：

昨天幸蒙您对《大学》的教诲，因匆匆乘船，未能作答。清早，在船上稍有空闲，再把您的信取出来浏览一遍。到江西后只怕事务纷繁，因此先在此略作答复，并请批评指正。

来信写道："认识圣道固然困难，而要体悟圣道就会更困难。圣道确实不容易理解，但是学问也不能不讲明。恐怕不能安于自己的已有的见识，就把它看成为学问的最高标准了。"

不胜荣幸！我在哪里还能听到这样的教训呢？我怎敢自以为见识达到最高标准而满足于此呢？我正想借助天下之道来阐明圣道呢。然而多少年来，听到我的学说的，嘲笑的有，非议的有，辱骂的有，置之不理，认为不屑一顾的也有。他们怎么肯教导我呢？又怎么肯为了开导我而反复设喻，只怕纠正我还来不及吧。但是，在天下钟爱我的人中，还有谁像您如此的深切周到，我该如何感激您呢？孔子对"德之不修，学之不讲"尚且深感忧虑，但后世学者只要读了几天书，略懂一点训诂，便自以为能够知道学问了，不再去讲求学问了，真可悲啊！圣道必须体悟后才有所见，并非先认识了圣道后才下体察道的功夫。圣道必须先通过学习才能理解，并非在讲学之外还有明道之事。然而世上讲学的人有两种，其一是用身心来讲学的人，其二是用口耳来讲学的人。用口耳讲学的，揣测估摸，讲的尽是捕风捉影、似是而非的内容；而用身心讲学的，其行为、著述、学习、观察都是确确实实求之于自己的良知的。明白这一点，也就懂得了孔子的学说了。

■ 原文

来教谓某《大学》古本之复，以人之为学但当求之于内，而程、朱格物之说不免求之于外，遂去朱子之分章，而削其所补之传。

非敢然也。学岂有内外乎？《大学》古本乃孔门相传旧本耳，朱子疑其有所脱误而改正补缉之，在某则谓其本无脱误，悉从其旧而已矣。失在于过信孔子则有之，非故去朱子之分章而削其传也。夫学贵得之心，求之于心而非也，虽其言之出于孔子，不敢以为是也，而况其未及孔子者乎？求之于心而是也，虽其言之出于庸常，不敢以为非也，而况其出于孔子者乎？且旧本之传数千载矣，今读其文词，即明白而可通，论其工夫，又易简而可入。亦何所按据而断其此段之必在于彼，彼段之必在于此，与此之如何而缺，彼之如何而补？而遂改正补缉之，无乃重于背朱而轻于叛孔已乎？

译文

在来信中，您认为我之所以要恢复《大学》的旧本，是由于我认为人的学问只该求之于内心，而程、朱格物的观点不免要到心外去探求。因而我就删除了朱熹重分章节的做法，削减了他所增补的传。

我不敢这样做。学习难道会有内外之分？《大学》的旧本亦是孔门相传的旧本，朱熹怀疑它有遗漏错误之处，便重新加以改正补充，我则认为《大学》旧本并没有遗漏、错误之处，就全部根据旧本罢了。我的过失或许在于过分信任孔子，并非有意否决朱熹的分章并删掉他添加的注释和传。做学问，最重要的是用心体悟。即便是孔子的话，用心体悟后觉得不对，也不敢将之当作正确的，何况那些比不上孔子的人？我在心里认为是正确的，即便是平常人的言论，我也不敢认为是错误的，更何况是孔子的话呢？况且旧本已继承流传了几千年，我如今阅读它的语句，仍然在文词方面朗朗上口；就功夫而言，既简易又可行。又凭什么依据来断定这段必须在那里，而那段必须在这里，这里是否缺少了什么，那里又需要补充什么，怎样对它进行改正、补充呢？您是不是把背离朱熹的做法看得过重，而把违逆孔子的看法看得过轻了呢？

评析

王阳明这里就对《大学》旧本的恢复给出了自己的解释，自打朱熹修订的《大学》问世以后，天下学者皆尊其为权威，不过，王阳明从致良知的学问根本出发，认为孔子修订的《大学》旧本没有任何问题，读起来也是朗朗上口，于实践而言，也是简易可行。虽然王阳明否认自己不是为了弘扬自己的学术主张，但本质上恢复旧本仍是两种学术观点的较量。

原文

来教谓："如必以学不资于外求，但当反观内省以为务，则正心诚意四字亦何不尽之有，何必于入门之际，便困以格物一段工夫也？"

诚然诚然！若语其要，则"修身"二字亦足矣，何必又言"正心"？"正心"二字亦足矣，何必又言"诚意"？"诚意"二字亦足矣，何必又言"致知"，又言"格物"？惟其工夫之详密，而要之只是一事，此所以为"精一"之学，此正不可不思者也。夫理无内外，性无内外，故学无内外。讲习讨论，未尝非内也；反观内省，未尝遗外也。夫谓学必资于外求，是以己性为有外也，是"义外"也，"用智"者也。谓反观内省为求之于内，是以己性为有内也，是有我也，自私者也。是皆不知性之无内外也。故曰："精义入神，以致用也；利用安身，以崇德也"；"性之德也，合内外之道也。"此可以知格物之学矣。

"格物"者，《大学》之实下手处，彻首彻尾，自始学至圣人，只此功夫而已，非但入门之际有此一段也。夫正心、诚意、致知、格物，皆所以修身。而格物者，其所用力，日可见之地。故格物者，格其心之物也，格其意之物了，格其知之物也。正心者，正其物之心也。诚意者，诚其物之意也。致知者，致其物之知也。此岂有内外彼此之分哉？理一而已。以其理之凝聚而言则谓之性，以其凝聚之主宰而言则谓之心，以其主宰之发动而言则谓之意，以其发动之明觉而言则谓之知，以其明觉之感而言则谓之物。故就物而言谓之格，就知而言谓之致，就意而言谓之诚，就心而言谓之正。正者，正此也；诚者，诚此也；致者，致此也；格者，格此也。皆所谓穷理以尽性也。天下无性外之理，无性外之物。学之不明，皆由世之儒者认理为外，认物为外，而不知义外之说，孟子盖尝辟之。乃至袭陷其内而不觉，岂非亦有似是而难明者欤？不可以不察也。

凡执事所以致疑于格物之说者，必谓其是内而非外也；必谓其专事于反观内省之为，而遗弃其讲习讨论之功也；必谓其一意于纲领本原之约，而脱略于支条节目之详也；必谓其沉溺于枯槁虚寂之偏，而不尽于物理人事之变也。审如是，岂但获罪于圣门，获罪于朱子？是邪说诬民，叛道乱正，人得而诛之也。而况于执事之正直哉？审如是，世之稍明训诂，闻先哲之绪论者，皆知其非也。而况执事之高明哉？凡某之所谓格物，其于朱子九条之说，皆包罗统括于其中。但为之有要，作用不同，正所谓毫厘之差耳。无毫厘之差，而千里之谬，实起于此，不可不辨。

译文

来信写道："若认为学问不需要到心外寻求，仅要专心致力于返身自省，那么，'正心诚意'四个字不是全部包括了吗？又何必在学问的着手处，用'格物'这一功夫让人迷惑不解呢？"

正是，正是！若讲学问的主宰，"修身"二字已经足够，又何必非要讲"正心"呢？"正心"二字也已经足够，又何必非要讲"诚意"呢？"诚意"二字已经足够，又为何非要讲"致知""格物"呢？之所以会这样，只是因为学问的功夫详尽周密，然而，概括说来也只有一件事，如此才是"精一"的学问，这里正是不得不深思的。理没有内外之分，性也没有内外之分，所以学也没有内外之分。讲习讨论，未尝不是内；返身自省，未尝就把外摒弃了。如果认为学问一定要到心外求得，那就是认为自己的性也还有外在的部分，这正是"义外""用智"。若以为返身自省是在心内寻求，那就是认为自己的性还有内在的部分，这正是"有我""自私"。这两种看法都是不明白性无内外之分。所以说："精研义理到了神妙的境界，就可以安身立命；利用安身立命，来修养品德"；"性之德也，合内外之道也"。这样就可以知道"格物"的主张了。

"格物"是《大学》切实的着手处，从头至尾，自初学至成圣人，都只有这一个功夫而已，并非只在入门阶段有这一工夫。"正心""诚意""致知""格物"，都是用来修身的。而格物，则是使人所用的功夫每天有能看见之处。所以，格物是格其心中的物，格其意念中的物，格见识中的物。正心，就是正其待物之心。诚意，就是诚其待物之意。致知，就是致其物的知。这难道有内外彼此的区别？天理只有一个。从天理的凝聚上来说称作性，从天理凝聚的主宰上来说称作心，从天理主宰的发动上来说称为意，从天理发动的明觉上来说称为知，从天理明觉的感应的对象来说称为物。所以，从事物上来说天理需格，从知识上来说天理需致，从意念上来说天理需诚，从内心上来说天理需正。正，就是正天理；诚，就是诚天理；致，就是致天理；格，就是格天理，都是所谓的穷尽天理以尽性。天下没有性外之理，并没有性外之物。圣人的学说不能倡明于天下，都是因为后世儒生主张理、物当作是性外之物，但不知道"义外"的学说是孟子曾经批判过的，以至于重蹈覆辙而不自觉。这里岂不是也有好像是难以弄明白的地方吗？这是需要体察的。

您之所以对我的格物观点心存疑虑，一定是您认为我肯定内心而否定向外寻求；一定是认为我只肯定返身自省而放弃了讲学探讨的功夫；一定是认定我执意简约的纲领本源，而忽视了详细的细节条目；一定是认定我沉溺于枯槁虚寂之中，而不能穷尽物理人事的变化。如果真是如此，哪里只是圣学的罪人、朱子的罪人呢？这是用异端邪说来欺骗百姓，这是离经叛道，人人得而诛之，更何况您这样正直的人呢？如果真是如此，世上稍微懂一些训诂，知晓一点先哲言论的人，也都会知道我是错误的，更何况您这样高明的人呢？我所讲的格物学说，已经将朱熹所谓的九条统统囊括进去了。只是我的格物学说有一以贯之的中心，其作用与朱熹相比，作用不同，这正是人们所说的毫厘之差。然而差之毫厘就会失之千里，起源于此，不能不辨明。

评析

但凡学问的弊端，不论门派如何，都会出现王阳明所说的学问中的偏执现象，而且这些弊端，只要是稍微明朗的人都应该清楚地知道是歪门邪说。王阳明通过对弊端的陈举，自然地将自己的学问本质显明了出来。真金不怕火炼，就是要让天下人都借此考验他的学问到底真不真。

■ 原文

孟子辟杨、墨至于无父、无君。二子亦当时之贤者，使与孟子并世而生，未必不以之为贤。墨子兼爱，行仁而过耳。杨子为我，行义而过耳。此其为说，亦岂灭理乱常之甚而足以眩天下哉？而其流之弊，孟子则比于禽兽、夷狄，所谓以学术杀天下后世也。

今世学术之弊，其谓之学仁而过者乎？谓之学义而过者乎？抑谓之学不仁、不义而过者乎？吾不知其于洪水、猛兽何如也。孟子云："予岂好辨哉？予不得已也。"杨、墨之道塞天下。孟子之时，天下尊信杨、墨，当不下于今日之崇尚朱说。而孟子独以一人呶呶于其间。噫。可哀矣！韩氏云："佛、老之害，甚于杨墨。"韩愈之贤，不及孟子。孟子不能救之于未坏之先，而韩愈乃欲全之于已坏之后。其亦不量其力，果见其身之危，莫之救以死也。呜呼！若某者，其尤不量其力，果见其身之危，莫之救以死也矣！夫众方嘻嘻之中，而犹出涕嗟若；举世恬然以趋，而独疾首蹙额以为忧。此其非病狂丧心，殆必诚有大苦者隐于其中，而非天下之至仁，其孰能察之。

某为《朱子晚年定论》，盖亦不得已而然。中间年岁早晚，诚有所未考，虽不必尽出于晚年，固多出于晚年者矣。然大意在委曲调停，以明此学为重。平生于朱子之说，如神明蓍龟，一旦与之背驰，心诚有所未忍，故不得已而为此。"知我者谓我心忧，不知我者谓我何求。"盖不忍牴牾朱子者，其本心也。不得已而与之牴牾者，道固如是，不直则道不见也。执事所谓决与朱子异者，仆敢自欺其心哉？夫道，天下之公道也；学，天下之公学也。非朱子可得而私也，非孔子可得而私也。天下之公也，公言之而已矣。故言之而是，虽异于己，乃益于己也；言之而非，虽同于己，适损于己也。益于己者，己必喜之；损于己者，己必恶之。然则某今日之论，虽或于朱子异，未必非其所喜也。"君子之过，如日月之食。其更也，人皆仰之"。而"小人之过也必文"。某虽不肖，固不敢以小人之心事朱子也。

译文

孟子严厉指斥杨朱、墨子是"无父无君"的人。其实，杨、墨也是当时的贤士。假若他们与孟子生活于同时，孟子也未必不把他们称为贤者。墨子主张"兼爱"，是施行仁过了头；杨朱主张"为我"，是施行义过了头。他们的学说，难道是要泯灭天理，扰乱纲常以至于迷惑天下人的眼目吗？但是其学问所产生的弊端，孟子将之比为禽兽、夷狄，这也就是所谓的用学术来灭杀天下后世。

如今世上的学术的毛病，能说是学仁过分了吗？能说是学义太过分了吗？还是学不仁、不义太过分了？如果与洪水猛兽相比，我不知道他们会怎样？孟子说："难道我是喜欢和别人辩论吗？我是不得已啊。"孟子的时代，杨墨学说充盈天下，人人推崇，不亚于今天人们推崇朱熹的学说，然而孟子仍然独自一人与他们争辩。唉，真可悲！韩愈说："佛、老之害，其危害程度远远超过杨、墨。韩愈的贤明不及孟子，孟子尚且不能救天下学问于未坏之先，而韩愈却想在世道败坏后恢复它，他也是不量其力，我们看到了他深陷危境，而没有人能够拯救他以至他最终死去了。"哎！像我这样的人，更是不自量力，真实认识到了自身面临的危险，至死也不能挽救这种局面了。正当众人在欣喜嬉戏的时，而我则流泪嗟叹；正当世人怡然自得地同流合污时，而我却独自疾首蹙额。这并非是我神经错乱、丧失理智了，而是我内心确实有极大的痛苦潜藏心中。如果不是达到天下至仁的人，谁又能明察呢？

我著写《朱子晚年定论》，其实也是不得已而为之。书上年代的早晚，的确有些没有经过考证，虽然不一定全是出自他晚年，但大部分都是他晚年写的。我的本意是以此婉转地调停朱、陆的论争，以倡明圣学为重。我生平对朱熹的学说奉若神明，一旦与它背道而驰，心里也真实很难受，只是迫不得已才这样做。"知我者谓我心忧，不知我者谓我何求。"不忍心与朱熹的学说相抵触，这是我的本心！无奈之下与它发生抵触，是因为道本来就是这样。不作直说，道就不能显现！您认为我是执意要与朱熹不同，我岂敢欺骗自己的良心？道，是天下公有的道；学，是天下公有的公学，并不是朱熹个人的，也不是孔子个人的。对天下公有的东西，只得秉公而论。如果说对了，就算与自己见解不同，也对自己也是有益的；对于错误言论，就算与自己的相同，对自己也是有损害的。对自己有益的，一定会喜欢它；对自己有害的，一定会厌恶它。所以，我今天所讲的学问虽然与朱熹不同，未必不是他所喜欢的。"君子之过，如日月之食。其更也，人皆仰之。"然而"小人之过也必文"。我虽然是不肖之人，但也不敢用小人之心来对待朱熹先生！

评析

王阳明这里陈明了自己讲学的本意在于倡明圣学，圣学是天下公学，每个人都有将之归正的权柄，只要自己有正才是学，并经得起众人和时间的考验。对于推翻朱熹学说，他说如果朱熹在世，也会因为圣学得到发扬而感到高兴，并不会因为自己谬误的学说被人推翻而感到痛心。

原文

执事所以教，反复数百言，皆以未悉鄙人格物之说。若鄙说一明，则此数百言皆可以不待辨说而释然无滞，故今不敢缕缕，以滋琐屑之渎。然鄙说非面陈口析，断亦未能了了于纸笔间也。嗟乎！执事所以开导启迪于我者，可谓恳到详切矣。人之爱我，宁有如执事者乎？仆虽甚愚下，宁不知所感刻佩服？然而不敢遽舍其中心之诚，然而姑以听受云者，正不敢有负于深爱，亦思有以报之耳。秋尽东还，必求一面，以卒所请，千万终教。

译文

你对我的教诲，反复数百言，都是因为你不理解我的格物主张。我的主张一旦被你理解，那么，这几百言的辩说就都可以迎刃而解了。也能毫无疑问。所以，我不敢再细细述说，以免琐碎累赘。况且我的主张若不当面陈述分析，在信里也是很难说清楚的。哎！您对我的开导启示，可以说是诚恳而又详尽了。就算别人关爱我，谁又能像您这样呢？虽然我很愚钝，难道不知道感激佩服您吗？只是我不敢毅然舍弃心中真切的想法来听从您的教诲，正因为不敢辜负您的厚爱，也想以此来报答您。等我秋后回家时，一定去拜见您，以完成我当面向您请教的心愿，万望不吝赐教。

评析

这里对之前的讨论做了一番总结，对来信者的殷勤告诫表示非常了自己的衷心感谢，同时也很委婉地表示自己不会在学问上有所退让。这里我们可以看见王阳明对长者的尊敬之心，也可以看到他对于真知的坚持是不会因为谁而做出妥协的。

答聂文蔚（一）

聂文蔚（1487—1563年），即聂豹，字文蔚，号双江。江西永丰人。官至兵部尚书，太子少傅。1545年，被捕入狱。出狱即居家十年，后被起用为平阳知府，修兵练卒，整顿地方军务，颇有政绩。其学主张"归寂"之说，并在入狱后三年，著成《困辨录》一书，在"心即理"的基础上，提出了"归寂"说，表现出不同于王学的思想特色。但他对王阳明却极为崇拜，王阳明在浙江时曾与之相见，王死后，聂立位北面再拜，始称门生。参见《明儒学案》卷十七。

原文

春间远劳迂途枉顾，问证惓惓，此情何可当也？已期二三同志，更处静地，扳留旬日，少效其鄙见，以求切靡之益。而公期俗绊，势有不能，别去极怏怏如有所失。忽承笺惠，反复千余言，读之无甚浣慰。中间推许太过，盖亦奖掖之盛心。而规砺真切，思欲纳之于贤圣之域。又托诸崇一以致其勤勤恳恳之怀，此非深交笃爱何以及是？知感知愧，且惧其无以堪之也。虽然，仆亦何敢不自鞭勉，而徒以感愧辞让为乎哉？其谓"思、孟、周、程无意相遭于千载之下，与其尽信于天下，不若真信于一人。道固自在，学亦自在，天下信之不为多，一人信之不为少"者，斯固君子"不见是而无闷"之心。岂世之谝谝屑屑者知足以及之乎？乃仆之情，则有大不得已者存乎其间。而非以计人之信与不信也。

译文

春季有劳您远道而来光临寒舍，又不知疲倦地问辩求证，这种情谊，我哪里敢担当？本来，我已经与几位朋友相约，找一个幽静之所，住上十天半月，再探讨一下我的现点，以便在彼此切磋的过程中有所获益。然而，恰逢您公务在身，不能久留，自从分别后，我郁郁寡欢，好像失去了什么。忽然之间收到您的来信，总共数千字，读后甚感欣慰。信上您对我的过奖和推崇似乎有点过了，这大概也是您对我的鼓励提携之情吧。您对我的规劝砥砺也真切感人，是想我能够进入圣贤之列。另外，您还拜托崇一转达您的殷切关怀。如果不是交往亲密，爱心深厚，又怎能做到如此呢？我既感激又羞愧，生怕担心辜负您对我的厚爱。像这样，我又岂敢不加倍地鞭策勉励自己，而仅仅是在那里感激、羞愧、推辞呢？您认为"子思、孟子、周敦颐和二程，他们无意于流芳百世，与其让天下人都认可，倒不如让一个人真正理解自己。圣道固然存在，圣学也依然存在，全天下人都去信奉它不为多，一个人真信它也不为少。"这固然是君子"不见是而无闷"之心，但世上浅薄鄙陋之人又怎能理解这个呢？我觉得自己还是有许多无可奈何的，而我并不会斤斤计较于别人是否信奉它。

评析

这段文章前面进行了一番嘘寒问暖，后面陈明了自己的旨意。虽然信里聂文蔚和王阳明之间彼此推崇，但实际上聂文蔚还是希望王阳明像先贤一样做到遁世而无闷，不求闻达于天下，其实是委婉地告诫王阳明不要在学问上太过声张，要以君子之德惕励。王阳明说这份心君子固然能够理解，浅薄鄙陋之人是不能理解的。所以即便不想如此，还是要将圣学之本倡明。

原文

夫人者，天地之心。天地万物本吾一体者也。生民之困苦荼毒，孰非疾痛之切于吾身者乎？不知吾身之疾痛，无是非之心者也。是非之心，不虑而知，不学而能，所谓良知也。良知之在人心，无间于圣愚，天下古今之所同也。世之君子惟务致其良知，则自能公是非，同好恶，视人犹己，视国犹家，而以天地万物为一体。求天下无治，不可得矣。古之人所以能见善不啻若己出，见恶不啻若己入，视民之饥溺，犹己之饥溺，而一夫不获，若己推而纳诸沟中者。非故为是而以蕲天下之信己也，务致其良知求自慊而已矣。尧、舜、三王之圣，言而民莫不信者，致其良知而言之也。行而民莫不说者，致其良知而行之也。是以其民熙熙皞皞，杀之不怨，利之不庸，施及蛮貊，而凡有血气者莫不尊亲，为其良知之同也。呜呼！圣人之治天下，何其简且易哉！

后世良知之学不明，天下之人用其私智以相比轧，是以人各有心，而偏琐僻陋之见，狡伪阴邪之术，至于不可胜说。外假仁义之名，而内以行其自私自利之实，诡辞以阿俗，矫行以干誉。损人之善而袭以为己长，讦人之私而窃以为己直。忿以相胜而犹谓之徇义。险以相倾而犹谓之疾恶，妒贤忌能而犹自以为公是非，恣情纵欲而犹自以为同好恶。相陵相贼，自其一家骨肉之亲，已不能无尔我胜负之意，彼此藩篱之形，而况于天下之大，民物之众，又何能一体而视之？则无怪于纷纷籍籍而祸乱相寻于无穷矣。

仆诚赖天之灵，偶有见于良知之学，以为必由此而后天下可得而治。是以每念斯民之陷溺，则为之戚然痛心，忘其身之不肖，而思以此救之，亦不自知其量者。天下之人见其若是，遂相与非笑而诋斥之，以为是病狂丧心之人耳。呜呼，是奚足恤哉？吾方疾痛之切体，而暇计人之非笑呼？人固有见其父子兄弟之坠溺于深渊者，呼号匍匐，裸跣颠顿，扳悬崖壁而下拯之。士之见者，方相与揖让谈笑于其旁，以为是弃其礼貌衣冠而呼号颠顿若此，是病狂丧心者也。故夫揖让谈笑于溺人之旁而不知救，此惟行路之人，无亲戚骨肉之情者能之。然已谓之无恻隐之心，非人矣。若夫在父子兄弟之爱者，则固未有不痛心疾首，狂奔尽气，匍匐而拯之，彼将陷溺于祸而不顾，而况于病狂丧心之讥乎？而又况于蕲人信与不信乎！呜呼！今之人虽谓仆为病狂丧心之人，亦无不可矣。天下之人，皆吾之心也；天下之人犹有病狂者矣，吾安得而非病狂乎？犹有丧心者矣，吾安得而非丧心乎？

译文

人是天地之心，天地万物本就与我是一体。平民百姓遭受的困苦荼毒，哪一件不让我有切肤之痛？不了解自己的痛苦，是没有是非之心的人。人的是非之心，根本不用考虑就能知道，根本不用学习就能具备，这就是所谓的良知。不论是圣贤，还是愚笨之人，良知存在于人心之理古今都是一样的。世上的君子，只要一心致其良知，自然就能辨别是非，齐同好恶。待人若待己，爱国如爱家，从而与天地万物融为一体。做到这个地步的话，想让国家治理不好也不可能。古人之所以能够看到善就像自己做了好事，看到恶就像自己做了坏事，把百姓的饥饿困苦当作是自己的饥饿困苦，只要有一个人还没有安顿好就好像是自己把他推进了阴沟。他们这样做并不是想以此来获得天下人的信任，而是一心致其良知以求心安理得罢了。尧、舜、禹、汤等圣人，他们说的话百姓们没有不相信的，这是因为他们的话都是在致力于良知之后才说出的；他们做的事百姓们没有不喜欢的，这是因为他们的事都是致力于自己的良知后才做的。因此，他们的百姓平和安居，即便被处死也不会有怨恨之心，百姓们即使获得利益，圣人不引以为功。把这些事推广到蛮夷地区，凡是有血气的人无不孝敬自己的父母，因为他们的良知都是一样的。哎！圣人治理天下，是多么简单易行啊！

后世关于良知的学问不再被倡导，天下之人各用自己的私心巧智来彼此倾轧，每个人各有自己的打算，于是，那些偏僻浅陋、繁杂琐碎的观点，狡诈虚伪、阴险诡诈的手段数不胜数。世人面前，他们以仁义为招牌，在暗处却干着自私自利的事；他们用诡辩的言辞来迎合世俗，用虚伪的行径来骗取名誉，假借他人之美来作为自己的长处，攻击别人的隐私还认为自己正直。因为怨恨而压倒别人，还要说成是追求正义；阴谋陷害，却说成是嫉恶如仇；妒忌贤能，却自认为是主持公道；肆意放纵，却自认为是爱憎分明。人与人之间互相蹂躏，互相迫害，即使是骨肉之亲，也不能不存着争强好胜的心思，彼此间有很深的隔膜。更何况天下如此广大，众多的百姓，纷繁的事物，又如何能把它们看作是与自己一体的呢？无怪乎天下动荡不安，战乱频频而没有止境了。

真实托上天的灵气，我在偶然间获得了良知学说，认为只有致良，天下才能得到治理。因此每当我想到百姓的困苦，就会感到忧愁、痛心，希望用良知来挽救百姓，拯治天下，却忽略了自己才疏学浅，真是不自量力。天下人看到我这样，于是都来讥讽斥责我，说我是一个疯狂的人。哎，这又何足挂虑呢？我正受着切肤的疼痛，哪有闲工夫挖苦讽刺呢？人们看到自己的父子兄弟坠入深渊，一定会大喊大叫，不顾弃鞋丢帽而奋不顾身地下去解救他。士人们看到这种情况，却只会在一旁打躬作揖，谈笑风生，认为这个人衣衫不整、嚎啕痛哭，有失礼节，一定是个精神失常的人。看到有人落水，依然在那里礼让谈笑而不去救落水之人，这是没有亲戚骨肉之情的山野之人才做得出来的事。孟子曾经说："无恻隐之心，非人矣。"如果是有父子兄弟亲情的人看见了，一定会痛心疾首，竭尽全力去解救他们。此时，他们连溺水的危险都全然不顾，哪还有精力去在乎被讥讽为心智疯狂呢？又怎会去期望别人的认可与否呢？唉！世人虽然认为我是个精神失常的人，也无关紧要了。天下人的心，都是我的心。天下的人中也有精神失常的，我又怎么不能精神失常呢？人们当中也有心智疯狂的，我又怎么不能心智疯狂呢？

评析

王阳明创立心学后，并没有立即为朝廷所推崇，也没有从根本上动摇朱学的官学地位，而且被程朱学派的信徒指斥为"伪学""异端"，王阳明甚至被诬为"病狂丧心之人"。为了倡明心学，王阳明在转任南京鸿胪寺卿后，汇集有关朱熹论心性修养的34封书信编成《朱子晚年定论》，阐发前人提过的朱、陆"早异晚同"之说，想借此弥合朱、陆的差异。这段联系古之圣贤用心，表明了自己倡明圣学的决心，想做的无非是拯患救溺，也就顾不得体面不体面了，只是希望借此博得好名声罢了。

▬ 原文

昔者孔子之在当时，有议其为谄者，有讥其为佞者，有毁其未贤，诋其为不知礼，而侮之以为'东家丘'者，有嫉且诅之者，有恶而欲杀之者，晨门、荷蒉之徒，皆当时之贤士，且曰"是知其不可而为之者欤。""鄙哉！硁硁乎！莫己知也，斯已而已矣。"虽子路在升堂之列，尚不能无疑于其所见，不悦于其所欲往，而且以之为迂，则当时之不信夫子者，岂特十之二三而已乎？然而夫子汲汲遑遑，若求亡子于道路，而不暇于暖席者，宁以蕲人之知我、信我而已哉？盖其天地万物一体之仁，疾痛迫切，虽欲已之而自有所不容已，故其曰言："吾非斯人之徒与而谁与？""欲洁其身而乱大伦。""果哉，末之难矣！"呜呼！此非诚以天地万物者为一体者，孰能以知夫子之心乎？若其"遁世无闷""乐天知命"者，则固"无入而自得""道并行而不相悖"也。

仆之不肖，何敢以夫子之道为己任。顾其心亦已稍知疾痛之在身，是以徬徨四顾，将求其有助于我者，相与讲去其病耳。今诚得豪杰同志之士，扶持匡翼，共明良知之学于天下，使天下之人皆知自致其良知，以相安相养，去共自私自利之蔽，一洗谗妒胜忿之习，以济于大同。则仆之狂病固将脱然以愈，而终免于丧心之患矣。岂不快哉！嗟乎！今诚欲求豪杰同志之士于天下，非如吾文蔚者，而谁望之乎？如吾文蔚之才与志，诚足以援天下之溺者，今又既知其具之在我，而无假于外求矣，循是而充，若决河注海，孰得而御哉？文蔚所谓一人信之不为少，其又能逊以委之何人乎？

译文

春秋末年，孔子在那时候，社会上有人批评他阿谀奉承，有人讥讽他是奸佞小人，有人诽谤他不够贤明，有人诽谤他不懂礼节，有人侮辱他是"东家的孔丘"，有人因妒忌而败坏他的名声，有人憎恶他而想要他的命，即使像当时晨门、荷蒉这样的贤明之士，也说他是"知其不可而为之者与？""鄙哉，硁硁乎！莫己知也，斯已而已矣。"虽然子路是孔子的弟子，也不免会怀疑孔子的观点，不满孔子的一些作为，并且认为孔子迂腐。当时不相信孔子的人难道仅仅只有十分之二、三吗？然而，孔子仍然是兢兢业业，就像在路上寻找失踪的儿子，坐不暖席，匆匆忙忙，这样做难道是为了让别人相信并理解自己吗？究其原因是因为他有天地万物一体的仁爱之心，因为他切实地深感病痛，即使不想管也身不由己。因此他说："吾非斯人之徒与而谁与？""欲洁其身而乱大伦""果哉！末之难矣！"哎！若非真正与天地万物为一体的人，又有谁能理解孔子的心思呢？世上那些"遁世无闷""乐天知命"的人，自然会"无入而不自得""道并行而不相悖"了！

我才疏学浅，怎敢以孔圣人的道作为己任。我也了解自己的弊病，所以心中难免不安，于是四处张望，希望寻找到一个能够对我有所帮助的人共同讲习，以消除我身上的病疾。而今得到你们这样和我志向道合的豪杰人士来提携匡正我，共同使良知之学光大于天下，让全天下的人都致其良知，藉以彼此帮助、开导，除去自私自利的毛病，将谗言、嫉妒、好胜、易怒等恶习荡涤干净，以实现天下大同。那么，我的精神失常自然会即刻痊愈，再也不会有心理变态的反常现象了。岂不快哉？哎呀！现在在天下真要寻觅志同道合的杰出人才，除了你文蔚我还能寄希望于谁呢？以您的才能和志向，确实能够拯救天下受难的劳苦大众。如今，既然明白良知就在自己心中，不必向外索求，并根据这个加以扩充，就如同江河决口奔入大海，谁能抵御呢？正如你所言，一个人相信也不少，为倡明良知学，您又怎能谦逊地推让给别人呢？

评析

孔子在政治上失官后便开始周游列国，前后十四年奔波于中原各国之间，企图实现他的政治抱负。期间道路坎坷，惶惶然奔走列国而得不到重用，但他并不悲观，依然勤学不辍，诲人不倦，对社会事务怀有极大的热情和责任感。听他口中所言，皆因视天下如同己出才会发出如此言论。这里举出孔子，说明圣人用心并非是所有人都认可的，王阳明虽有拯患救溺的志向，但还需要人匡正自己，借此除掉身上的弊病，也对聂文蔚抱有很大的期待。

▇ 原文

会稽素处山水之区。深林长谷，信步皆是，寒暑晦明，无时不宜，安居饱食，尘嚣无扰，良朋四集，道义日新，优哉游哉！天地之间宁复有乐于是者？孔子云："不怨天，不尤人，下学而上达。"仆与二三同志方将请事斯语，奚暇外慕？独其切肤之痛，乃有未能恝然者，辄复云云尔。咳疾暑毒，书札绝懒，盛使远来，迟留经月，临歧执笔，又不觉累纸，盖于相知之深，虽已缕缕至此，殊觉有所未能尽也。

译文

会稽素有山清水秀之美称。树林深茂，山谷悠长，随处可见。春夏秋冬，气候适宜。人们安居饱食，远离尘嚣，幽静无声，朋友远道来此相聚，讲明道义，真实逍遥自在！天地之间哪还有这样的快乐？孔子说："不怨天，不尤人，下学而上达。"我和数位同志正想遵循孔子的话去做，哪还有空余时间去向外寻求呢？只是这切肤之痛，却不能无动于衷，所以回复了这封信。我因咳嗽加上暑热，懒得写信。你盛情派人远来，迟迟逗留月余，临行执笔，不觉间又写了这么多。大概因为我们相知甚厚，虽然已经写得很详实了，仍旧觉得许多话还没有来得及说。

评析

孔子说过："有朋自远方来不亦乐乎。"知音难觅，而酒逢知己千杯少。遇到这样的豪杰英才，王阳明即使身有小恙，仍执笔下千言，还觉得很多话没有说完。古来学者的心境都有如此光明的气象。

答聂文蔚（二）

此信为阳明先生与聂文蔚的第二封论学书信。此书于嘉靖七年（1528年）十月写于广西，为王阳明的绝笔书信。

原文

得书，见近来所学之骤进，喜慰不可言。谛视数过，其间虽亦有一二未莹彻处，却是致良知之功尚未纯熟，到纯熟时自无此矣。譬之驱车，既已由于康庄大道之中，或时横斜迂曲者，乃马性未调，衔勒不齐之故，然已只在康庄大道中，决不赚入旁蹊曲径矣。近时海内同志，到此地位者曾未多见，喜慰不可言，斯道之幸也！

贱躯旧有咳嗽畏热之病，近入炎方，辄复大作。主上圣明洞察，责付甚重，不敢遽辞。地方军务冗沓，皆舆疾从事。今却幸已平定，已具本乞回养病，得在林下稍就清凉，或可廖耳。人还，伏枕草草，不尽倾企。外惟浚一简，幸达致之。

译文

来信已收到，发现你最近在学问上大有进步，我非常欣慰。我已认真阅读了数遍，其中虽然还有一两处不太透彻，那仅是因为致良知的功夫还不够纯熟，等到功夫真正纯熟了，自然就不会有这样的毛病了。例如赶马车，虽然已经行走在康庄大道上，有时也会出现歪斜弯曲的状况，那是由于马性还未调养好，或者缰绳还没有勒紧的缘故，然而只要已经在康庄大道之上，就绝不会再误入旁门左道。近来，海内致力于学习的朋友中能达到你这一步的未曾多见，我简直无法诉说心中的欣慰。这正是圣道的幸运啊。

我的身体原本就有咳嗽怕热的疾病，到了炎热的地方，病情复发得更厉害。皇上洞察英明，托付的责任重大，因此不敢推辞去。地方上军务繁杂，我都是带病处理的，索性现在动乱已经平定，我已经奏请皇上祈求回家养病，若能在家乡避暑，或许能够痊愈。我即将返乡，伏枕写信，诉不尽倾慕和企盼。另外，捎给惟浚（陈九川）的信要麻烦你代为转达了。

评析

这封信是王阳明给好友聂文蔚的第二封信，也是王阳明的绝笔书信。其时王阳明肺病再度加剧，遂上疏告归故里，归途中卒于江西南安。

■ **原文**

来书所询，草草奉复一二。近岁来山中讲学者，往往多说勿忘勿助工夫甚难。问之，则云才著意便是助，才不著意便是忘，所以甚难。区区因问之云"忘是忘个甚么？助是助个甚么？"其人默然无对，始请问。区区因与说，我此间讲学，却只说个"必有事焉"，不说勿忘勿助。'必有事焉"者只是时时去"集义"。若时时去用"必有事"的工夫，而或有时间断，此便是忘了，即须"勿忘"。时时去用"必有事"的工夫，而或有时欲速求效，此便是助了，即须"勿助"。其工夫全在"必有事焉"上用；"勿忘勿助"，只就其间提撕警觉而已。若是功夫原不间断，即不须更说勿忘；原不欲速求效，即不须更说勿助。此其功夫何等明白简易！何等洒脱自在！今却不去"必有事"上用工，而乃悬空守着一个"勿忘勿助"，此正如烧锅煮饭，锅内不曾渍水下米，而乃专去添柴放火，不知毕竟煮出个甚么物来！吾恐火候未及调停，而锅已先破裂矣。近日，一种专在勿忘勿助上用工者，其病正是如此。终日悬空去做个勿忘，又悬空去做个勿助，渀渀荡荡，全无实落下手处，究竟工夫，只做得个沉空守寂，学成一个痴呆汉。才遇些子事来，即便牵滞纷扰，不复能经纶宰制。此皆有志之士，而乃使之劳苦缠缚，担搁一生，皆由学术误人之故，甚可悯矣。

译文

你来信所问的问题，我草草地做了答复。近年来到山上讲学的人，常常说"勿忘勿助"的功夫很艰难。向他们询问个中原由，他们便说稍略在意就是助，稍不用心就是忘，所以很难掌握。我接着问他们："忘是忘了什么？助是助了什么？"他们都不能作答，便向我请教。我因而对他们说，我在这里讲学，只说一个"必有事焉"，从不说"勿忘勿助"。"必有事焉"，就是时刻要"集义"。时刻都在用"必有事"的功夫，如果有时出现间断，那就是忘，那就必须"勿忘"。时刻在用"必有事"的功夫，有时想要求速效，这就是助，这就必须"勿助"。所以功夫都用在"必有事焉"上；"勿忘勿助"只在其中起着提醒警觉的作用。如果功夫本来就没有间断，就不需要说"勿忘"；如果下功夫本来就不想求速效，就不用说"勿助"。这功夫是何等的明白易懂啊！何等的洒脱自在啊！如今不在"必有事"

上下功夫，则空守着一个"勿忘勿助"，这正如架锅煮饭，锅里还未添水下米，就先去添柴加火，真不知能烧出个什么东西来？只怕火还没来得及调好，灶上的锅早已先行破裂了。最近有一种专门在"勿忘勿助"上用功的人，他们犯的错误就在这里。成天空谈一个勿忘、勿助的功夫，四处奔波，却完全没有切实下手的地方。到头来也只做得个死守空寂的功夫，变成一个痴呆汉。刚碰到一点难题，就被牵滞得心烦意乱，无法有条不紊地处理。这些人都是志士仁人，但是忧劳困苦，耽误一生，这都是错误的学术耽误了他们，真实可怜啊！

评析

"勿忘勿助"还是要在"必有事焉"上下功夫，在学问功夫有所间断的时候，就要提醒自己"勿忘"；在学问功夫急于求成的时候，就要提醒自己"勿助"，空守一个"勿忘勿助"，那只是死守空寂。这也提醒后世学者，平和的功夫是要建立在努力用功的基础上的。

原文

夫"必有事焉"只是"集义"，集义只是致良知。说集义则一时未见头脑，说致良知即当下便有实地步可用功。故区区专说致其良知。随时就事上致其良知，便是格物。著实去致良知，便是诚意，著实致其良知，而无一毫意必固我，便是正心。著实致良知，则自无忘之病。无一毫意必固我，则自无助之病。故说格、致、诚、正，则不必更说个忘助。孟子说忘助，亦就告子得病处立方。告子强制其心，是助的病痛，故孟子专说助长之害。告子助长，亦是他以义为外，不知就自心上"集义",在"必有事焉"上用功,是以如此。若时时刻刻就自心上"集义",则良知之体洞然明白,自然是是非非纤毫莫遁,又焉"不得于言,勿求于心;不得于心,勿求于气"之弊乎?孟子"集义""养气"之说,固大有功于后学,然亦是因病立方,说得大段,不若《大学》格、致、诚、正之功,尤极精一简易,为彻上彻下,万世无弊者也。

译文

"必有事焉"仅为"集义","集义"只是为了"致良知"。说到"集义"时,一时还把握不住关键,而说到致良知,当下就可切实地着手用功。所以我专门说致良知,随时在事上致良知,就是格物;实实在在地去致良知,便是诚意;实实在在地致良知,而无丝毫的主观臆断、片面绝对、固执己见、自以为是,就是正心。实实在在地致良知,自然不会有"忘"的毛病了;无丝毫的主观臆断、片面绝对、固执己见、自以为是,也自然不会有"助"的毛病。所以说到格物、致知、诚意、正心时,也就不用再说"勿忘勿助"了。孟子主张"勿忘勿助",也是针对告子的病症所开的药方。告子主张强制人心,这也是犯了"助"的毛病,所以,孟子专门谈助长的危害。告子犯助长的错误,也是因为他把义当作心外之物,不懂得在自己的心中"集义",在"必有事焉"上用功。如果时刻从己心上去"集义",那么,良知本体自会洞明,自会明辨是非,丝毫也不能逃脱。又怎么会有"不得于言,勿求于心。不得于心,勿求于气"的弊病呢?孟子的"集义""养气"的主张,固然对后来的学问有很大贡献,但他也是因病施药,只说个大概,不如《大学》中的格物、致知、诚意、正心的功夫,非常精简容易,上下连贯通达,永无弊病。

评析

学问之本只有一个，那就是致良知。世上虽有万能药，但是对于不信他的人来说，只能开偏方来对治。学者知道"勿忘勿助"是针对告子当时强制人心的主张而言的，自然就会回到致良知的学问根本上。

■ **原文**

圣贤论学，多是随时就事，虽言若人殊，而要其工夫头脑，若合符节。缘天地之间，原只有此性，只有此理，只有此良知，只有此一件事耳。故凡就古人论学处说工夫，更不必搀和兼搭而说，自然无不吻合贯通者。才须搀和兼搭而说，即是自己工夫未明彻也。

近时有谓集义之功，必须兼搭个致良知而后备者，则是集义之功尚未了彻也。集义之功尚未了彻，适足以为致良知之累而已矣。谓致良知之功，必须兼搭一个勿忘勿助而后明者，则是致良知之功尚未了彻也。致良知之功尚未了彻也，适足以为勿忘、勿助之累而已矣。若此者，皆是就文义上解释牵附，以求混融凑泊，而不曾就自己实工夫上体验，是以论之愈精，而去之愈远。

文蔚之论，其于"大本达道"既已沛然无疑，至于致知、穷理及忘助等说，时亦有搀和兼搭处，却是区区所谓康庄大道之中，或时横斜迂曲者，到得工夫熟后，自将释然矣。

译文

圣贤讲学，往往是因时事而发。他们所说的好像不尽相同，但其中宗旨的根本却是一致的。在天地之间，原本仅有一个性，只有一个理，只有一个良知，只有一件事而已。所以凡是就古人论学上说功夫，根本就不用掺杂搭配地讲解，自然没有不吻合贯通之处。

如果又认为需要掺杂搭配地讲解，那是因为自己的功夫尚未明彻。

近来，有人认为"集义"的功夫必须搭配致良知的功夫才能完备，这是他们对"集义"的功夫理解还不透彻罢了。"集义"的功夫还不透彻，便刚好成了致良知的负担。认为致良知这一功夫必须搭配"勿忘勿助"的功夫才能明白，这是因为致良知的功夫还不纯熟。致良知的功夫尚未成熟，便正好成了"勿忘勿助"的负担。这样都是在字义上勉强地解释，以求融汇贯通，还未曾在自己实在的功夫上体悟，所以说得越精细，就会相差得越远。

你的论述，在"大本达道"上已经不存在问题了。但对于"致知""穷理""勿忘勿助"等学说，还时时会有掺杂搭配之处，这正是我上面讲的已经在康庄大道上了，但有时会出现迂回曲折的情况。等到功夫纯熟后，这种情况自会消失了。

评析

天下致良知学问的根本，也是终点，从头至尾，就只有一件事，那就是致良知。只是功夫不纯熟的，就想着借助其他的东西来惨呼参照解说。旁征博引对于真正通晓道理的人来说，就像是附赘悬疣，是功夫杂的表现。这样的人还不能理解什么是惟精惟一。

原文

文蔚谓致知之说，求之事亲、从兄之间，便觉有所持循者，此段最见近来真切笃实之功。但以此自为不妨，自有得力处。以此遂为定说教人，却未免又有因药发病之患，亦不可不一讲也。

盖良知只是一个天理。自然明觉发见处，只是一个真诚恻怛，便是他本体。故致此良知之真诚恻怛以事亲便是孝，致此良知之真诚恻怛以从兄便是弟，致此良知之真诚恻怛以事君使是忠，只是一个良知，一个真诚恻怛。若是从兄的良知不能致其真诚恻怛，即是事亲的良知不能致其真诚恻怛矣；事君的良知不能致其真诚恻怛，即是从兄的良知不能致其真诚恻怛矣。故致得事君的良知，便是致却从兄的良知。致得从兄的良知，便是致却事亲的良知。不是事君的良知不能致，却须又从事亲的良知上去扩充将来。如此，又是脱却本原，著在支节上求了。良知只是一个，随他发见流行处，当下具足，更无去来，不须假借。然其发见流行处，却自有轻重厚薄，毫发不容增减者，所谓天然自有之中也。虽则轻重厚薄，毫发不容增减，而原又只是一个。虽则只是一个，而其间轻重厚薄，又毫发不容增减。若可得增减，若须假借，即已非其真诚恻怛之本体矣。此良知之妙用所以无方体，无穷尽，"语大天下莫能载，语小天下莫能破"者也。

译文

文蔚你认为致知，从孝亲敬兄中寻求，便会感觉到有所依循。从这里可看出您最近所下的真切笃实的功夫。您从此处下功夫自然无妨，但也得有得力之处。若认为这是可以用来当作定论教导别人，未免又会出现用药不当反而生病的情况，在这里不得不对此提一提。

良知原本只是一个天理，它自然明觉的显现处，只是一个真诚恳切，就是良知的本体。所以，用致良知的真诚恳切去侍奉父母就是孝，用致良知的真诚恳切去尊敬兄长就是悌，用致良知的真诚恳切去辅佐君主就是忠。这只有一个良知，只有一个真诚恳切。如果尊敬兄长的良知不能致其真诚恳切，也就是侍奉父母的良知不能致其真诚恳切。如果辅佐君主的良知不能致其真诚恳切，也就是尊敬兄长的良知不能致其真诚恳切。所以能致辅佐君主的良知，就是能致尊敬兄长的良知；能致尊敬兄长的良知，就是能致侍奉父母的良知。不是说不能致辅佐君主的良知，就必须从侍奉父母的良知上去扩展延伸出辅佐君主的良知来。如果这样，就又脱离了根本，而只于细枝末节上探求了。良知只是一个，随着良知的显现和流转，自然就会完备，不用再去寻求，也不用到别处假借。但是良知的显现与作用处，自然有重轻厚薄的区别，不容丝毫的增减。这正是程颐所谓的"天然自有之中"。尽管它的重轻厚薄丝毫不容增减，但良知的本体也只是一个。虽然本体只是一个，但它的重轻厚薄是分毫不容增减的。如果能增减，如果需要向外求借，也就不是真诚恳切的本体了。良知的妙用之所以无方位，无形体，无穷无尽，是因为"语大天下莫能载，语小天下莫能破"。

评析

每个人致良知的方式和切入口都不同，但每个人入门的方式都不能被说成是定理。良知的显现和运用，表现在不同的事物上就是不同的功用。

原文

孟氏"尧舜之道，孝弟而已"者，是就人之良知发见得真切笃厚、不容蔽昧处提省人，使人于事君、处友、仁民、爱物、与凡动静语默间，皆只是致他那一念事亲从兄真诚恻怛的良知，即自然无不是道。盖天下之事，虽千变万化，至于不可穷诘。而但惟致此事亲从兄一念真诚恻怛之良知以应之，则更无有遗缺渗漏者，正谓其只有此一个良知故也。事亲从兄一念良知之外，更无有良知可致得者。故曰："尧舜之道，孝弟而已矣。"此所以为"惟精惟一"之学，放之四海而皆准，施诸后世而无朝夕者也。

文蔚云:"欲于事亲从兄之间,而求所谓良知之学。"就自己用功得力处如此说,亦无不可。若曰致其良知之真诚恻怛以求尽夫事亲从兄之道焉,亦无不可也。明道云:"行仁自孝弟始。孝弟是仁之一事,谓之行仁之本则可,谓是仁之本则不可。"其说是矣。

译文

孟子认为"尧舜之道,孝悌而已",它就是在人的良知最真切笃实、不被蒙蔽的地方提醒人,使人在侍奉君主、结交朋友、仁爱百姓、关爱万物和动静语默中,都只是一心地去致他那孝亲敬兄的真诚恳切的良知,如果真是这样,就无处不是圣道了。天下的事情虽千变万化,乃至无穷无尽,但只要推致这孝亲、敬兄的真诚恳切的良知去应付千变万化,就不再会有什么疏漏的问题,这正是因为当中只有一个良知的缘故。除了一心孝亲敬兄的良知外,再没有其它的良知可以致了。所以孟子才说了"尧舜之道,孝悌而已"的话。这正是"惟精唯一"的学问,放之四海而皆准,这就是"施诸多后世而无朝夕"。您说:"想在孝亲敬兄之间,寻求良知的学问",就自己用功的着手处而言,没有什么不可。如果说要从致良知的真诚恳切中求得孝亲敬兄的道理,也未尝不可。程颢说:"施行仁义自孝弟始,孝弟是仁义中的一事,说它行仁之本可以,说它是仁的根本就不可以了。"这句话说的十分正确。

评析

孝悌是仁义的根本,穷究这个根本,就能达到致良知的地步。有百转不回之真心,才有万变不穷的妙用。

▃ 原文

"臆""逆""先觉"之说，文蔚谓"诚则旁行曲防，皆良知之用"。甚善甚善！间有挨搭处，则前已言之矣。惟浚之言，亦未为不是。在文蔚须有取于惟浚之言而后尽，在惟浚又须有取于文蔚之言而后明。不然，则亦未免各有倚著之病也。舜察迩言而询刍荛，非是以迩言当察，刍荛当询，而后如此。乃良知之发见流行，光明圆莹，更无挂碍遮隔处，此所以谓之大知。才有执著意必，其知便小矣。讲学中自有去取分辨，然就心地上着实用工夫，却须如此方是。

译文

针对"不臆不信""不逆诈""先觉"等主张，您说只要能诚，即便是羊肠小道、迂曲防御，也均有致良知的作用。这种观点非常正确，对于其中有些掺杂搭配的问题，前面我已经谈过了。惟浚（陈九川）的说法也不能说不对。对你来说，应该汲取惟浚的主张才能做到详尽，而就惟浚而言，又必须汲取你的主张才能更明白。不然，你们都难免有各执一词。虞舜喜欢体察浅近的话，并向樵夫请教。并非是浅近的话值得去思考，而是舜认为应当向樵夫请教，所以他才去请教。这正是舜的良知在显现作用，光明透彻，没有一点障碍和遮蔽。这就是所谓的大智。只要舜沾了一点执着和意、必，他的智就变小了。讲学时自然会有一些分辨取舍，但是，但若要在心地上切实用功，只有这样才算可以。

评析

即便是舜这样的大智，也得向樵夫请教，王阳明在这里告诫两人之间要互相弥补不足。学问上用功不免会有一些分辨取舍之处，但还是要切实地在心地上下功夫。

■ 原文

"尽心"三节，区区曾有生知、学知、困知之说。颇已明白，无可疑者。盖尽心、知性、知天者，不必说存心、养性，事天，不必说"夭寿不贰、修身以俟"。而存心、养性与"修身以俟"之功已在其中矣。存心、养性、事天者，虽未到得尽心、知天的地位，然已是在那里做个求到尽心、知天的工夫，更不必说"夭寿不贰、修身以俟"之功已在其中矣。

譬之行路，尽心、知天者，如年力壮健之人，既能奔走往来于数千里之间者也。存心、事天者，如童稚之年，使之学习步趋于庭除之间者也。"夭寿不贰、修身以俟"者，如襁褓之孩，方使之扶墙傍壁，而渐学起立移步者也。既已能奔走往来于千里之间者，则不必更使之于庭除之间而学步趋，而步趋于庭除之间，自无弗能矣。既已能步趋于庭除之间，则不必更使之扶墙傍壁而学起立移步，而起立移步自无弗能矣。然学起立移步，便是学步趋庭除之始，学步趋庭除，便是学奔走往来于数千里之基，固非有二事，但其工夫之难易则相去悬绝矣。

心也，性也，天也，一也。故及其知之成功则一。然而三者人品力量，自有阶级，不可躐等而能也。细观文蔚之论，其意以恐尽心、知天者，废却存心、修身之功，而反为尽心、知天之病。是盖为圣人忧工夫之或间断，而不知为自己忧工夫之未真切也。吾侪用工，却须专心致志，在"夭寿不贰、修身以俟"上做，只此便是做尽心、知天工夫始。正如学期起立移步，便是学奔走千里之始。吾方自虑其不能起立移步，而岂遽其不能奔走千里，又况为奔走千里者而虑其或遗忘于起立移步之习哉？

文蔚识见本自超绝迈往，而所论云然者，亦是未能脱去旧时解说文义之习，是为此三段书分疏比合，以求融合贯通，而自添许多意见缠绕，反使用功不专一也。近时悬空去做勿忘勿助者，其意见正有此病，最能耽误人，不可不涤除耳。

译文

关于"尽心"的三个层次（参见《徐爱录》有关内容），我曾经用"生而知之""学而知之"和"困而知之"的观点来说明，已经十分清楚，没有什么可怀疑的了。对于尽心、知性、知天的人，就没有必要再讲存心、养性、事天了，也不需再讲"夭寿不贰，修身以俟"。因为，存心、养性和"修身以俟"的功夫都已包含其中了。而对存心、养性、事天的人，虽然他们没有达到尽心、知天的程度，但已是在用尽心、知天的功夫了，更不必说"夭寿不贰，修身以俟"了，因为"夭寿不贰，修身以俟"的功已经包含其中了。例如行路这件事，尽心、知天的人，就像年轻力壮的人，本来就能够在上千里的路程中来回奔跑；存心、事天的人，就像年少的儿童，仅能在庭院中学习走路；而"夭寿不贰，修身以俟"的人，就像襁褓中的婴孩，只能让他扶着墙壁慢慢学习站立，慢慢移动。既然已经能够在数千里的路途中来回奔跑，就不必再让他在院子中学习走路了，因为在院子里走路对他来说已不成问题；既然已经能在院子中走路了，那也就没有必要再要他扶着墙壁学习站立、移步，因为站立移步对他们来说没有不会的。然而学习站立移步是在院子中学习走路的基础；而在院子中学习走路，又是数千里的路上来回奔跑的基础。这两者之间原本是一回事，只是功夫的难易程度却相差甚远罢了。

就心、性、天而言，其本质是一样的，所以等到致良知成功之后，它们的效果也相同。然而尽心、知性、知天三种人的人品与才力有高低之分，不能超越等级而行动。认真琢磨您的观点后，我认为，您是担心尽心、知天的人，会因摒弃了存心、修身的功夫，相反会对尽心、知天有所损害。这是忧虑圣人的功夫会有间断，而不懂得应该为自己的功夫还不够真切而忧虑。我们的功夫，必须一心一意地在"夭寿不贰，修身以俟"上做，如此就是尽心、知天功夫的开端。正如学习站立移步，是学习奔走千里的开端。如今，我担心的是不能站立移步，怎会去担心不能奔走千里呢？又怎会为那些已能奔走千里的人去担心他会忘掉站立移步的本领呢？你的见识本来超凡出众，而你所说的话，还是不能摆脱以往解说文义的习惯，因此才把知天、事天、夭寿不贰看成三个层次，并加以分析、比较、综合，以求融会贯通，反而给你自己增加了许多纠缠不清的观点，让自己的功夫不能专一。近来那些凭空去做"勿忘勿助"功夫的人，他们也是犯了同样的毛病，这毛病最易误人，一定要剔除干净。

评析

学道者一定要清楚功夫之本，扶墙而立、庭院中行、奔走千里，这三者都只是一个功夫，只是难易程度相差甚远罢了。如果不能理清其中关系，就会认为有三种层次的功夫，这样用功就不能达到专一的境地，这种想法是一定要剔除的。

原文

　　所谓尊德性而道问学一节，至当归一，更无可疑。此便是文蔚曾著实用功，然后能为此言。此本不是险僻难见的道理，人或意见不同者，还是良知尚有纤翳潜伏。若除去此纤翳，即自无不洞然矣。

　　已作书后，移卧檐间，偶遇无事，遂复答此。文蔚之学既已得其大者，此等处久当释然自解，本不必屑屑如此分疏。但承相爱之厚，千里差人远及，谆谆下问，而竟虚来意，又自不能已于言也。然直戆烦缕已甚，恃在信爱，当不为罪。惟浚处及谦之、崇一处，各得转录一通寄视之，尤承一体之好也。

右南大吉灵录

译文

　　您所讲的"尊德性而道问学"这一节，认为两者应当统一，再无可疑之处。这就是你曾切实用功后才能说出这样的话。这原本不是艰涩难懂的道理，那些持有不同意见的人，主要是因为他们的良知中还隐藏着纤细的尘埃。倘若将这些尘埃荡涤干净，良知就没有不洞然之处了。

　　信写完后，我移卧到屋檐下，恰好无别的事，便又添了几句作为答复。既然你的学问已经将关键问题把握住了，这些问题待天长日久后自然会明了，原本无需像我这样琐细地讲解。但是承蒙你的关爱，不远千里派人赶来虚心请教，为了不辜负你的一片心意，当然不可不说。但是，我又说得过于愚直、坦率、琐碎了。想你对我的厚爱，应当不会因此怪罪我吧。还请你把这封信分抄几份，分别寄给惟浚、谦之、崇一等人阅览，让他们同承你情同手足的好意。

以上为南元善摘录

评析

这里对学问之本做了一番陈明，如果切实用功了，人就不难发现"尊德性"和"道问学"是一回事。后面是对信做了一个总结，涉及学问的事情，一定不能有所妥协，王阳明虽然语气中肯、谦和，但在关键点上态度还是很硬朗的。

训蒙大意示教读（刘伯颂等）

明·武宗正德十三年（1518年），王阳明平定江西的动乱后，得胜班师。此文是临行前为晓喻赣南各县父老乡亲，兴立学社而颁布的文告。

刘伯颂，生平不详。

蒙以养正，意为蒙稚的时候应当培养纯正无邪的品质。语出《易·蒙象》。

原文

古之教者，教以人伦。后世记诵章之习起，而先王之教亡。今教童子，惟当以孝、弟、忠、信、礼、义、廉、耻为专务。其栽培涵养之方，则宜诱之歌诗以发其志意，导之习礼以肃其威仪，讽之读书以开其知觉。今人往往以歌诗、习礼为不切时务，此皆末俗庸鄙之见，乌足以知古人立教之意哉？

大抵童子之情，乐嬉游而惮拘检，如草木之始萌芽，舒畅之则条达，摧挠之则衰痿。今教童子必使其趋向鼓舞，中心喜悦，则其进自不能已。譬之时雨春风，沾被卉木，莫不萌动发越，自然日长月化。若冰霜剥落，则生意萧索，日就枯槁矣。故凡诱之歌诗者，非但发其志意而已，亦所以泄其跳号呼啸于咏歌，宣其幽抑结滞于音节也。导之习礼者，非但肃其威仪而已，亦所以周旋揖让而动荡其血脉，拜起屈伸而固束其筋骸也。讽之读书者，非但开其知觉而已，亦所以沉潜反复而存其心，抑扬讽诵以宣其志也。凡此皆所以顺导其志意，调理其性情，潜消其鄙吝，默化其粗顽。日使之渐于礼义而不苦其难，入于中和而不知其故，是盖先王立教之微意也。

若近世之训蒙稚者，日惟督以句读课仿，责其检束而不知导之以礼，求其聪明而不知养之以善，鞭挞绳缚，若待拘囚。彼视学舍如囹狱而不肯入，视师长如寇仇而不欲见，窥避掩覆以遂其嬉游，设诈饰诡以肆其顽鄙，偷薄庸劣，日趋下流。是盖驱之于恶而求其为善也，何可得乎？

凡吾所以教，其意实在于此。恐时俗不察，视以为迂，且吾亦将去，故特叮咛以告。尔诸教读其务体吾意，永以为训，毋辄因时俗之言，改废其绳墨，庶成"蒙以养正"之功矣。念之念之！

译文

古代的教育，讲授的是人伦纲常，以后兴起了记诵词章的风气，因而先王的教育也就灭亡了。如今教育学生，应该把孝、悌、忠、信、礼、义、廉、耻作为专门的内容。而有关教育的方法，则应当诱导他们通过咏诗唱歌来激发志趣，引导他们学习礼仪以严肃他们的仪表威严，指导他们读书借以开发他们的智慧。如今，人们往往认为咏诗、习礼不合时宜，这种观点都是极其庸俗鄙陋的，他们又岂能明白古人推行教育的本意呢？

一般而言，孩子们的性情是爱嬉戏玩耍而讨厌约束的，就像草木刚萌芽时，让它舒展生长，就能迅速发育，以至枝繁叶茂；若对其摧残压抑，它会很快枯萎。今天，对少年儿童实施教育，千万要使他们欢欣鼓舞，内心愉悦，他们的进步自不会停止。就如春天的和风细雨，滋润了花草树木，它们抽枝发芽，自会日新月异。但若经过冰霜的侵袭，花木生气受到挫伤，就会逐渐枯萎。所以，通过咏诗唱歌的引导，不仅能够激发孩子的志趣，而且能够在吟唱诗歌的过程中消耗他们跳攒呼号的精力，在抑扬顿挫的音律中疏通忧郁呆板的情绪。引导他们学习礼仪，不但是为了严肃他们的仪容，而且还能使他们在揖让打躬中活动血脉，强筋健骨。指导他们读书，不但能开发他们的智力，也能在潜移默化中存养他们的本心，在抑扬顿挫的诵读中明确志向。所有这些都是顺从他们的天性，调理保养他们的性情，消磨他们的鄙陋吝啬和粗浅愚顽。这样，渐渐使他们的行为符合礼仪标准而不感到难受，在不知不觉中使性情达到中正平和。这大致是先王推行教育的本意。

如今那些教育儿童的人，每天只是督促学生读书仿句，严格约束责备而不知道以礼仪来诱导他们；只希望他们聪明灵巧却不知道以善来培养他们，把犯错的学生当囚犯一样看待，只知道鞭打绳捆。这样儿童就只会把学校看作监狱而不肯上学，把老师看作仇人而不想见面。于是，他们就借机窥探、逃学、掩饰、覆盖，以便能嬉戏耍闹，撒谎作假，肆意顽劣，逐渐变得层次低下。这样就是在无意中驱使他们作恶，但又希望他们向善，岂能行得通？

我的教学观点，其用意就在这里。我怕世人无法体察，把我当成迂腐，再者，我就要离开此地，所以，我特地再三叮嘱，希望你们这些为人师表的人，务必要理解我的用意，并永远遵守，不要因为世俗的言论而更改了我制订的规矩，也许还能起到"蒙以养正"的功效。

千万谨记在心！

评析

明武宗正德十三年，王阳明平定江西农民暴动后，在赣南各地订立乡约，兴办社学并颁布此文晓喻乡民。王阳明认为明代中叶的政治危机的根本是因为圣学不明，人们不能信守固有的良知。因此，他怀抱着"辅君淑民"的志向，讲学不辍，所到之处，或立"乡约"，或兴"社学"，或创"书院"。当时的人认为吟咏诗歌、学习礼仪不过是迂腐的教训，我们当今人也是如此认为的，王阳明详细说明了其中的关隘，这些不仅仅是表面文章，而是对教育有着良好的疏导作用，非常有益身心健康。

教约

此篇原为《示弟立志说》。

原文

每日清晨，诸生参揖毕，教读以次遍询诸生：在家所以爱亲敬长之心，得无懈忽未能真切否？温凊定省之仪，得无亏缺未能实践否？往来街衢步趋礼节，得无放荡未能谨饬否？一应言行心术，得无欺妄非僻未能忠信笃敬否？诸童子务要各以实对，有则改之，无则加勉。教读复随时就事，曲加诲谕开发，然后各退就席肄业。

凡歌诗，须要整容定气，清朗其声音，均审其节调，毋躁而急，毋荡而嚣，毋馁而慑。久则精神宣畅，心气和平矣。每学量童生多寡分为四班。每日轮一班歌诗，其余皆就席敛容肃听。每五日则总四班递歌于本学。每朔望集各学会歌于书院。

凡习礼需要澄心肃虑，审其仪节，度其容止，毋忽而惰，毋沮而怍，毋径而野，从容而不失之迂缓，修谨而不失之拘局。久则礼貌习熟，德性坚定矣。童生班次皆如歌诗。每间一日则轮一班习礼，其余皆就席敛容肃观。习礼之日，免其课仿。每十日则总四班递习于本学，每朔望则集各学会习于书院。

凡授书不在徒多,但贵精熟。量其资禀,能二百字者止可授以一百字,常使精神力量有余,则无厌苦之患,而有自得之美。讽诵之际,务令专心一志,口诵心惟,字字句句,紬绎反复。抑扬其音节,宽虚其心意。久则义礼浃洽,聪明日开矣。

每日工夫,先考德,次背书诵书,次习礼或作课仿,次复诵书讲书,次歌诗。凡习礼歌诗之数,皆所以常存童子之心,使其乐习不倦,而无暇及于邪僻。教者如此,则知所施矣。虽然,此其大略也。"神而明之,则存乎其人。"

译文

每天清早,学生参拜完毕,老师应当依依次询问每位学生:居在家里热爱父母、尊敬兄长的心,是没有怠慢呢,还是有失真切呢?温清定省的礼节上,是有所欠缺呢,还是没有能够身体力行呢?在街上往来行走时,是否能步履谨慎而无任何放荡之处呢?一切言行心术,是否忠信笃实而没有欺妄之处呢?每位学生务必要如实回答,有错误就改之,没有也要更加勉励。老师要随时随地对学生给以委婉的教导和启发,然后,让他们各自回到座位上去学习。

凡是引用诗词,必须仪容整洁,心气安定。声音要清朗,节奏要协调,不急不燥,不因畏难而气馁。久而久之,学生一到学校自然会精神饱满,心平气和。每个学校依据学生的数量多少,分成四班,每天轮流安排一个班唱歌咏诗,其余的学生都坐在座位上,表情严肃,认真聆听。每五天便召集四个班在学校里依次吟咏诗歌。农历的每月初一、十五,集合各学校到书院里一起吟咏诗歌。

凡是练习礼仪,必须澄澈心思,肃除杂虑。老师要认真审查学生的礼仪细节,观察学生的容貌举止,不容疏忽,不容懒惰,不容自满，不容羞怯，不容随意，不容粗野。做到从容而不迂腐，谨慎而不局促。时间一长，礼貌自能纯熟，德性自能坚定。学生的班次有如歌咏。相隔一天，就轮到一个班练习礼仪，其余的都在座位上神情严肃地静静观瞧。练习礼仪的那一天，可以免去作课外练习。每十天就让四个班在学校依次练习礼仪，农历的每月初一、十五召集各学校在书院一起练习礼仪。

老师讲授功课不在数量多少，而贵在精熟与否。依据学生的天资秉性，能识两百字的只教他认一百字。让他们的精力常常有余，这样他们就没有厌烦学习的忧患，相反会因学有所得而愿意继续学习。诵读时，务必要让学生专心致志，口读心想，一字一句，反复玩味。音节要抑扬顿挫，心思要宽广虚静。久而久之，学生自会礼仪得当，智慧与日俱增。

作为老师，每日的功课首先要考察学生的德性，然后依次为背书，然后学习礼仪或者练习功课，然后再反复读书、讲解课文，最后吟咏诗词。但凡练习礼仪，唱歌咏诗等，都是为了常常存养学生的本心，使他们乐于学习而不感到厌倦，而没有空余时间去干歪门邪道的事。老师们认识到了这一点，也就知道该怎样教育学生了。即便如此，这里也只作了一个大概的述说。毕竟，"神而明之，则存乎其人"。

评析

这里对具体功课的安排做了一个详细的规定，虽然这些被应用至当今教育已不太可能，至少在儒学复兴前已不太可能了，但其中对于身心的鉴察，还有对于气度的观察，还有功课的安排方式，都可以作为当今教育的参考标准。良好的教育应该是能使学生乐于学习而不感到厌倦，这样他们也就不会有歪心思去做其他事了。

卷下

明·嘉靖三十四年（1555年），王阳明的门人钱德洪于安徽宁国水西精舍刊刻《传习续录》（在此之前，钱的同年曾才汉已先于湖北荆州刊刻了《遗言》，钱在此基础上进行删定而定《传习续录》刻本）。此刻本即今本之下卷。

次年，钱德洪统前三录付黄梅尹张君刻于湖北蕲春的崇正书院，分上、中、下三卷，《传习录》始成规模。

陈 九 川 录

陈九川（1495—1562年），字惟浚，号明水。江西临川人。授太常博士。因谏明武宗南巡，廷杖五十。后又任礼部郎中，受诬下狱。后复官，周游讲学。见《明儒学案》卷十九。

■ **原文**

正德乙亥，九川初见先生于龙江。先生与甘泉先生论格物之说。甘泉持旧说。先生曰："是求之于外了。"甘泉曰："若以格物理为外，是自小其心也。"九川甚喜旧说之是。先生又论"尽心"一章，九川一闻却遂无疑。

后家居，复以格物遗质。先生答云："但能实地用功，久当自释。"山间乃自录《大学》旧本读之，觉朱子格物之说非是。然亦疑先生以意之所在为物，"物"字未明。

己卯归自京师，再见先生于洪都。先生兵务倥偬，乘隙讲授，首问近年用功何如？

九川曰："近年体验得'明明德'功夫只是'诚意'。自'明明德于天下'，步步推入根源，到'诚意'上再去不得，如何以前又有格致工夫？后又体验，觉得意之诚伪必先知觉乃可，以颜子'有不善未尝知之，知之未尝复行'为证，豁然若无疑。却又多了格物工夫。又思来吾心之灵何有不知意之善恶？只是物欲蔽了。须格去物欲，始能如颜子未尝不知耳。又自疑功夫颠倒，与诚意不成片段。后问希颜。希颜曰：'先生谓格物致知是诚意功夫，极好。'九川曰：'如何是诚意功夫？'希颜令再思体看。九川终不悟，请问。"

先生曰："惜哉！此可一言而悟，惟浚所举颜子事便是了。只要知身、心、意、知、物是一件。"

九川疑曰："物在外，如何与身、心、意、知是一件？"

先生曰："耳、目、口、鼻、四肢，身也，非心安能视、听、言、动？心欲视、听、言、动，无耳、目、口、鼻、四肢亦不能。故无心则无身，无身则无心。但指其充塞处言之谓之身，指其主宰处言之谓之心，指心之发动处谓之意，指意之灵明处谓之知，指意之涉着处谓之物，只是一件。意未有悬空的，必着事物。故欲诚意，则随意所在其事而格之，去其人欲而归于天理，则良知之在此事者，无蔽而得致矣。此便是诚意的功夫。"

九川乃释然破数年之疑。

译文

明正德十年（1515年），九川在龙江第一次与先生见面。那时，先生正与甘泉（湛若水）先生讨论格物的学说，而甘泉先生一再坚持朱熹的观点。先生说："这样就是在心外寻求了。"甘泉先生说："如果认为寻求物理是外，那就把自心看小了。"九川十分赞同朱熹的说法。先生又接着谈到了《孟子·尽心章》，九川听后，马上对先生关于格物的阐释不再有疑问了。

后来，九川闲居家中，又以"格物"的问题请教先生。先生回答道："只要能实实在在地用功，久而久之，自会清楚明白。"我小住山中，自己抄录了《大学》古本来读，觉得朱熹的"格物"学说不太正确。但是也怀疑先生把意之所在当作物，因为这个"物"字我还觉得不够明朗。

正德十四年（1519年），九川自京都回来，在洪都（今江西南昌）再次见到先生。当时先生军务缠身，只得抽空给九川讲授。首先询问九川近年来用功的情况。九川说："近年来领悟到'明明德'的功夫只是'诚意'。从'明明德于天下'，逐步追溯本源，只到了'诚意'上就在追溯不下去了。为什么'诚意'之前还有'格物致知'的功夫？后来又仔细体会，感觉到意的真诚与否，必须先要有知觉。自颜回'有不善未尝知之，知之未尝复行'的话作为例证，我由此豁然开朗，确信无疑。但是心里又多了一个'格物'的功夫。后来我又思考，我本心的灵敏岂能不明白意的善恶？只不过是因为被物欲蒙蔽了，只有格除物欲，才能像颜回那样善恶尽知。我又怀疑我的功夫是否颠倒了，以至'格物'和'诚意'的功夫没有直接联系。后来我问希颜（王守仁弟子），希颜说：'先生主张格物致知是诚意的功夫，说得非常好。'我又问：'诚意的功夫到底指什么呢？'希颜让我去再三思考，用心体悟。但我最终还是不能领悟，特向先生请教。"

先生说："真可惜啊！原来一句话就能说明的问题，你列举的颜回的事就能把问题讲清楚。你只要理解身、心、意、知、物全都是一回事就行了。"

九川仍疑惑地问："物在外，与身、心、意、知怎会是一回事？"

先生说："耳目口鼻以及四肢，都是人的身体的一部分，如果没有心，岂能视、听、言、动呢？心想看、想听、想说、想动，如果没有耳目口鼻及四肢的协助，也不能做到。所以说，没有心就没有身，没有身体也就没有心，它们是统一的。只是从充盈空间上来说是身，而从它主宰作用上来说称为心，从心的发动上来说称为意，从意的灵明上来说就是知，从意的涉及上来说称为物，这些都是一回事。意不是凭空存在的，必须依附于具体事物而存在。所以，要想'诚意'，就必须在意思依附的某件事去'格'，就必须剔除私欲而回归天理，这样，良知就不会受被蒙蔽而能够'致知'了。'诚意'的功夫就在这里。"

听了先生这番话，九川积存在心中多年的疑虑终于消除了。

评析

九川在这里不明白诚意之前为何还要加上"格物致知"，他认为诚意是心里的事，而物是外在的，不理解为何"诚意"会与外在的"物"联系起来。王阳明说人的意念不是凭空悬附的，一定会依附在某件事物上，意念就是心的发动，意念所触及的就是外物。而"格物"就是把私意所触及的物格除，好使人心归向天理。

▇ 原文

又问："甘泉近亦信用《大学》古本，谓格物犹言造道，又谓穷理如穷其巢穴之穷，以身至之也，故格物亦只是随处体认天理。似与先生之说渐同。"

先生曰："甘泉用功，所以转得来。当时与说'亲民'字不须改，他亦不信。今论'格物'亦近，但不须换'物'字作'理'字，只还他一'物'字便是。"

后有人问九川曰："今何不疑物字？"曰："《中庸》曰：'不诚无物。'程子曰：'物来顺应。'又如'物各付物''胸中无物'之类皆古人常用字也。"他日先生亦云然。

译文

九川接着又问:"甘泉先生近来深信《大学》的古本,他认为格物就像求道,又认为穷理的穷,就是'穷其巢穴'的穷,要亲自到巢穴中去走一趟。因此,'格物'也就是随处体认天理,这好像与您的主张有些接近了。"

先生说:"甘泉肯下功夫,所以脑筋转弯也快。从前我对他说'亲民'无须改作'新'民,他还不相信。如今,他对'格物'的看法也基本与我的看法接近了。只是不用把'物'换成'理','物'字无须改变。"

后来当有人问九川:"如今怎么不怀疑'物'字了?"九川回答说:"《中庸》里说'不诚无物。'程颐也说'物来顺应',又如'物各付物''胸中无物'等等,可知'物'字是古人常用字。"后来先生也这样说。

评析

"格物"就是体认天理,只是甘泉先生主张把格物换成格理,但古人就习惯用"物"字,大概是要告诫学者,除物外别无他理吧。

原文

九川问:"近年因厌泛滥之学,每要静坐,求屏息念虑,非惟不能,愈觉扰扰,如何?"

先生曰:"念如何可息,只是要正。"

曰:"当自有无念时否?"

先生曰："实无无念时。"

曰："如此却如何言静？"

曰："静未尝不动，动未尝不静。戒谨恐惧即是念，何分动静？"

曰："周子何以言'定之以中正仁义而主静'？"

曰："无欲故静，是'静亦定，动亦定'的'定'字，主其本体也。戒惧之念，是活泼泼地，此是天机不息处，所谓'维天之命，于穆不已。'一息便是死，非本体之念即是私念。"

译文

九川问："这几年因厌恶泛览博观，常常想静坐安神，以求屏息各种思虑念头。但是，我不仅不能达到目的，反而更觉得心神不宁，这是为什么？"

先生说："思虑念头，怎么可能停止呢？只能让它归于纯正。"

九川问："是否会有没有念头的时候？"

先生说："实在没有无念之时。"

九川又问："如果这样，因何说静呢？"

先生说："静中并非没有动，动中也未尝没有静。戒慎恐惧就是念头，怎么区分动和静？"

九川说："周敦颐为什么要说'定之以中正仁义而主静'呢？"

先生说："没有欲念心自然会静，周敦颐说的'定'也就是陈颢所说的'静亦定，动亦静'中的'定'，'主'就是指主体。戒慎恐惧的念头是活泼的，正是天机流动不息的表现，这也就是所谓的'维天之命，于穆不已'。一旦有停息便是死亡，不是从本体发出的念都是人心的私念。"

评析

人在烦恼时就会想着摒弃外缘,想要达到无念的境地。不过,细心体察就会发现,人在宁静时也并非没有念头,人心一直是静中有动,动中有静的,没有一刻停止的时候。如果有的话,那只有在死亡的时候。

原文

又问:"用功收心时,有声色在前,如常闻见,恐不是专一。"

曰:"如何欲不闻见?除是槁木死灰,耳聋目盲则可。只是虽闻见而不流去便是。"

曰:"昔有人静坐,其子隔壁读书,不知其勤惰。程子称其甚敬。何如?"

曰:"伊川恐亦是讥他。"

译文

九川又问:"专心用功的时候,声色出现在眼前,如果还像往常那样去听去看,只怕就不能专一了。"

先生说:"怎么能不想听,怎么能不想看?除非是死灰槁木或者耳聋眼瞎之人。只是虽然听见、看见了,心不跟随它走就行了。"

九川说:"从前有人静坐,他儿子在隔壁读书,他都不知道儿子是否在读书。程颐赞扬他很能持静。这里怎么回事?"

先生说:"程颐恐怕是在讽刺他吧。"

评析

专心致志,心无旁骛,不是说感官对外在的一切失去了知觉,那是有背自然、人性的。心和感官的作用只要人还活着，就不可能止息，只是不要被外界的声色给带走便是。

■ 原文

又问："静坐用功，颇觉此心收敛。遇事又断了，旋起个念头去事上省察。事过又寻旧功，还觉有内外，打不作一片。"

先生曰："此格物之说未透。心何尝有内外？即如惟浚今在此讲论，又岂有一心在内照管？这听讲说时专敬，即是那静坐时心。功夫一贯，何须更起念头？人须在事上磨炼做功夫乃有益。若只好静，遇事便乱，终无长进。那静时功夫亦差似收敛，而实放溺也。"

译文

九川又问："静坐用功时，特别能感觉到本心是在收敛着的。但遇到事情就会中断，马上就起个念头到所遇的事上去省察。待事情过去后再去寻找原来的功夫，总觉得有内外之分，不能打成一片。"

先生说："这是因为你对格物的学说理解得还不够深刻。心何曾有内外之分？就像你现在在这里讨论，难道还有另外一个心在里边照管着吗？这个一心听讲和说话的心，就是静坐时的心。功夫是一以贯之的，何须另起一个念头？人必须在事上磨炼，在事上用功才会有收获。如果只是爱静，那么遇事就会忙乱，终究不会有进步。那静坐时的功夫，表面上看起来似乎是收敛，而实际上却是放纵沉沦。"

评析

格物不是专一求静,而是要持守一心。独处时,群居时,做事时,都能做到持守一心、一以贯之,才不会背离圣学。如果只是在独处时求静,那遇到问题还是会产生障碍,也就不会有进步。这种静表面上是对心的收敛,实际上却是心的放纵沉沦。

■ 原文

后在洪都,复与于中、国裳论内外之说,渠皆云物自有内外,但要内外并着,功夫不可有间耳。以质先生。

曰:"功夫不离本体,本体原无内外;只为后来做功夫的分了内外,失其本体了。如今正要讲明功夫不要有内外,乃是本体功夫。"

是日俱有省。

译文

后来在洪都时,九川又与于中、国裳探讨"内外"的问题。于中、国裳俩人都说:"事物本身有内外之分,内外都要兼顾用功,不能有间隔。"三人以此向先生请教。

先生说:"功夫不离本体,本体原无内外。只是因为后来做功夫的人把功夫分成了内外,但丧失了本体。现在正是要讲明功夫不要有内外之分,那才是本体的功夫。"

这一天,大家都有所醒悟。

评析

心之本体没有内外之分,做功夫都离不开本体,而现在的人在内外之分上却纠缠不清,结果把本体丢了,这是本末倒置。

原文

又问:"陆子之学何如?"

先生曰:"濂溪、明道之后,还是象山。只是粗些。"

九川曰:"看他论学,篇篇说出骨髓,句句似针膏肓,却不见他粗。"

先生曰:"然,他心上用过功夫,与揣摹依仿、求之文义自不同,但细看有粗处。用功久,当见之。"

译文

九川又问:"陆九渊的学说该做如何评价?"

先生说:"在周敦颐、程颢之后,也就只有陆九渊了,只是稍显粗疏了。"

九川说:"看他讲学,篇篇都能说出精髓,句句都能针砭膏肓,却看不出他到底粗在何处。"

先生说:"的确,他在心上用过功夫。与那些仅仅在字面上模仿、寻求含义的自然不同,但仔细察看就能发现他的学说也有粗糙的地方。这一点,用功久了,自然就能认识到。"

评析

学问大义容易辨明,但粗细不容易分,越是精细的地方,就越需要学者去致力用功方能认识到。

■ 原文

庚辰往虔州再见先生,问:"近来功夫虽若稍知头脑,然难寻个稳当快乐处。"

先生曰:"尔却去心上寻个天理。此正所谓理障。此间有个诀窍。"

曰:"请问如何?"

曰:"只是致知。"

曰:"如何致知。"

曰:"尔那一点良知,是尔自家底准则。尔意念著处,他是便知是,非便知非,更瞒他一些不得。尔只不要欺他,实实落落依看他做去,善便存,恶便去,他这里何等稳当快乐。此便是格物的真诀,致知的实功。若不靠着这些真机,如何去格物?我亦近年体贴出来如此分明,初犹疑只依他恐有不足,精细看,无些小欠阙。"

译文

正德十五年,九川往虔州再次见到先生,问:"最近我的功夫虽略微掌握些要领,但想寻找到一个稳当快乐的所在就很难了。"

先生说:"你要到心上去寻找一个天理,这就是所谓的'理障'。这里有一个诀窍。"

九川问:"请问是什么?"

先生说:"只是致知。"

九川问:"如何致知?"

先生说:"你的那点良知,就是你自己的行为准则。你的意念所到之处,正确的就知道正确,错误的就知道错误,对它丝毫都隐瞒不得。只要你不去欺骗良知，踏踏实实地依循着良知去做，如此就能存善，如此就能除恶。这个境地是何等的稳当快乐！这些就是格物的真正秘诀，致知的实在功夫。如果不凭借这些真机，如何去'格物'？关于这点，我也是近几年才体会得如此清楚明白的。刚开始我还怀疑仅凭良知恐怕会有不足，但经过仔细体察，发现并没有什么缺憾。"

评析

学问要真切地贯彻落实，存善去恶，才会有平安、喜乐的感觉。仅仅在心上求个天理便自以为足，那就是"理障"，实际却并不一定行得出来。

原文

在虔与于中、谦之同侍。先生曰："人胸中各有个圣人，只自信不及，都自埋倒了。"因顾于中曰："尔胸中原是圣人。"

于中起不敢当。

先生曰："此是尔自家有的，如何要推？"

于中又曰："不敢"。

先生曰："众人皆有之，况在于中，却何故谦起来？谦亦不得。"

于中乃笑受。

又论"良知在人，随你如何不能泯灭，虽盗贼亦自知不当为盗，唤他作贼，他还扭怩。"

于中曰："只是物欲遮蔽。良心在内，自不会失，如云自蔽日，日何尝失了。"

先生曰："于中如此聪明，他人见不及此。"

先生曰："这些子看得透彻，随他千言万语，是非诚伪，到前便明。合得的便是，合不得的便非，如佛家说心印相似，真是个试金石，指南针。"

先生曰："人若知这良知诀窍，随他多少邪思枉念，这里一觉，都自消融。真个是灵丹一粒，点铁成金。"

崇一曰："先生致知之旨发尽精蕴，看来这里再去不得。"

先生曰："何言之易也？再用功半年看如何，又用功一年看如何。功夫愈久，愈觉不同。此难口说。"

译文

在虔州的时候，陈九川和于中、邹守益一块侍奉着先生。先生说："各人胸中自有一个圣人存在，只因自信心不足，就把圣人给埋没了。"先生接着对于中说："你的胸中原本也是圣人。"

于中连忙站起来说："不敢当，不敢当。"

先生说："这是你自己所有的，为何要推辞？"

于中还说："不敢当，委实不敢当。"

先生说："每个人都有，更何况你呢？你为什么却要谦让？谦让也不是对的。"

于中于是笑着接受了。

先生又说："良知在人的心里，无论如何都不会泯灭。比如盗贼，他们也明白不应该去偷窃，喊他是贼，他也会惭愧不好意思。"

于中说："那只是因为良知被物欲给蒙蔽了。良知在人的心中，自然不会消失。仿佛乌云遮住太阳，而太阳何曾消失过。"

先生说："于中这样聪明，别人的见识可比不上他。"

先生说："只要把这些道理都理解透彻了，随他千言万语，是非真伪，到眼前一看就会自然明白。符合的就正确，不符合的就不正确。这和佛教所谓的'心印'是相似的，这真是个试金石、指南针。"

先生又说："人如果知道良知的诀窍，无论他有多少歪思邪念，一旦被良知发觉，自然就会消融。就像灵丹一粒，能够点铁成金。"

崇一（欧阳德）说："先生把致良知这一宗旨阐释得淋漓尽致，看来这问题无法再进一步阐发了。"

先生说："怎能说得这样随便？你再用功半年，看看会怎样？再用功一年，看看又会怎样？下的功夫越久，感觉就越不相同。这种感觉是很难以言表的。"

评析

圣人之心，人皆有之。圣人之心不是独特的，只存在于少数人身上的心，圣人心就是心的本体，也就是良知。人们之所以察觉不到，是因为良知被私欲遮蔽了，好像高悬空中的太阳，被乌云遮住而透不出光彩，但不能说太阳就因此不存在了。

■ 原文

先生问："九川于致知之说体验如何？"

九川曰："自觉不同。往时操持常不得个恰好，此乃是恰好处。"

先生曰："可知是体来与听讲不同。我初与讲时，知尔只是忽易，未有滋味。只这个要妙再体到深处，日见不同，是无穷尽的。"

又曰："此'致知'二字，真是个千古圣传之秘，见到这里，'百世以俟圣人而不惑'。"

译文

先生问:"九川,你对'致知'的学说体验得如何了?"

九川说:"自我感觉与以前不同了。以往的日常操持总是找不到一个恰到好处,而现在就能感觉到恰到好处了。"

先生说:"由此可见,亲身体验的与听讲得来的确实不同。我当初给你讲解时,就知道你糊里糊涂的,没有体会到其中滋味。只要这个关键处再往深处体会,每天都会有新的认识,那是没有止境的。"

先生又说:"'致知'二字,真是圣贤们千古相传的秘诀,理解了'致知',就能够'百世以俟圣人而不惑'了。"

评析

学问要亲身体验才会真正得到,"致知"就是要知行合一,纸上看来终觉浅。

■ **原文**

九川问曰:"伊川说到体用一原、显微无间处,门人已说是泄天机。先天致知之说,莫亦泄天机太甚否?"

先生曰:"圣人已指以示人,只为后人掩匿,我发现耳,何故说泄?此是人人自有的,觉来甚不打紧一般,然与不用实功人说,亦甚轻忽,可惜彼此无益。与实用功而不得其要者提撕之,甚沛然得力。"

又曰:"知来本无知,觉来本无觉。然不知则遂沦埋。"

先生曰:"大凡朋友须箴规指摘处少,诱掖奖劝意多,方是。"后又戒九川云:"与朋友论学,须委曲谦下,宽以居之。"

译文

九川问:"当程颐说到'体用一源,显微无间'时,弟子都说他泄露了天机。先生的'致知'学说,是不是也过多地泄露了天机呢?"

先生说:"圣人早就把致良知的学问告诉了世人,只是被后人遮蔽了,而我只是使他重新显露而已,怎能说这是泄露了天机呢?良知是每个人生来就有的,只是觉察到了也觉得无关紧要。但如果我对那些不踏实用功的人说这些,他们也会非常轻视不屑,这样对双方都没有什么好处。如果我向那些切实用功但没有把握住要领的人揭示真知,他们就会精力充沛,获益匪浅。"

先生又说:"知道了原本不知道的,觉察到了原本没有觉察到的。但是如果不知道,不觉察,良知就会随时被埋没。"

先生又说:"与朋友相处,彼此间规劝指责要少一点,开导鼓励要多一点,如此才是正确的。"

后来他又告诉九川说:"与朋友一起探讨学问,应该委曲谦让,宽厚待人。"

评析

习惯了掩饰自己的人,当别人将真理宣讲出来的时候,就会觉得可怕,就会觉得对方泄露了天机。王阳明说这个理是很早之前圣人就传下来的,他只是显明真要。对于能够切实用功的人来说,这是最宝贵的信息,而对于浑浑噩噩的人来说,这也如同废纸。

▬ 原文

九川卧病虔州。

先生云：“病物亦难格，觉得如何？”

对曰：“功夫甚难。”

先生曰：“常快活便是功夫。”

译文

九川卧病虔州。

先生说：“疾病作为一个'物'，也很困难去'格'，你觉得如何？”

九川说：“功夫的确很难。”

先生说：“常常保持快乐活泼的心态，那就是功夫。”

评析

九川用功时觉得很难，虽然不知道他这个病是不是求学过甚带来的，但可以肯定的是，他现在学得很苦。这也是很多人求学遇到的障碍，但凡觉得苦，那几乎就是用错了功夫，所以王阳明才说随时保持一颗鲜活快乐的心态就是功夫。

原文

九川问："自省念虑，或涉邪妄，或预料理天下事。思到极处，井井有味，便缱绻难屏。觉得早则易，觉迟则难。用力克治，愈觉扞格。惟稍迁念他事，则随两忘。如此廓清，亦似无害。"

先生曰："何须如此，只要在良知上著功夫。"

九川曰："正谓那一时不知。"

先生曰："我这里自有功夫，何缘得他来。只为尔功夫断了，便蔽其知。既断了，则继续旧功便是，何必如此？"

九川曰："真是难鏖，虽知，丢他不去。"

先生曰："须是勇。用功久，自有勇。故曰'是集义所生者'，胜得容易，便是大贤。"

九川问："此功夫却于心上体验明白，只解书不通。"

先生曰："只要解心。心明白，书自然融会。若心上不通，只要书上文义通，却自生意见。"

译文

九川问："我反省自己的各种观念思绪，有时会觉得有邪妄的念头，有时想去治理天下大事。思考到极处时，也会津津有味，到了难分难舍的地步。这种情况发觉得早还容易去掉，发觉晚了就难以去除。可以抑制，就更加觉得格格不入。只有将念头转移，才能把它忘掉。像这样理清思虑，似乎也无妨害。"

先生说："何必如此，只要在良知上下功夫就够了。"

九川说："我讲的正是不知道怎样致良知的时候。"

先生说："我这里自有致良知的功夫，岂会有不知的时候。只是你的功夫间断了，你的良知就被蒙蔽了。既然间断，还继续用功就可以了，何必要像你说的那样？"

九川说："那几乎是一场恶战，即使我明白了，仍不能避免。"

先生说："那必须有勇气。用功久了，自然就有勇气了。所以孟子说'是集义所生者'。能够轻易取得胜利，那就是大贤之人。"

九川问："这功夫只能在心上体会明白，则不能解释书上的文义。"

先生说："只需在心上体会。心里明白了，问句自然能够融会贯通。如果心不理解，只是通晓纸上的文义，那自然就会产生错误的见识。"

评析

　　这里讨论的是良知与私欲相争的功夫，九川因为在致良知的用功上有所间断，所以思绪上时常陷入纠缠不休的状态。王阳明告诫他说，私欲和良知的相争，必须要靠勇气得胜。这些不是可以从纸上获得的，必须亲身去经历这场恶战，并且每次的胜利，都会让自己变得更加明朗睿智。

一 原文

　　有一属官，因久听讲先生之学，曰："此学甚好，只是簿书讼狱繁难，不得为学。"

　　先生闻之，曰："我何尝教尔离了簿书讼狱悬空去讲学？尔既有官司之事，便从官司的事上为学，才是真格物。如问一词讼，不可因其应对无状，起个怒心；不可因他言语圆转，生个喜心；不可恶其嘱托，加意治之；不可因其请求，屈意从之；不可因自己事务烦冗，随意苟且断之；不可因旁人谮毁罗织，随人意思处之。有许多意思皆私，只尔自知，须精细省察克治，惟恐此心有一毫偏倚，杜人是非，这便是格物致知。簿书讼狱之间，无非实学。若离了事物为学，却是着空。"

译文

　　有一位下属官员，长期听先生的讲学后说道："先生讲得非常好，只是我的文件、案件极其繁重，没有时间去做学问。"

　　先生听后，对他说："我什么时候教你放弃文件案件而凭空探讨学问了？你既然有公事，就应该从断案的事上做学问，那才是真正的'格物'。例如，当你在询问讼词时，不可因为对方的无礼回答而恼怒；不可因为对方言语婉转而高兴；不能因为厌恶对方的请托而存心整治他；不能因为对方的哀求而屈意宽容他；不能因为自己的事务烦冗就随意草率结案；不能因为别人的诋毁和诽谤就任从别人的意愿去处理。这些都是私欲，只有你自己心里明白。你必须仔细省察克治，唯恐心中有丝毫偏执就枉人是非，这就是'格物''致知'。处理文件与诉讼，没有一样不是切实的学问。如果抛开事物去做学问，就是空谈。"

评析

貌似很多人都会借口因为工作分心而没有办法学道，这正是将学问与做事分开而论的误区。学如果不能致用，听了之后却行不出来，那就是空口说白理，这样的学问真是可听可不听。

原文

虔州将归，有诗别先生云："良知何事系多闻，妙合当时已种根，好恶从之为圣学，将迎无处是乾元。"

先生曰："若未来讲此学，不知说'好恶从之'从个甚么。"

敷英在座曰："诚然。尝读先生《大学古本序》，不知所说何事。及来听讲许时，乃稍知大意。"

译文

陈九川即将离开虔州，给先生写了一首告别诗："良知何事系多闻？妙合当时已种根；好恶从之为圣学，将迎无处是乾元。"

先生说："如果你没来此处讲论良知，就不理解'好恶从之'到底从的是什么？"

在一旁的敷英接着说："诚然如此。我曾研读过先生著的《大学古本序》，不懂说的是什么。等到来这里听了一段时日，才稍微懂得了其中的大意。"

评析

好恶如果离开良知来说，就会变得是非不明，很有可能被私欲所蒙蔽。只要明了良知，好恶才会没有隐藏不明之处。

原文

于中、国裳辈同侍食。

先生曰："凡饮食只是要养我身，食了要消化。若徒蓄积在肚里，便成痞了，如何长得肌肤？后世学者博闻多识，留滞胸中，皆伤食之病也。"

先生曰："圣人亦是学知，众人亦是生知。"

问曰："何如？"

曰："这良知人人皆有。圣人只是保全无些障蔽，兢兢业业，亹亹翼翼，自然不息，便也是学。只是生的分数多，所以谓之生知安行。众人自孩提之童，莫不完具此知，只是障蔽多，然本体之知难泯息，虽问学克治，也只凭他。只是学的分数多，所以谓之'学知利行'。"

译文

于中、国裳等人与先生共桌就餐。

先生说："饮食只是为了养活我的身体，吃了就要消化。如果只把吃的食物全存积在肚子里，就会成为痞病，怎么能促进身体的生长发育呢？孔孟之后的学者博闻多记，把知识全滞留在胸中，都是患了痞病一样。"

先生说:"圣人也是'学知',众人也是'生知'。"

九川问:"为何这样说?"

先生说:"良知人人都有。圣人只是保全它而不让它遭受任何蒙蔽,兢兢业业,勤勤恳恳,自然长存,这也是学。只是'生而知之'的因素很多,所以称圣人是'生知安行'了。平常人在孩提时都具备良知,只是后来被私欲遮蔽太多了。然而,那本体的良知难以泯灭,即便是学习克制,也是在依靠良知。只是学的分量大,所以说他们是'学知利行'。"

评析

王阳明在这里应机而教,说明知识的堆积不能给人带来实际的成长,这就好像把食物吃进肚子里不消化一样,会成为一种病。圣人和普通人之间的区别,并非是一个天生不学就知道,而一个非要通过学习才知道,两者之间的区别在于受私欲蒙蔽程度的多少。圣人也需要学,众人本来也都有良知,这种划分只是根据天理和人欲占据的比例来定义的,不是绝对的。

黄 直 录

黄直,字以方,全溪人。嘉靖二年(1523年)进士,任漳州的推官,因抗疏论救而下狱。曾从学于阳明先生。见《明儒学案》卷二十七。

▰ 原文

黄以方问:"先生格致之说,随时格物以致其知,则知是一节之知,非全体之知也,何以到得'溥博如天,渊泉如渊'地位?"

先生曰:"人心是天渊。心之本体,无所不该,原是一个天。只为私欲障碍,则天之本体失了。心之理无穷尽,原是一个渊。只为私欲窒塞,则渊之本体失了。如今念念致良知,将此障碍窒塞一齐去尽,则本体已复,便是天渊了。"乃指天以示之曰:"比如面前见天,是昭昭之天,四外见天,也只是昭昭之天。只为许多房子墙壁遮蔽,便不见天之全体,若撤去房子墙壁,总是一个天矣。不可道眼前天是昭昭之天,外面又不是昭昭之天也。于此便是一节之知即全体之知,全体之知即一节之知,总是一个本体。"

译文

黄直问:"先生格物致知的学说,是随时格物以致其知。那么,这个良知就只是一部分的知，而非全体的知，这又岂能达到'溥博如天，渊泉如渊'的境界？"

先生说："人心是天，就是渊。心的本体无所不容，原本就是一个天，只是被私欲蒙蔽，天的本来面貌才迷失了。心中的理没有止境，本来就是一个渊，只是被私欲阻塞，渊的本来面貌才迷失了。如今，一念不忘致良知，把蒙蔽和窒塞统统涤除干净，心的本体就能恢复，心就又是天，又是渊了。"

先生指着天对他说："比如，现在所见的天是明朗的天，在四方之外所见的天，也仍是阳光明媚的天，只是被许多房子和墙壁阻挡了，就不能看到天的全貌，如果将房子墙壁全部拆除，就总还是一个天。不能说在眼前的天是明朗的天，而外面的天就不是明朗的天了。由此可见，部分的知也就是全体的知，而全体的知也就是部分的知。知的本体始终是一个。"

评析

全体的知就是部分的知，部分的知就是全体的知，这话乍一听肯定是有问题的，但是联系王阳明的学问主张，再联系他举出的天的比喻来看，就不难理解这其中的深义了。

原文

先生曰："圣贤非无功业气节。但其循著这天理，则便是道。不可以事功气节名矣。"

"'发愤忘食'，是圣人之志如此。真无有已时。'乐以忘忧'，是圣人之道如此。真无有戚时。恐不必云得不得也。"

译文

先生说:"圣贤并不是没有功业和气节,只是他们能够遵循这天理,这就是道。圣贤不是用功业气节来求闻名天下。"

"'发愤忘食',是因为圣人的志向本来就是这样,从来没有停止的时候。'乐以忘忧',也是因为圣人的道本来就是这样,真的没有悲戚的时候。只怕不能用得与不得来阐释了。"

评析

常人都认为圣贤没有志向,是无私无欲,没有棱角,不会使用武力的人。但这是误解,圣贤也有功名气节,这本身就是道的功用,但他们不会为了求取名声做这样的事。发愤忘食,乐以忘忧,是圣人本来的自然生活之道,也不能用有没有获得来说明。

▇ 原文

先生曰:"我辈致知,只是各随分限所及。今日良知见在如此,只随今日所知扩充到底。明日良知又有开悟,便从明日所知扩充到底。如此才是精一功夫。与人论学,亦须随人分限所及。如树有这些萌芽,只把这些水去灌溉。萌芽再长,便又加水。自拱把以至合抱,灌溉之功皆是随其分限所及。若些小萌芽,有一桶水在,尽相倾上,便浸坏他了。"

译文

先生说:"我们做致良知的功夫,也只是根据各自的能力尽力去做。今天的良知认识到这样的程度,就根据今天所理解的延伸到底;等到明天良知又有新的开化体悟,那就根据明天所理解的延伸到底。这样才是精一的功夫。和别人探讨学问，也需要根据对方的能力所及。这就如同树刚萌芽，只能用少量的水去浇灌。等到树芽稍长了一点，再多浇一点水。树从一把粗到双臂合抱，浇水的多少也都要根据树的生长状况来决定。如果是刚萌芽的小树苗，就用一桶水去浇灌它，就会把它淹死。"

评析

致知要有一个循序渐进的过程，不论是自己的成长，还是和别人讨论学问，都要根据自己的情况和对方的情况来讨论。世上只有水到渠成的理，没有拔苗助长的理。循序渐进，不论是在求学上，还是教育上，还是在开拓事业上，或者在其它有益于人生的各项活动上，都是不能违背的常理。

■ 原文

问知行合一。

先生曰："此须识我立言宗旨。今人学问，只因知行分作两件，故有一念发动，虽是不善，然却未曾行，便不去禁止。我今说个知行合一，正要人晓得一念发动处，便即是行了。发动处有不善，就将这不善的念克倒了，须要彻根彻底不使那一念不善潜伏在胸中。此是我立言宗旨。"

"圣人无所不知，只是知个天理；无所不能，只是能个天理。圣人本体明白，故事事知个天理所在，便去尽个天理。不是本体明后，却于天下事物都便知得，便做得来也。天下事物，如名物度数、草木鸟兽之类，不胜其烦。圣人须是本体明了，亦何缘能尽知得。但不必知的，圣人自不消求知，其所当知的，圣人自能问卜。如子入太庙，每事问之类。先儒谓'虽知亦问，敬谨之至'。此说不可通。圣人于礼乐名物，不必尽知。然他知得一个天理，便自有许多节文度数出来。不知能问，亦即是天理节文所在。"

译文

有人问什么是知行合一。

先生说："这必须知道我立言的宗旨。如今的人做学问，因为把知行当两回事看，所以当有恶念萌发，虽未去做，也不会去禁止。我如今主张的'知行合一'，就是要人知道有念头萌发，那就相当于是行了。不善的念头若产生了，就把这不善的念头克去，并且需要完全地把它从胸中剔除干净，不让它潜留在心里。这就是我立论的宗旨。"

"圣人无所不知，但也只是知道一个天理罢了；无所不能，也只是能尽到一个天理罢了。圣人的本体清净明白，所以事事他都知道天理所在，因而去穷尽一个天理。而不是等本体晶莹亮洁后，才能知道天下万物，才能做得出来。天下的事物，比如名物度数、草木鸟兽之类，不计其数，非常繁琐，即使圣人的本体晶莹亮洁，对所有这些事物又怎能全部知道？但凡那些没有必要知道的，圣人就自然不想知道；而那些应该知道的，圣人自然就会去向别人询问。例如，'孔子入太庙，每事必问。'而先儒认为，'孔子虽然全部知道，他还是要问，是一种恭敬谨慎的表现'。这种观点说不通。礼乐、名物方面，圣人不必全知，然而他心里只要存一个天理，就自然会知道许多规矩礼节。不知就问，这也正是天理所要求的。"

评析

知行合一在很多人心中往往表现在身体的行动上，所以只在行为上克制自己,却不在念头上止恶。但王阳明这里说心思萌动了,就是行。所以知行合一的功夫,就是格物致良知的功夫。

人们对圣人无所不知,无所不明也存在偏见。其实这里是指着圣人良知纯全,本体清明说的罢了。世上名物繁琐,各种各样的知识不可能不学就会,但是后人却愚昧地对圣人抱有生而知道一切的幻想。但圣人本体上的清明,必然会使他在学习和能力上超出别人许多。

原文

问:"先生尝谓善恶只是一物。善恶两端,如冰炭相反,如何谓只一物?"

先生曰:"至善者,心之本体。本体上才过当些子,便是恶了。不是有一个善,却又有一个恶来相对也。故善恶只是一物。"

直因闻先生之说,则知程子所谓有"善固性也,恶亦不可不谓之性。"又曰:"善恶皆天理。谓之恶者本非恶,但于本性上过与不及之间耳。"其说皆无可疑。

译文

黄直问:"先生曾说善恶只是一个事物。善恶如同冰炭不相容,如何能说它们是一个事物呢?"

先生说:"至善,就是心的本体。本体上稍有闪失就是恶了。并不是有了一个善,又还有一个恶来与它相对立。所以说善和恶只是一个事物。"

黄直由于听了先生的这番解释,也就明白了程颢所说的"善固性也,恶亦不可不谓之性""善恶皆天理。谓之恶者本非恶,但于本性过与不及之间耳"。之后黄直对这些言论就不再质疑了。

评析

善恶虽然对立，但那只是正与不正的区别，不正就是邪，但它们都是指着心来说的。心生善，心也生恶，善恶都是从心生的。在善的持守上过分，或者在善的持守上有所不及，都是不正的表现，也就是人们所说的恶。

▌原文

先生尝谓人但得好善如好好色，恶恶如恶恶臭，便是圣人。

直初闻之，觉甚易，后体验得来，此个功夫着实是难。如一念虽知好善恶恶，然不知不觉，又夹杂去了。才有夹杂，便不是好善如好好色、恶恶如恶恶臭的心。善能实实的好，是无念不善矣。恶能实实的恶，是无念及恶矣。如何不是圣人？故圣人之学，只是一诚而已。

译文

先生曾这样说过，人只要好善就像喜爱美色，憎恶如同讨厌恶臭，他就是圣人了。

黄直刚开始听到这话时，觉得很容易，后来经过亲身体会，才发现这个功夫实在很难。虽然念头里明白应该好善憎恶，但在无知觉中就会有私欲掺杂进去。而且稍有掺杂，就不再是那颗好善如同喜爱美色、憎恶如同讨厌恶臭的心了。对善能切切实实地喜爱，这样就不会有不善的念头了；对恶能够切切实实地厌恶，就没有什么念头会关系到恶了。这又怎能不是圣人？所以，圣人的学问也只是一个"诚"字罢了。

评析

黄直的一番体悟也是很多致力于圣学的人会有的体悟,看似容易做到,实则经常有所亏欠。看似自己的本性是有明辨力和是非之心的,但一旦熏染上了恶,就不辨是非了。所以在存善去恶的功夫上,觉得容易做到的人其实往往做不到,觉得不容易做到的人相反却有可能做到。

■ **原文**

问:"《修道说》言'率性之谓道'属圣上分上事,'修道之谓教'属贤人分上事。"

先生曰:"众人亦'率性'也,但'率性'在圣人分上较多,故'率性之谓道'属圣人事。圣人亦'修道'也,但'修道'在贤人分上多,故'修道之谓教'属贤人事。"

又曰:"《中庸》一书,大抵皆是说修道的事。故后面凡说君子,说颜渊、说子路,皆是能修道的。说小人,说贤、知、愚、不肖,说庶民,皆是不能修道的。其他言舜、文、周公、仲尼,至诚至圣之类,则又圣人之自能修道者也。"

译文

有人问:"先生,您的《修道说》中说'率性之谓道'为圣人的事,'修道之谓教'为贤人的事。"

先生说:"平常人也是'率性'的,只是'率性'在圣人身上的成分多,因此说'率性之谓道'属于圣人的事。圣人也'修道',只是'修道'在贤人的身上的成分多,所以说'修道之谓教'是贤人的事。"

先生又说:"《中庸》这本书大部分是讲'修道'的事。所以,后面所讲的君子、颜回、子路等,都是能够修道的人;而讲到的小人、贤者、智者、愚者、不肖者、平民百姓,都是不能够'修道'的;而另外所讲的舜、文王、周公、孔子等至诚至圣的人,则又是能够自然'修道'的圣人。"

评析

率性、修道都是针对它们在每个人身上所占的成分多少来说的,而能否修道也要分不同的人。这里不是针对有没有时间说的,而是针对素质来说的。素质就是对道、德的修养有没有志向和行动力。

■ **原文**

问:"儒者到三更时分,扫荡胸中思虑,空空静静,与释氏之静只一般,两下皆不用,此时何所分别?"

先生曰:"动静只是一个。那三更时分,空空静静的,只是存天理,即是如今应事接物的心。如今应事接物的心,亦是循此理,便是那三更时分空空静静的心。故动静只是一个,分别不得。知得动静合一。释氏毫厘差处亦自莫掩矣。"

译文

有人问:"儒生在半夜三更时分,荡涤心中的思虑,空空寂寂的,这跟佛教的静相同。静时,儒、佛两家的学说都不再发挥作用,这个时候他们区别又在哪呢?"

先生说:"动与静只是一回事。半夜三更时的空灵虚静,只要是心存天理,也就是像现在这样待人接物的心。而现在待人接物的心,也是要遵循天理，也同样是三更时分空空寂寂的心。因此，动静是一回事，不能分开。知道了动静合一，儒、佛两家的细微区别自然清楚明白了。"

评析

动静合一，空空寂寂的心和待人接物的心，都是存一个天理，明白了这点，就不会和佛家的学说混同了。王阳明没有明说这之间的区别在哪，不过有心的读者可以细心体察它们两者之间的区别。

▬ 原文

门人在座，有动止甚矜持者。

先生曰："人若矜持太过，终是有弊。"

曰："矜得太过，如何有弊？"

曰："人只有许多精神，若专在容貌上用功，则于中心照管不及者多矣。"

有太直率者。先生曰："如今讲此学，却外面全不检束，又分心与事为二矣。"

译文

在座的众弟子中，有一个举止过于矜持的人。先生说："人如果过于矜持，终究是问题。"

问："怎么说过于矜持存在弊端？"

先生说："人只有这么多的精力，如果专在外表上用功，内心往往就不能照管到那么多了。"

弟子中又有过于直率的人，先生这样说："现在讲'致良知'的学说，而你在外表上完全没有检点，又是把心与事当成两回事看了。"

评析

矜持过分是个病，人过分注重外表照看不到内心，就会丧失和气，给人感觉盛气凌人。但是行为不加检点的人，又很难使人信服，这是将心与外在全然割裂来看的。中和乃事学问之本，学者不可不察。

■ 原文

门人作文送友行，问先生曰："作文字不免费思，作了后又一二日常记在怀。"

曰："文字思索亦无害。但作了常记在怀，则为文所累，心中有一物矣。此则未可也。"

又作诗送人。先生看诗毕，谓曰："凡作文字要随我分限所及。若说得太过了，亦非'修辞立诚'矣。"

译文

有一个学生写文章为朋友送行，就问先生："写文章难免要费神，过后一两天还总是记挂在心。"

先生说："写文章花费心思并无害处。但写完了还常记心上，这就是被文章所牵累，在心中存了一个东西，这样就不好了。"

又有一个人写诗送人。先生看完诗后对他说道："写诗作文固然好，但要根据自己能力尽力而为，若说得太过，也就不是'修辞立诚'了。"

评析

做事要专心，事过不留心，心总是被一个东西所牵累，那说明意念很执着。写文章应当尽心说话，不能说过，不然就有伪饰的成分了。

▰ 原文

"文公格物之说，只是少头脑。如所谓'察之于念虑之微'，此一句不该与'求之文字之中'、'验之于事为之著'、'索之讲论之际'混作一例看，是无轻重也。"

译文

"朱熹关于'格物'的主张，只是缺少了一个主旨。比如他所讲的'察之于念之微'这句话，就不应该与'求之文字之中''验之于事为之著''索之讲论之际'混为一谈，这是无轻重之分了。"

评析

虽然王阳明主张学问不可外求，但还是建立在对古经正确理解的基础上来说的，朱熹主张学问外求，但却说要先'察之于念之微'，在王阳明看来，这是不分轻重了。

▰ 原文

问"有所忿懥"一条。

先生曰："忿懥几件，人心怎能无得，只是不可有耳。凡人忿懥，着了一分意思，便怒得过当，非廓然大公之体了。故有所忿懥，便不得其正也，如今于凡忿懥等件，只是个物来顺应，不要着一分意思，便心体廓然大公，得其本体之正了。且如出外见人相斗，其不是的，我心亦怒。然虽怒，却此心廓然，不曾动些子气。如今怒人亦得如此，方才是正。"

译文

有人就《大学》中"有所忿懥"这句话请教先生。

先生说："忿懥的几种情绪，人心中怎会没有呢？只是不应该有罢了。一个人在忿懥的时候，比较容易感情用事，就会怒得过分，这样就失去了廓然大公的本体了。所以，当心中有所忿懥时，心就不能达到中正。如今，对于忿懥的几种情绪，只要顺其自然，不过分刻意，心体自会廓然大公，从而达到中正平和了。比如，我现在外出看见有人斗架，对于不对的一方，我心中也会很恼火。我虽然感到愤怒，但我的心却是坦然平静的，不曾动气。现在对别人生气时，也该这样，这样才为中正。"

评析

情绪失和的事是常常有的，只是不应该跟着这种情绪走便是了。比如人在生气时，没有把怒气倾泻出来，就不会对自己和别人造成伤害，虽然暂时失去中正，但相比于那些大发怒火的人，却也能很快让情绪平和下来。

▬ 原文

先生尝言："佛氏不着相，其实着了相。吾儒着相，其实不着相。"请问。

曰："佛怕父子累，却逃了父子；怕君臣累，却逃了君臣；怕夫妇累，却逃了夫妇。都是为了个君臣、父子、夫妇着了相，便须逃避。如吾儒有个父子，还他以仁；有个君臣，还他以义；有个夫妇，还他以别。何曾着父子、君臣、夫妇的相？"

译文

先生曾这样说道："佛教提倡不执着于'相'，而实际上却是执着于'相'；我们儒家提倡执着于'相'，其实却对'相'是不执着的。"

黄直就这个问题请教先生。

先生说："佛教徒害怕被父子关系连累，便离开了父子关系；害怕被君臣关系连累，便离开了君臣关系；害怕被夫妻关系连累，便离开了夫妻关系。这些都是因为执着于君臣、父子、夫妻的'相'，他才要逃避。我们儒家，有正常的父子关系，就顺势产生了仁爱；有正常的君臣关系，就产生了忠义；有正常的夫妻关系，便产生了礼节之说。像这样，什么时候执着于父子、君臣、夫妻的'相'呢？"

评析

记得有这么个游戏，有人说："不要想大象。"那听到这句话的人脑海里想到的是什么，肯定是大象。佛教的不著相，其实是对相深深的执着。中国学问之本在儒，佛道都是偏门，并非正统之学，对安家立业、治理邦国缺少实际的功用。儒学也正是因为阳明心学的诞生，才再次绽放出它作为正统之学的光彩。

黄 修 易 录

黄修易,字勉叔。余者不详。

■ 原文

黄勉叔问:"心无恶念时,此心空空荡荡的,不知亦须存个善念否?"

先生曰:"既去恶念,便是善念,便复心之本体矣。譬如日光被云来遮蔽,云去光已复矣。若恶念既去,又要存个善念,即是日光之中添燃一灯。"

译文

黄修易问:"心无恶念时,我的心就是空空荡荡,不知道是否再需要存养一个善念?"

先生说:"既然除掉了恶念,就是善念,也就恢复了心的本体。就好比阳光被乌云遮挡了,当乌云消散后,阳光又会重现。假如恶念已经除掉,却还要存养一个善念,这岂不是在阳光下又添一盏灯。"

评析

善是正,恶就是不正,那不正去掉后,剩下的自然就是正。所以,无事时没有恶念就是善,不需要刻意行善,多一分意思就是画蛇添足了。但有事时也不要借口说没有恶就是善,见善不为非勇也。

▋原文

问:"近来用功,亦颇觉妄念不生,但腔子里黑窣窣的,不知如何打得光明?"

先生曰:"初下手用功,如何腔子里便得光明?譬如奔流浊水,才贮在缸里,初然虽定,也只是昏浊的。须俟澄定既久,自然渣滓尽去,复得清来,汝只要在良知上用功。良知存久,黑窣窣自能光明矣。今便要责效,却是助长,不成功夫。"

译文

有人问:"我近来用功,也感觉到不再产生妄念,但内心深处却还是漆黑,不知如何才能让它光明?"

先生说:"刚开始用功时,心里怎么会立刻得到光明?就像奔流着的污水才刚倒入缸里,虽然已经静定了,但也还是昏浊的。只有经过长时间的沉淀,水中的渣滓才会清除,才能再次成为清水。你只要在良知上用功,良知存养时间久了,心中的黑暗自会光明。现在要它立刻见效,只不过是揠苗助长,不能看成是功夫。"

评析

这里的比喻还是很形象生动的,浑水不会因为刚刚静止就显现出清澈的面貌,人也是如此,不会因为妄念暂时消除了,就会感到心地光明,只有经过长期的用功,心地的光明才会如同沉淀已久的清水一样显露。

▰ 原文

先生曰:"吾教人致良知在格物上用功,却是有根本的学问。日长进一日,愈久愈觉精明。世儒教人事事物物上去寻讨,却是无根本的学问。方其壮时,虽暂能外面饰,不见有过,老则精神衰迈,终须放倒。譬如无根之树,移栽水边,虽暂时鲜好,终久要憔悴。"

译文

先生说:"我教导学生致良知需要在格物上用功,它是有根基的学问。一天比一天有所进步,时间越长就越觉得精细聪明。朱熹教人到每件事物上去探求,那是没有根基的学问。人年轻的时候,虽然还能修饰表面,看不到有什么过失,但到了老年时就会精力衰竭,最终倒下。就像是把无根的树移栽到水边,虽然暂时生气勃勃,但终究还是会枯萎。"

评析

学问之本的问题在前面已多次讨论过,这里就不做深入评论了。

▰ 原文

问"志于道"一章。

先生曰:"只是志道一句,便含下面数句功夫,自住不得。譬如做此屋,'志于道'是念念要去择地鸠材,经营成个区宅。'据德'却是经画已成,有可据矣。'依仁'却是常常住在区宅内,更不离去。'游艺'却是加些画采,美此区宅。艺者,理之所宜者也。如诵诗、读书、弹琴、习射之类,皆所以调习此心,使之熟于道也。苟不'志道'而'游艺',却如无状小子,不先去置造区宅,只管要去买画挂,做门面,不知将挂在何处?"

译文

有人就《论语》中的《志于道》这一章请教于先生。

先生说:"仅仅是'志道'这句话,它就已经包含了以下好几句的功夫,不能只停留上志道上。就好像建房屋这件事,'志于道'就是一心想到选择好地方,用好材料,把房子建成;'据于德',就是根据规划设计房屋图纸,让它在建房子时有据可依;'依于仁',就是常常居住在这房子里,不再离开;'游于艺',就是在房屋里加以装饰美化,事它变美。'艺'是'理'的最恰当处。比如诵诗、读书、弹琴、射击之类,都是为了调节这颗心,让它能够纯熟于'道'。如果不先'志于道',而去'游于艺',就像一个糊涂小伙,不先建造房屋,却只顾去买画装饰门面。不知他究竟要把画挂在什么地方呢?"

评析

《论语·述而》中说:"志于道,据于德,依于仁,游于艺。"学问的建立是有根本和次序的,不注重次序,就会无所适从。论语这章恰好给学者指明了方向,王阳明为了使之更加清楚,又做了生动形象的比喻。

原文

问:"读书所以调摄此心,不可缺的。但读之时,一种科目意思牵引而来。不知何以免此?"

先生曰:"只要良知真切,虽做举业,不为心累。总有累,亦易觉克之而已。且如读书时,良知知得强记之心不是,即克去之;有欲速之心不是,即克去之;有夸多斗靡之心不是,即克去之。如此亦只是终日与圣贤印对,是个纯乎天理之心。任他读书,亦只是调摄此心而已,何累之有?"

曰:"虽蒙开示,奈资质庸下,实难免累。窃闻穷通有命,上智之人,恐不屑此。不肖为声利牵缠,甘心为此,徒自苦耳。欲屏弃之,又制于亲,不能舍去,奈何?"

先生曰:"此事归辞于亲者多矣。其实只是无志。志立得时,良知千事万事只是一事。读书作文,安能累人?人自累于得失耳!"因叹曰:"此学不明,不知此处耽搁了几多英雄汉!"

译文

有人问:"读书就是为了调摄内心,是不可缺少的。但是在读书时,总有一种为了科举功利的思想萦绕心中,怎样才能避免出现呢?"

先生说:"只要良知真切,即便是为了科举考试,也不会被功利的心所拖累。就算是有了负担,也容易发现并克服它。比如在读书时,良知知道有了强记的心是不对的,就会克去它;良知清楚求快的心是不对的,就克去它;良知清楚好胜心是不对的,就克去它。

如此一来，整日与圣贤的心彼此印证，就是一颗纯乎天理的心。任凭他如何读书，也都只是修养此心罢了，怎么会有拖累呢？"

有人问："先生，承蒙您开示，无奈我资质低下，实在很难除去这一负担。我曾听闻人的穷困和通达都是由命运安排的。有大智慧的人，对科举等事情大概会表示不屑。但是我被声名利禄缠绕，心甘情愿为科举而读书，我只是自讨苦吃。想摒除这个念头，却又被父母管制，不能抛弃，到底该怎么办？"

先生说："把这类事情归罪于父母的人有很多。其实还是他自己没有志向。志向坚定了，千事万事也只是一件事。读书写文章，怎么会成为人的负担呢？只是人们自己被那个计较得失的心所拖累罢了！"先生感叹说："良知的学问不明于天下，不知道这里耽搁了多少英雄好汉！"

评析

只要是天下公事，不悖逆人情的，本身都是中性的，给人造成捆绑的往往是人自己的心。虽然有人经常诋毁科举，但其实是那些人自己把它看得太重了。如果自己只在致良知上花功夫读书，那科举不科举都不会给人带来心灵负担。正如王阳明所说，千事万事在致良知的功夫里都只是一件事。

原文

问："'生之谓性'，告之亦说得是，孟子如何非之？"

先生曰："固是性，但告子认得一边去了，不晓得头脑。若晓得头脑，如此说亦是。孟子亦曰：'形色，天性也'。这也是指气说。"

又曰:"凡人信口说,任意行,皆说此是依我心性出来,此是所谓生之谓性。然却要有过差。若晓得头脑,依吾良知上说出来,行将去,便自是停当。然良知亦只是这口说,这身行。岂能外得气,别有个去行去说?故曰:'论性不论气不备,论气不论性不明。'气亦性也,性亦气也。但须认得头脑是当。"

译文

有人问:"告子所讲的'生之谓性'也说得是正确的,但孟子为什么要反对呢?"

先生说:"天性固然是与生俱来的,只是告子的认识有些偏差,他只知把它看作是性,却不晓得其中还有一个主宰。若明白了还有一个主宰,他的话也还是正确的。孟子也曾说:'形色,天性也。'这也是针对气说的。"

先生又说:"一般人胡言乱语,肆意妄为,都说这是根据自己的心性而做的,这就是所谓的'生之谓性'。但这样是会犯错误的。如果知道有一个主宰,依照良知去说去做,自然就会正确。然而,良知也只是我这嘴里说,用身体力行。怎能离开气,另外再用一个东西去说、去做呢?因此程颐说:'论性不论气不备,论气不论性不明。'气就是性,性就是气,只是必须认准主宰处才是正确的。"

评析

论性不论良知,那就是善恶不分,因为善恶都是出自性。如果不知道性里还有个良知主宰,这就是歪门邪道了,也会让相信它的人肆意妄为。

原文

又曰:"诸君功夫,最不可助长。上智绝少,学者无超入圣人之理。一起一伏,一进一退,自是功夫节次。不可以我前日用得功夫了,今却不济,便要矫强做出一个没破绽的模样。这便是助长,连前些子功夫都坏了。此非小过。譬如行路的人蹶跌,起来便走,不要欺人做那不曾跌倒的样子出来。诸君只要常常怀个'遁世无闷,不见是而无闷'之心,依此良知忍耐做去,不管人非笑,不管人毁谤,不管人荣辱,任他功夫有进有退,我只是这致良知的主宰不息,久久自然有得力处。一切外事亦自能不动。"

又曰:"人若着实用功,随人毁谤,随人欺慢,处处得益,处处是进德之资。若不用功,只是魔也,终被累倒。"

译文

先生又说:"各位下功夫时,千万不要拔苗助长。有上等智慧的人很少,学者没有直接能够进入圣人之境的道理。一起一伏之间,一进一退之间,这都是做功夫的次序。不能因为我前些日子用了功夫,到现在不管用了,便假装出一个没有破绽的样子,这就是助长,这种做法会连从前的那点功夫也都坏了。这可不是小小的错误。这就好像一个人在走路,不小心摔一跤,站起来再走,也不要假装一副从没跌倒的样子来骗人。大家只要经常怀着一个'遁世无闷,不见是而无闷'的心,遵从良知,耐心地做下去,不在乎别人的嘲笑、诽谤、称誉、侮辱,任凭功夫有进有退,只要这致良知的功夫没有片刻的停息,时间久了,自然会感到有力量,也自然不会被一切外面的事情所动摇。"

先生又说:"人若实实在在地用功,不管别人如何诽谤和侮辱,依然会处处受益,处处都是进德的资粮。如果不用功,别人的诽谤和侮辱就会有如魔鬼,最终会被它累垮。"

评析

致良知之功,不能急于求成,也不能抱有从来不会跌倒的妄想,更不能在跌倒后依然装出没有跌倒的样子。心态持平了,每日用功,不将人的诋毁赞誉放在心上,只要自己在良心上没有亏欠,即便是别人的不理解,也不能撼动我们的真心。天长日久,自然会感觉到有力量从中涌现出来。自己不用功,那处处都会成为障碍。

▇ 原文

先生一日出游禹穴,顾田间禾曰:"能几何时,又如此长了!"

范兆期在旁曰:"此只是有根。学问能自植根,亦不患无长。"

先生曰:"人孰无根,良知即是天植灵根,自生生不息。但着了私累,把此根戕贼蔽塞,不得发生耳。"

译文

有一天,先生到禹穴游览观光,他看着田间的禾苗说:"才几天工夫,禾苗又长了这么多。"

在一旁的范兆期说:"这是由于禾苗有根。做学问假使自己能种根,也不用担心它不成长了。"

先生说:"谁没有根?良知就是天生的灵根,自然会生生不息。只因是被私欲牵累,把这灵根残害蒙蔽了,使它不能正常地生发出来。"

评析

学生看到禾苗生发如此之快,就说学者如果能种下根就好了。王阳明立马就道破了其中的破绽,人不是没有根,而是被私欲给缠累戕害了,这就好比庄稼田里长满了杂草,不是种没种根的问题,而是杂草有没有清除的问题。

原文

一友常易动气责人,先生警之曰:"学须反己。若徒责人,只见得人不是,不见自己非。若能反己,方见自己有许多未尽处,奚暇责人?舜能化得象的傲,其机括只是不见象的不是。若舜只要正他的奸恶,就见得象的不是矣。象是傲人,必不肯相下,如何感化得他?"

是友感悔。

曰:"你今后只不要去论人之是非,凡当责辩人时,就把做一件大己私,克去方可。"

先生曰:"凡朋友问难,纵有浅近粗疏,或露才扬己,皆是病发。当因其病而药之可也,不可便怀鄙薄之心。非君子与人为善之心矣。"

译文

有位朋友非常容易生气,经常指责别人。先生警告他说:"学习必须返身自省。如果只是一味去指责别人,那就只能看到别人的不好,看不到自己的问题。若能返身自省,就能看到自己有许多不足之处,哪还有时间去责怪别人呢?舜之所以能感化象的傲慢,关键就是不去看象的不是。如果舜坚决要去纠正象的奸恶,就只会看到象的不是。而象又是一个傲慢的人，肯定不愿意听从他，舜又岂能感化他？"

这位朋友听后感到很后悔。

先生说："从今以后，你只要不去议论别人的是非，凡当你正要责备别人的时候，就把它当作自己的一大私欲加以克治才行。"

先生说："朋友在一起辩论的时候，未免会有浅近粗疏的地方，有的人因而显才扬己，这都是毛病在发作。只要对症下药就行了，不能因此怀有鄙薄别人的心。不然，就不是君子与人为善的心了。"

评析

喜欢看别人身上的问题是很多人都会犯的毛病，但责过之心太切，不但会伤害别人，而且还会使对方和自己的矛盾激化。指正别人的过失是好的，但是也要看人。对方如果心气高，往往不会听取你的意见。这时候我们唯有修己以敬人，才能使对方信服。同样，在讨论学问时，不是每个人都能给出准确的答案，这时候我们不可有露才扬己的心进而轻视别人，对此我们只要对症下药就行了。

▋ 原文

问："《易》，朱子主卜筮，《程传》主理，何如？"

先生曰："占筮是理，理亦是卜筮。天下之理孰有大于卜筮者乎？只为后世将卜筮专主在占卦上看了，所以看得卜筮似小艺。不知今之师友问答，博学、审问、慎思、明辩、笃行之类，皆是卜筮。卜筮者，不过求决狐疑，神明吾心而已。《易》是问诸天。人有疑，自信不及，故以《易》问天。谓人心尚有所涉，惟天不容伪耳。"

译文

有人问:"《易经》一书,朱熹侧重卜筮,程颐侧重明理。二者哪个正确呢?"

先生说:"卜筮就是理,理也是卜筮,天下的理哪里还会有比卜筮更大的?只因后世学者把卜筮只看成了占卦,所以看卜筮像雕虫小技。却不知现在师友间的问答、博学、审问、慎思、明辨、笃行之类,均为卜筮。卜筮,只不过是为了决断疑惑,使自己的心变得神明罢了。《易经》是向天请示的,人有了疑而自信心不足,就用《易经》来向天询问。人心依然有所偏私,只有天不容虚假。"

评析

现在人看卜筮就是占卦,不过王阳明看卜筮就像辨明学问,决断疑惑,所以说天下的理没有大于卜筮的。

黄 省 曾 录

黄省曾，字勉之，号五岳，苏州人、著有《会稽问道录》十卷，此篇可能录自《问录》。王阳明在浙江讲学时（1522—1527 年），黄曾求学于门下。见《明儒学案》卷二十五。

▰ 原文

黄勉之问："'无适也，无莫也，义之与比。'事事要如此否？"

先生曰："固是事事要如此，须是识得个头脑乃可。义即是良知，晓得良知是个头脑，方无执著。且如受人馈送，也有今日当受的，他日不当受的，也有今日不当受的，他日当受的。你若执著了今日当受的，便一切受去，执著了今日不当受的，便一切不受去，便是'适''莫'，便不是良知的本体。如何唤得做义？"

译文

黄省曾问："《论语》上说：'无适也，无莫也，义之与比。'世间的每件事都要这样吗？"

先生说："当然，只是需要有一个主宰才行。义，就是良知，明白良知是主宰，才不会有所执着。就好比接受别人的馈赠，有今天应该接受而改天不该接受的情况，也有今天不该接受而改天应该接受的情况。假使你固执地认为今天该接受的就统统接受，或者今天不该接受的就都不接受，这就成了'适'，成了'莫'了，也就不是良知的本体了，这又岂能称作义呢？"

评析

适，意指亲近厚待，莫，意指冷淡疏远。这话的意思是君子待人处事，没有所谓亲近厚待，也无所谓冷淡疏远，作为标准的就是义字。做人做事都要根据义的标准来衡量，不能在某个准则上一直僵持着。

原文

问："'思无邪'一言，如何便盖得三百篇之义？"

先生曰："岂特三百篇，'六经'只此一言便可该贯，以至穷古今天下圣贤的话，'思无邪'一言也可该贯。此外更有何说？此是一了百当的功夫。"

译文

有人问："《诗经》三百篇的意思为什么用'思无邪'就能概括清楚呢？"

先生说："何止是《诗经》三百篇，六经用这一句话都能概括贯穿，甚至古往今来的一切圣贤的话，一句'思无邪'也都能概括贯通。此外，还有什么可说的呢？这是一了百当的功夫。"

评析

天下正统学问，都是为了教人"思无邪"。学者领会这个要领，就不会在求学途中走偏了，要小心监察自己的求学之心究竟是根植在什么用心上。

▇ 原文

问"道心""人心"。

先生曰："'率性之谓道'，便是道心。但着些人的意思在，便是人心。道心本是无声无臭，故曰'微'；依著人心行去，便有许多不安稳处，故曰'惟危'。"

译文

有人就"道心""人心"请教先生。

先生说："'率性之谓道'，就是道心。在其中若有些许人的私欲，就是人心了。道心本来是无声无味的，因此说是'微'；按照人心去行动，便有许多不安稳之处，因此说'惟危'。"

评析

出于人私欲的行动，便会有很多不稳当之处。出于道而没有掺杂人的意思的行动，就会安稳妥当。所以人心惟危。

▇ 原文

问："'中人以下，不可以语上'，愚人与之语上尚且不进，况不与之语可乎？"

先生曰："不是圣人终不与语。圣人的心忧不得人人都做圣人，只是人的资质不同，施教不可躐等。中人以下的人，便与他说性、说命，他也不省得，也须慢慢琢磨他起来。"

译文

有人问："孔子说过，'中人以下，不可以语上'，向愚笨的人讲高深的道理，尚且不能使他们进步，何况不与他们讲呢？"

先生说："并不是圣人不给他们讲。圣人忧虑的是不能让每个人都做圣人。只是个人的资质各不相同，所以施行教育时，不得不因材施教，对于中等水平之下的人，即便和他讲说性命之学，他也不会理解，而是需要慢慢去开导、启发他。"

评析

孔子说不可以语上，不是说对中人以下的人就放弃了教化，而是说要先用一些基本的道理诱使他们在学问上长进。圣人担心的是一开始就把学问的精髓拿出来，很多人不能理解，也就放弃进学的念头了。这句话想要表达的意思是要因材施教。

■ **原文**

一友问："读书不记得如何？"

先生曰："只要晓得，如何要记得？要晓得已是落第二义了。只要明得自家本体。若徒要记得，便不晓得；若徒要晓得，便明不得自家的本体。"

译文

有位朋友问："书读完后记不住该怎么办？"

先生说:"只要理解了就可以,为什么非要记住?而理解明白都已是次要的了,只要是使自己的心本体光明就可以了。若仅求记住,就不能理解;若只求理解,就不能使自心的本体光明。"

评析

现在人都倡导记诵之学,却不讲究甚解,而王阳明却说,理解明白都已经是次等的学问了,致良知的学问根本在于心体光明。这是何等高明的见解。

原文

问:"'逝者如斯'是说自家心性活泼泼地否?"

先生曰:"然。须要时时用致良知的功夫,方才活泼泼地,方才与比水一般。若须臾间断,便与天地不相似。此是学问极至处。圣人也只如此。"

译文

有人问:"《论语》中的'逝者如斯',是指自己心性本体活泼的吗?"

先生说:"是的。必须时刻都在致良知上下功夫,才能让心性活泼,才能和流水一样。若有片刻的间断,就与天地的生机活泼不相合了。这是做学问的最高境界,圣人也只能做到这样。"

评析

时间的流逝就像江水一样,不舍昼夜。有人曾问真理是什么,一位智者答到:"是时间。"人生就是一场和时间的赛跑,只有殷勤不断的人，才能见识到生命最清透的美。致良知的功夫也不能有丝毫间断，只要人醒着，不论做事，还是读书，还是交谈，都要时刻守着良知。

▬ 原文

问："志士仁人"章。

先生曰："只为世上人都把生身命子看得太重，不问当死不当死，定要宛转委曲保全，以此把天理却丢去了，忍心害理，何者不为。若违了天理，便与禽兽无异，便偷生在世上百千年，也不过做了千百年的禽兽。学者要于此等处看得明白。比干、龙逢，只为他看得分明，所以能成就得他的仁。"

译文

有人就《论语》里"志士仁人章"请教先生。

先生说："就是因世人都把性命看得过重，也不问是否应当献出生命，只是委曲求全，因而丧失了天理。忍心伤害天理，还有什么事干不出来呢？假使违背了天理，人就与禽兽无异了。即便在世上苟活千百年，也不过是做了千百年的禽兽。学者必须在这个地方看清楚。比干、龙逢等，都是由于他们看得明白，才能成就他们的仁。"

评析

"志士仁人，无求生以害人，有杀身以成仁。"正如王阳明所说，一个人如果忍心残害天理，他也会因为天理的丧失而感到痛苦、昏聩。一个忍心残害天理的人，就要为失去天理而受到残害，这样活着就无异于禽兽了。

原文

问:"叔孙武叔毁仲尼,大圣人如何犹不免于毁谤?"

先生曰:"毁谤自外来的。虽圣人如何免得?人只贵于自修,若自己实实落落是个圣贤,纵然人都毁他,也说他不着。却若浮云掩日,如何损得日的光明?若自己是个像恭色庄、不坚不介的,纵然没一个人说他,他的恶慝终须一日发露。所以孟子说'有求全之毁,有不虞之誉。'毁誉在外的,安能避得?只要自修何如尔。"

译文

有人问:"《论语》中有'叔孙武叔毁仲尼'的记载,怎么连孔子这样的大圣人也免不了被人毁谤?"

先生说:"毁谤是从外来的,即使是圣人也在所难免。人只贵在自我修养,如果自己确实是一个圣贤,纵然世人都来毁谤他,也不会对他有任何影响。这就好像浮云遮日,如何能对太阳的光明有所损害呢?如果自己只是一个外貌恭敬庄重,内心却空虚无德的人,纵然没有人说你的坏话,你的丑恶终有一天也会暴露无遗。因此,孟子说:'有求全之毁,有不虞之誉。'毁誉来自外界的,怎能躲避呢?只要能加强自身修养,外来的毁誉又算得了什么?"

评析

很多人都有这样的观点,只要自己行得正,就不会有人说,但事实是即便是圣人,也会有人毁谤他。善恶相争,人不可能持守善而不招致恶者的敌意,善者、恶者的主张必然是相冲突的。而且人是不可能完全的,吹毛求疵的大有人在,学者只要加强自己身修养就够了,不必为外在的毁誉所动。当然，有时候别人对我们的评价也应该引起我们的警觉。

▇ 原文

刘君亮要在山中静坐。

先生曰："汝若以厌外物之心去求之静，是反养成一个骄惰之气了。汝若不厌外物，复于静处涵养，却好。"

王汝中、省曾侍坐。

先生握扇命曰："你们用扇。"

省曾起对曰："不敢。"

先生曰："圣人之学不是这等捆缚苦楚的。不是装做道学的模样。"

汝中曰："观'仲尼与曾点言志'一章略见。"

先生曰："然。以此章观之，圣人何等宽洪包含气象！且为师者问志于群弟子，三子皆整顿以对。至于曾点，飘飘然不看那三子在眼，自去鼓起瑟来，何等狂态！及至言志，又不对师之问目，都是狂言。设在伊川，或斥骂起来了。圣人乃复称许他，何等气象！圣人教人，不是个束缚他通做一般。只如狂者便从狂处成就他，狷者便从狷处成就他，人之才气如何同得？"

▇ 译文

刘君亮要到山中静坐。

先生说："假如你是用厌弃外物的心而去寻求清静，反而会养成骄纵怠惰的恶习。假使你不是因为厌弃外物，而是到静处去涵养自己，就是好的。"

王汝中、黄省曾在先生旁陪坐。

先生拿扇子给他们,说:"你们用扇子吧!"

黄省曾忙站起来回答:"不敢!"

先生说:"圣人的学问不是像这样束缚痛苦的,不用假装成一副道学的样子。"

汝中说:"我从《论语》中'仲尼与曾点言志章'能看出大概来。"

先生说:"是的。从这章来看,圣人是何等的宽宏大度。先生询问弟子们的志向时,子路、冉求、公西华都很恭敬地作了回答。而曾点却慢悠悠地根本不把三个人放在眼里,独自弹瑟,这是何等的狂态!等到他说志向时,又不直接对老师的问题做出回答,口出尽是狂言。假若换作是程颐,或许早就一番痛斥起来了。孔圣人却还赞许了他,这是何等的气魄!圣人教育学生,不是死守一个模式,对于狂者就从狂处去成就他,对于洁身自爱者就从洁身自爱处去成就他。人的才气怎能完全相同呢?"

评析

求静不能建立在厌弃外物上,那样会养成骄纵怠惰的习气,没有这个心病,静就不会对人造成捆绑。

圣人教育人历来主张"有教无类"。因材施教只有圣人才能做到吧。对于人的品性不会一味地约束,而是懂得疏导。不过,王阳明对曾点言志这章却做出了与传统不同的解释,也算是一种新意吧。

▬ 原文

先生语陆元静曰:"元静少年亦要解'五经',志亦好博。但圣人教人，只怕人不简易，他说的皆是简易之规。以今人好博之心观之，却似圣人教人差了。"

先生曰："孔子无不知而作；颜子有不善未尝不知。此是圣学真血脉路。"

译文

先生对陆元静说："你在青年时也想注解《五经》，志向也是在博学上。然而，圣人教育人只担心人学起来不能简单容易，他所说的都是简易的办法。用现在的人喜好博学的心来看，好像圣人教育人的方法反而错了。"

先生说："孔子不写他不知道的事，颜子对于自己的过错没有不知道的，这才是圣学的真正脉络啊。"

评析

圣人教学，往往能做到深入浅出，要人明了本心，而且不是像当今人一样走博学的路线。针对学生在年轻时就想注解五经的做法，王阳明提醒他这是与圣学背道而驰的。接着说孔子删述六经，都是根据天性之学作为标准的，不写、不留自己天性不知道的事。而为学的功夫就应像颜回一样，对于自己的过错没有不知道，同样的错误争取不犯第二次。

钱 德 洪 录

原文

何廷仁、黄正之、李侯璧、汝中、德洪侍坐。

先生顾而言曰:"汝辈学问不得长进,只是未立志。"

侯璧起而对曰:"洪亦愿立志。"

先生曰:"难说不立,未是必为圣人之志耳。"

对曰:"愿立必为圣人之志。"

先生曰:"你真有圣人之志,良知上更无不尽。良知上留得些子别念挂带,便非必为圣人之志矣。"

洪初闻时心若未服,听说到不觉悚汗。

译文

何廷仁、黄正之、李侯璧、王汝中、钱德洪在先生旁陪坐。

先生看着他们说:"大家的学问没有进步,主要是由于你们还没有立志。"

李侯璧站起身来答道:"我愿意立志。"

先生说:"不敢说你没有立志,但你立的不一定做圣人的志向。"

李侯璧回答说:"我愿意立定做圣人的志向。"

先生说:"你若真有做圣人的志向,在良知上就要没有不尽的意思。假若良知上还有别的牵挂,那就不是必做圣人的志向了。"

钱德洪刚开始听到这段话时,心里还有不服气的地方,现在又听到这话不觉自己周身是汗。

评析

人常常以为自己是有志向的,却往往经不起明智之人的推敲,王阳明说立志不够,还要立做圣人的志向,这还不够,如果做不到心中只存这个志向,那就不是一定要做圣人的志向了。可见在求圣之学上,是容不得半点私欲的。钱德洪开始听了不服气,后来想想却不禁吓出一身汗来,可见他是真正体会到王阳明说这话的意思了。

■ 原文

先生曰:"良知是造化的精灵。这些精灵,生天生地,成鬼成帝,皆从此出,真是与物无对。人若复得他完完全全,无少亏欠,自不觉手舞足蹈,不知天地间更有何乐可代?"

一友静坐有见,驰问先生。

答曰:"吾昔居滁时,见诸生多务知解,口耳异同,无益于得,姑教之静坐。一时窥见光景,颇收近效。久之,渐有喜静厌动,流入枯槁之病。或务为玄解妙觉,动人听闻。故迩来只说致良知。良知明白,随你去静处体悟也好,随你去事上磨炼也好,良知本体原是无动无静的。此便是学问头脑。我这个话头,自滁州到今,亦较过几番。只是'致良知'三字无病。医经折肱,方能察人病理。"

译文

先生说:"良知是造化的精灵。这些精灵,创造了天和地,生出了鬼神和上帝,一切都由它产生,任何事物都不可与它相比。人若能彻底恢复良知,没有一点亏欠,自然就会手舞足蹈,天地间也就找不到什么快乐可以取代它了。"

一个朋友在静坐时有所领悟,便立刻跑去请教先生。

先生说:"我曾经住在滁州时,见到学生们注重在知识见闻上辩论,我认为这对学问没有大的帮助,于是就教他们静坐。刚开始他们在静中也略有所悟,很有效果。时间一久,有人慢慢地喜静厌动,陷入了枯槁死灰的毛病中。有的人致力于玄妙的见解,耸人听闻。由于这个原因,我近来只说致良知。理解了良知,任你去静处体悟,去事上磨炼都可以。良知的本体原本没有动静之分,这才是学问的关键。我的这些话,从在滁州时到现在,也再三思索过,发觉只有'致良知'这三个字没有问题。这就如同医生经历过较多病痛,才能了解人的病理一样。"

评析

良知不但是天下学问之本,也是造化之本,由它产生了精灵、天地、鬼神,甚至上帝也从中而生。王阳明经过诸般体会,反复思索,觉得只有"致良知"是没有问题的。所以,当学生在静坐中求得灵感就向先生请教时,先生很明确地告诉他感觉是不可信的。只有明白了致良知的根本,那不论是静处体悟,还是事上磨砺,才不会产生偏差。

原文

一友问:"功夫欲得此知时时接续,一切应感处反觉照管不及,若去事上周旋,又觉不见了。如何则可。"

先生曰:"此只认良知未真,尚有内外之间。我这里功夫不由人急心,认得良知头脑是当,去朴实用功,自会透彻。到此便是内外两忘,又何心事不合一?"

又曰:"功夫不是透得这个真机,如何得他充实光辉?若能透得时,不由你聪明知解接得来。须胸中渣滓浑化,不使有毫发沾带始得。"

译文

有位朋友问:"我想让致良知的功夫没有间断,但是一旦在应付具体事物时,又会感到照顾不过来。若去事上周旋,又会觉得看不见良知了,这该怎么办呢?"

先生说:"这只是你对良知的认识还不够真切,仍然有内外之分。我这致良知的功夫不能太心急。如果能掌握良知的主宰处,并切实地用功,自然就能体悟透彻。这样就会忘掉内外,心、事又怎能不合一呢?"

先生又说:"如果不能在功夫上透彻领悟良知的关键,怎能使心充实而有光辉呢?如果想领悟,不能仅凭你的聪明去理解,还需要净化胸中的渣滓,不让它有纤毫沾染才行。"

评析

初学者很难将致良知的功夫与做事结合起来,他们往往是做事的时候是一个心思,致良知的时候又是另一个心思,但这是起初不可避免的。人若切实用功了，时间久了，自然就能将两者合二为一。

▬ 原文

先生曰："'天命之谓性'，命即是性。'率性之谓道'，性即是道。'修道之谓教'，道即是教。"

问："如何道即是教？"

曰："道即是良知。良知原是完完全全，是的还他是，非的还他非，是非只依着他，更无有不是处，这良知还是你的明师。"

问："'不睹不闻'是说本体，'戒慎恐惧'是说功夫否？"

先生曰："此处须信得本体原是'不睹不闻'的，亦原是'戒慎恐惧'的。'戒慎恐惧'不曾在'不睹不闻'上加得些子。见得真时，便谓'戒慎恐惧'是本体，'不睹不闻'是功夫亦得。"

译文

先生说："'天命之谓性'，命就是性；'率性之谓道'，性就是道；'修道之谓教'，道就是教。"

问："道为什么就是教？"

先生说："道就是良知，良知本来是完完全全的，对的就是对的，错的就是错的。是非对错只根据良知，这样就不会再有不恰当的地方，良知依旧是你的明师。"

有人问："在《中庸》中，'不睹不闻'是否是针对本体而言的？'戒慎恐惧'是否是指功夫说的？"

先生说："这里首先应相信本体原是'不闻不睹'的，原是'戒慎恐惧'的。'戒慎恐惧'并没有在'不睹不闻'上添加其它的东西。若真切地明白这一点，也就可以说'戒慎恐惧'是本体，'不睹不闻'

是功夫。"

评析

道是良知,良知本就完全,能够明辨是非,所以道也就是教。

原文

问:"通乎昼夜之道而知。"

先生曰:"良知原是知昼知夜的。"

又问:"人睡熟时,良知亦不知了。"

曰:"不知何以一叫便应?"

曰:"良知常知,如何有睡熟时?"

曰:"向晦宴息,此亦造化常理。夜来天地混沌,形色俱泯,人亦耳目无所睹闻,众窍俱翕,此即良知收敛凝一时。天地既开,庶物露生,人亦耳目有所睹闻,众窍俱辟,此即良知妙用发生时。可见人心与与天地一体。故'上下与天地同流'。今人不会宴息,夜来不是昏睡,即是妄思魇寐。"

曰:"睡时功夫如何用?"

先生曰:"知昼即知夜矣。日间良知是顺应无滞的,夜间良知即是收敛凝一的,有梦即先兆。"

又曰:"良知在夜气发的方是本体,以其无物欲之杂也。学者要使事物纷扰之时,常如夜气一般,就是'通乎昼夜之道而知。'"

译文

有人就"通乎昼夜之道而知"这句话请教先生。

先生说:"良知本来就是知道白天和黑夜的。"

又问:"单当人熟睡的时候,良知不也就没有知觉吗?"

先生说:"如果良知不知道,那为什么一叫就应答呢?"

问:"假使良知是一直知道的,如何会有熟睡的时候?"

先生说:"到了晚上便会休息,这是自然常理。夜晚,天地一片混沌,万物的形状和颜色都消失了,人的眼睛也没有可以去看,可以去听的了,感官的功能也暂时关闭了,此时正是良知收敛凝聚的时刻。天拂晓,万物显现,人的耳朵也能听到声音,人的眼睛能看到形状、颜色,感官功能也恢复正常了,此时正是良知妙用发生的时刻。由此可见,人心与天体原本是一体的。因此孟子才说'上下与天地同流'。今天的人,夜晚不知道休息,不是沉睡不醒,就是噩梦连连。"

问:"睡觉时如何用功夫?"

先生说:"白天知道如何用功,夜晚也就知道如何用功。白天,良知是顺应无滞的,夜晚,良知是收敛凝聚的,有梦就是先兆。"

先生又说:"良知在夜晚生发出来的时候,才是它真正的本体,由于它没有夹杂丝毫物欲。学者要想在事物烦忧时仍像夜气一样,就是'通乎昼夜之道而知'了。"

评析

睡觉、做事,都不能夹杂丝毫物欲,这样才能称得上功夫没有间断。晚上的功夫就是让良知收敛凝聚起来,因此学者保持正常的作息时间,也是对精进不懈的表现。该睡觉时不睡觉,经常做噩梦,这都是在昼夜之道上有所亏欠。

原文

先生曰："仙家说到虚，圣人岂能虚上加得一毫实？佛氏说到无，圣人岂能无上加得一毫有？但仙家说虚从养生上来，佛氏说无从出离生死苦海上来，却于本体上加却这些子意思在，便不是他虚无的本色了，便于本体有障碍。圣人只是还他良知的本色，更不着些子意在。良知之虚，便是天之太虚。良知之无，便是太虚之无形。日、月、风、雷、山、川、民、物，凡有貌象形色，皆在太虚无形中发用流行。未尝作得天的障碍。圣人只得顺其良知之发用，天地万物俱在我良知的发用流行中，何尝又有一物超于良知之外能作得障碍？"

译文

先生说："道家讲虚，圣人岂能在'虚'上再添加丝毫的'实'呢？佛教讲'无'，圣人岂能在'无'上再添加分毫的'有'呢？然而，道家讲'虚'，是从养生的方面来说的，佛教讲'无'，是从脱离生死苦海的方面来说的。他们在本体上有着一些养生和脱离苦海的私意存在，就不是虚无的本貌了，对本体上也就有了阻碍之物。圣人只是还他一个良知的本来面貌，不会添加其它的意思。良知之虚就是上天之太虚，良知之无就是太虚之无。日、月、风、雷、山、川、民、物，凡是有形状、颜色的，都在太虚无形中发生、变化的。从未成为天的障碍。圣人只是顺应良知的作用，这样天地万物皆在我良知的范围内，又何尝有一物是超出良知之外而成为障碍的呢？"

评析

圣人讲学只是还良知一个本来面目,似道家看似说虚,其实还有养生的念头;佛家看似说无,其实还有脱离苦海的念头。这些就不是真正的虚,真正的无。而天下外物没有超出良知以外的事,所以,王阳明又对学问正本清源了。

▇ 原文

或问:"释氏亦务养心,然要之不可以治天下,何也?"

先生曰:"吾儒养心未尝离却事物,只顺其天则自然就是功夫。释氏却要尽绝事物,把心看到幻相,渐入虚寂去了,与世间若无些子交涉,所以不可治天下。"

译文

有人问:"佛教也十分重视心的修养,但是它不能用来治理天下,这是为什么呢?"

先生说:"我们儒家提倡修养心性,未尝离开过具体的事物,只是顺应天理自然而然,这就是功夫。而佛教却要人杜绝事物,将心当成幻相,慢慢陷入虚寂中去,他们与世间事物毫无关系,因此说,它不能治理天下。"

评析

学问之本,不能脱离具体事物而言。其实王阳明这里说的还是小乘佛教的教义,在大乘佛教里,是主张心物一元,不离生死的,不著空,不著有。正如王阳明所说,各家学问在极致处是一样的。但佛教的糟粕在王阳明看来也是很多的,不如圣学那样一以贯之。

■ 原文

或问异端。

先生曰:"与愚夫愚妇相同的,是谓同德;与愚夫愚妇不同的,是谓异端。"

译文

有人问关于异端的问题。

先生说:"和愚夫愚妇相同的,叫作同德;和愚夫愚妇不同的,就叫异端。"

评析

什么是学问的异端。古来圣贤都主张人于平凡日用间见真道,但是很多人就是好高骛远,务求惊世骇俗,标新立异,这已经是背离人之常情了。

■ 原文

先生曰:"孟子不动心与告子不动心,所异只在毫厘间。告子只在不动心上着功,孟子便直从此心原不动处分晓。心之本体,原是不动的。只为所行有不合义,便动了。孟子不论心之动与不动,只是'集义'。所行无不是义,此心自然无可动处。若告子只要此心不动,便是把捉此心,将他生生不息之根反阻挠了,此非徒无益,而又害之。孟子'集义'工夫,自是养得充满,并无馁歉,自是纵横自在,活泼泼地。

此便是浩然之气。"

又曰:"告子病源,从性无善无不善上见来。性无善无不善,虽如此说,亦无大差。但告子执定看了,便有个无善无不善的性在内。有善有恶,又在物感上看,便有个物在外,却做两边看了,便会差。无善无不善,性原是如此。悟得及时,只此一句便尽了,更无有内外之间。告子见一个性在内,见一个物在外,便见他于性有未透彻处。"

译文

先生说:"孟子的不动心和告子的不动心,二者的区别只在毫厘之间。告子只在不动心上用功夫,孟子则直接从心原本不动处用功夫。心的本体原本不动。只因为言行有不符合义的地方,心才会动。孟子无论心动与否,只管去'集义'。假使自己所行都是义,这个心自然就没有可动之处了。假使像告子那样,只要使此心不动,也就是死扣这个心不放,反而把这个心生生不息的根给阻挠了,这不但徒劳无益,反而有害于心。孟子所讲的'集义'功夫,自然可以使这个心修养得充沛,没有丝毫缺陷,让心自然能够纵横自在,活泼生动。这就是所谓的'浩然之气'。"

先生又说:"告子的病根,就是他认为性无善无不善。性无善无不善,这种现点虽无大的错误,但告子把它看得过于呆板,如此就有个无善无不善的性夹在在其中。有善有恶,又多从事物上来看,就有个物在心外了,这样就分成两边看了,就会出差错。无善无不善,性原本就是这样的。等到领悟了,只要这一句话便能说完了,再无内外之别。告子看到一个性在心里,又看到一个物在心外,可见他对性的认识还有不透彻的地方。"

评析

意不可执,告子学问主张的弊端正是在于他对性的执着。因为死扣一个理念,就把本心的生机给遏制了。如此割裂开来,就会认为性就是性,物就是物。其实心外本无物。

原文

朱本思问:"人有虚灵,方有良知。若草、木、瓦、石之类,亦有良知否?"

先生曰:"人的良知,就是草木瓦石的良知。若草木瓦石无人的良知,不可以为草木瓦石矣。岂惟草木瓦石为然?天地无人的良知,亦不可为天地矣。盖天地万物与人原是一体,其发窍之最精处,是人心一点灵明,风雨露雷,日月星辰,禽兽草木,山川土石,与人原是一体。故五谷禽兽之类皆可以养人,药石之类皆可以疗疾。只为同此一气,故能相通耳。"

译文

朱本思问:"人先有虚灵,而后才有良知。比如草、木、瓦、石之类,也有良知吗?"

先生说:"人的良知,就是草木瓦石的良知。如果草木瓦石没有人的良知,也不是草木瓦石了。岂止是草木瓦石如此?天地间如果没有人的良知,也就不可能成为天地了。天地万物与人原本是一体的,其最精妙的开窍处是人心的一点灵明,风雨雷电、日月星辰、禽兽草木、山川土石与人原本就是一体的。所以,五谷禽兽可以供养人,而药石之类皆可治病。只因他们同为一气,所以能够相通。"

评析

这里又提到了心物一元,人和天下万物,本就是一个良知里生化出来的,所以食物可以供养身体,药石可以治病。没有良知,就不会存在了。当然,这是指着自然界中的物质和生物说的。不过读者不必在这个问题上深究,不然会觉得一草一木皆有感情,万物皆有情。还是将焦点放在致良知上才好。

原文

先生游南镇,一友指岩中花树问曰:"天下无心外之物。如此花树,在深山中自开自落,于我心亦何相关?"

先生曰:"你未看此花时,此花与汝心同归于寂。你来看此花时,则此花颜色一时明白起来。便知此花不在你的心外。"

问:"大人与物同体,如何《大学》又说个厚薄?"

先生曰:"惟是道理自有厚薄。比如身是一体,把手足捍头目,岂是偏要薄手足?其道理合如此。禽兽与草木同是爱的,把草木去养禽兽,又忍得?人与禽兽同是爱的,宰禽兽以养亲,与供祭祀,燕宾客,心又忍得?至亲与路人同是爱的,如箪食豆羹,得则生,不得则死,不能两全,宁救至亲,不救路人,心又忍得?这是道理合该如此。及至吾身与至亲,更不得分别彼此厚薄。盖以仁民爱物皆从此出,此处可忍,更无所不忍矣。《大学》所谓厚薄,是良知上自然的条理,不可逾越,此便谓之义;顺这个条理,便谓之礼;知此条理,便谓之智;终始是这个条理,便谓之信。"

又曰:"目无体,以万物之色为体;耳无体,以万物之声为体;鼻无体,以万物之臭为体;口无体,以万物之味为体;心无体,以天地万物感应之是非为体。"

译文

先生游览南镇,一位朋友指着山岩中的花树问先生:"天下没有心外之物。就像这株花树,它在深山中自开自落,于我心又有何干?"

先生说:"你未看到这树上的花时,它是与你的心同样寂静的。你来看这树上的花时,这花的颜色一下子就显现出来。由此可知,此花不在你的心外。"

有人问:"大人与物同为一体,而《大学》中为什么又说一个厚薄呢?"

先生说:"只因为道理本身就有厚薄。比如,人的身体是连为一体的,如果我们用手脚去捍卫脑袋和眼睛,这难道是偏要薄待手和脚吗?不过是理当如此。同样,对禽兽和草木同样有着爱,却用草木去饲养禽兽,又怎么忍心?对人和禽兽同样有着爱,却宰杀禽兽以奉养亲人、祭祀祖先、招待客人,人又怎忍心呢?对至亲和路人同样有着爱,却只有一箪食、一豆羹,吃了它就能存活,不吃就会死,不能同时保全两个人,此时就会救至亲儿舍弃过路的人,这又怎么忍心?道理本当如此。说到自己和骨肉至亲,更不能分清楚彼此的厚薄,因为仁民爱物都从这里产生,若这里能忍心,就没有什么是不能忍受的了。《大学》里说的厚薄,是良知上自然而有的秩序,不可逾越,这就称为'义';遵循这个秩序,就称为'礼';明白这个秩序就称为'智';自始至终坚持这个秩序就称为'信'。"

先生又说:"眼睛没有本体,它把万物的颜色当作它的本体;耳朵没有本体,它把万物的声音作为它的本体;鼻子没有本体,它把万物的气味作为它的本体;嘴巴没有本体,它把万物的味道作为它的本体；心没有本体，它把天地万物彼此感应到的是非作为它的本体。"

评析

天下万物虽同为一体，但其中还是有厚薄的。没有人因为喜欢草，就不给动物饲料，没有人因为喜欢动物就不杀它们来喂养人的。也没有人不救自己的至亲，反而去救别人的。所谓厚薄就是看哪个更宝贵。不忍心和善于忍耐是两码事，王阳明说，如果厚薄不分，就没有什么不能忍受了，这不是赞扬，而是贬斥。

天地万物通为一体的例证在哪里。按照佛教的说法就是，色声香味触法，如果没有这些媒介，那自性是了无可得的。脱离了外物再去谈心，谈种种感官，都是了无可得的。所以天地万物都是我们致良知的媒介。

■ 原文

问"夭寿不贰。"

先生曰："学问功夫，于一切声利嗜好，俱能脱落殆尽，尚有一种生死念头毫发挂带，便于全体有未融释处。人于生死念头，本从生身命根上带来，故不易去，若于此处见得破，透得过，此心全体方是流行无碍，方是尽性至命之学。"

一友问："欲于静坐时，将好名、好色、好货等根，逐一搜寻，扫除廓清，恐是剜肉做疮否？"

先生正色曰："这是我医人的方子，真是去得人病根。更有大本事人，过了十数年，亦还用得着。你如不用，且放起，不要作坏我的方子。"

是友愧谢。

少间曰："此量非你事，必吾门稍知意思者为此说以误汝。"在坐者皆悚然。

译文

有人就"夭寿不贰"的说法请教先生。

先生说："做学问的功夫，能将一切声色、名利、嗜好都摆脱干净。然而，只要仍有丝毫贪生的念头存留在心，就不能和整个本体融合。人在意生死的念头，原本是从生身命根上带来的，因此不容易去掉。如果在此处能识得破、看得透，心的全体才是畅通无阻的，这才是尽性至命的学问。"

有位朋友问："想在静坐的时候，将好名、好色、好财等病根逐一搜寻出来，彻底清除干净，只怕又是剜肉做疮吧？"

先生严肃地说："这是我医人的药方，真的能完全铲除人的病根。更有本事很大的人，十几年之后，依然用得上。如果你不用，就暂且收起来，不要随便糟蹋我的药方。"

这位朋友满怀惭愧地向先生道了歉。

过了一会儿，先生又说："想来这也不全是你的错，一定是对我的主张略懂一些的学生对你讲的，反而是耽误了你。"在座的人都有所汗颜。

评析

这里就"夭寿不贰"还有"去人欲"的问题做了一番解释。王阳明认为要想直达学问的本源，就一定要把贪恋生死、贪恋欲望的意念都剔除掉。学生对此有所质疑，认为欲望和生死是人生而有之的，好比身上的一部分，这么做就好像"剜肉做疮"。王阳明在这时有愠色，也难怪,这是为自己的私欲找借口,如果不严厉警戒,只怕在座的所有人都要误入歧途。好在王阳明后来对他做了一些安抚。好的老师往往能把握住恩威并施的尺度。

▬ 原文

一友问功夫不切。

先生曰:"学问功夫,我已曾一句道尽,如何今日转说转远,都不着根?"

对曰:"致良知盖闻教矣,然亦须讲明。"

先生曰:"既知致良知,又何可讲明?良知本是明白,实落用功便是。又不肯用功,只在语言上转说转糊涂。"

曰:"正求讲明致之之功。"

先生曰:"此亦须你自家求,我亦无别法可道。昔有禅师,人来问法,只把尘尾提起。一日,其徒将其尘尾藏过,试他如何设法。禅师寻尘尾不见,又只空手提起。我这个良知就是设法的尘尾,舍了这个,有何可提得?"

少间,又有一友请问功夫切要。

先生旁顾曰:"我尘尾安在?"

一时在坐者皆跃然。

译文

有位朋友请教功夫不真切该怎么办?

先生说:"做学问的功夫,我已经用一句话说完了,现在怎么越说越远,连根基都没了呢?"

朋友说:"您的致良知的学说大体都已经听过,但仍需再说清楚。"

先生说:"既然知道致良知,还有什么可以再讲明的?良知本清楚明白的,只要切实用功就行了。不肯切实用功,光在语言上说,越说越糊涂。"

朋友说:"这正是要麻烦您讲明如何致良知的功夫。"

先生说:"这同样需要你自己去探索寻求,因为我没有其他的办法可以讲。从前有位禅师,别人来请教佛法,他只把拂尘提起来。有一天,他的学生把拂尘藏了起来,想试试他还有什么办法。禅师找不到拂尘,只好空手做出提拂尘的样子。我这个良知,就是用来解释问题的拂尘,如果没有这个,我还有什么可提的?"

不一会儿,又一位朋友请教用功夫的要点。

先生环顾旁边的学生说:"我的拂尘在哪儿?"

一时间,在座的人哄堂大笑。

评析

致良知就是根本,致良知就是格物致知,就是存天理、去人欲,把这个拿走再谈学问的功夫,就真没什么可谈了。

▬ 原文

或问"至诚""前知"。

先生曰:"诚是实理,只是一个良知。实理之妙用流行就是神,其萌动处就是几,诚神几曰圣人。圣人不贵前知。祸福之来,虽圣人有所不免。圣人只是知几,遇变而通耳。良知无前后,只知得见在的几,便是一了百了。若有个前知的心,就是私心,就有趋避利害的意。邵子必于前知,终是利害心未尽处。"

译文

有人就《中庸》上的"至诚之道可以前知"请教先生。

先生说:"诚就是实理,也就是一个良知。实理产生的奇妙作用就是'神';实理的萌发处就是'几',具备诚、神、几的人叫圣人。圣人对预知未来并不怎么重视。祸福降临时,即便圣人也避免不了。圣人只不过是知晓契机,于是能够变通罢了。良知无前后之分,只要知晓现在的契机,就能以一当百了。倘若一定说要有一个预知的心,那就成了私心,有趋利避害的意思。邵雍一定要预先知道一切,恐怕是因为他那趋利避害的私心没有彻底铲除。"

评析

天下正统的学问都不会教人如何预知未来,预知未来就像是算命一样,是偏门之学,而且往往失之准确。圣人不是预先知晓未来,而是临事能够找准契机,能够通达应变。想要知道未来,这是出自私欲,不是出自圣心。

■ 原文

先生曰:"无知无不知,本体原是如此。譬如日未尝有心照物,而自无物不照。无照无不照,原是日的本体。良知本无知,今却要有知。本无不知,今却疑有不知。只是信不及耳。"

先生曰:"'惟天下之圣为能聪明睿知',旧看何等玄妙,今看来原是人人自有的。耳原是聪，目原是明，心思原是睿知。圣人只是一能之尔。能处正是良知。众人不能，只是个不致知。何等明白简易！"

译文

先生说："什么都不知道但又什么都知道，本体原来就是这样的。这就好比是太阳，它不曾有意去照耀世间万物，但又无物不照。无照无不照原本就是太阳的本体。良知本来是无知的，如今却要它什么都知道，良知本来是什么都知道的，如今却要怀疑它有所不知。这些只因还不够相信良知罢了。"

先生说："《中庸》中所讲的'惟天下之圣为能聪明睿知'，以前看的时候觉得特别精妙。现在再看，才知道它原是人人都有的。耳原本就是聪明的，眼睛原本就是明亮的，心思原本就睿智的。圣人只是能做到一件事罢了，那就是'致良知'。一般人都不能做到的，也只是因为不能够致良知。这是多么的简单明白啊！"

评析

圣人和普通人之间的区别，就在一个致良知。话虽如此说，但一个致良知就能反映出很多问题，也能带出很多问题，最终表现在人身上，就是睿智贤明和昏庸无能的区别。

原文

问："孔子所谓'远虑'，周公'夜以继日'，与将迎不同何如？"
先生曰："远虑不是茫茫荡荡去思虑，只是要存这天理。天理在人心，亘古亘今，无有终始。天理即是良知，知思万虑，只是要致良知。

良知愈思愈精明，若不精思，漫然随事应去，良知便粗了。若只着在事上茫茫荡荡去思，教做远虑，便不免有毁誉、得丧、人欲挽入其中，就是将迎了。周公终夜以思，只是'戒慎不睹，恐惧不闻'的功夫。见得时，其气象与将迎自别。"

译文

有人问："孔子所谓的'远虑'，周公所谓的'夜以继日'，与刻意逢迎有什么区别？"

先生说："远虑并不是指不着边际地去思考，只是要存这个天理。天理存留于人心中，贯穿古今，无始无终。天理就是良知，万虑千思也只是要致良知。良知是越思索越精明，倘若不深思熟虑，只是随随便便地去应付，良知就变会变得粗陋了。如果以为远虑就是在事情上不着边际地思考，就难免会有毁誉、得失、人欲掺杂其间，也就成了刻意逢迎了。周公没日没夜地思考，只是'戒慎不睹，恐惧不闻'的功夫。认识了这一点，周公的气象与刻意逢迎便有所分别了。"

评析

提问的人认为远虑和昼夜思考是刻意用功的表现，王阳明说这要看思索的是什么。如果是在天理上远虑、夜以继日，那就是真正用功的表现。如果只是在人事上殚精竭虑，那就难免私欲掺杂，那就是刻意逢迎的表现了。

■ **原文**

问："'一日克己复礼，天下归仁'，朱子作效验说，如何？"

先生曰："圣贤只是为己之学，重功夫不重效验。仁者以万物为体。不能一体，保己是私未忘。全得仁体，则天下皆归于吾仁，就是'八荒皆在我闼'意。天下皆与，其仁亦在其中。如'在邦无怨，在家无怨'，亦只是自家不怨。如'不怨天，不尤人'之意。然家邦无怨，于我亦在其中。但所重不在此。"

译文

有人问："孔子说'一日克己复礼，天下归仁'这句话，朱熹认为它是从效果上而言的，不知是否正确？"

先生说："圣人之学只是一个克己的学问，只重视自己所下的功夫而不会太过重视效果。仁者与万物为一体。假使不能与万物同体，只因自己的私欲没有忘掉。我若获得全部的仁的本体，那么天下都将归于我的仁中。'在邦无怨，在家无怨'，只是自己没有怨恨，就好比'不怨天，不尤人'的意思。家庭、国家都没有怨恨了，自己当然也就在其中了。然而，这并不是该重视的地方。"

评析

克己复礼，天下归仁。朱熹认为是从果效上说的，王阳明却认为圣人的学说和普通学问的本质区别，就在于它关注的是过程中有没有尽力，不会太关注结果。当然，如果过程尽力了，那结果也会八九不离十。

原文

问："孟子巧、力、圣、智之说，朱子云：'三子力有余而巧不足。'何如？"

先生曰："三子固有力，亦有巧。巧、力实非两事，巧亦只在用力处，力而不巧，亦是徒力。三子譬如射，一能步箭，一能马箭，一能远箭。他射得到俱谓之力，中处俱可谓之巧。但步不能马，马不能远，各有所长，便是才力分限有不同处。孔子则三者皆长。然孔子之和只到得柳下惠而极，清只到得伯夷而极，任只到得伊尹而极，何曾加得些子。若谓'三子力有余而巧不足'，则其力反过孔子了。巧、力只是发明圣、知之义，若识得圣、知本体是何物，便自了然。"

译文

有人问："孟子主张'巧、力、圣、智'之说，朱熹认为是'三子力有余而巧不足'，这样说对不对？"

先生说："伯夷、伊尹、柳下惠不只是有力量，也还有巧。巧和力实际上并非两回事。技巧也只在用力处，有力而无巧，只是徒然费力。他们若用射箭打比方的话，在他们三人里，就是一人能步行射，一人能骑马射，一人能远射。只要他们都能射到目标所示处，就都可以称为有力；他们能命中靶心，就都可以称为巧。但是，步行射箭的不能骑马射，骑马射的不能远射，他们各有所长，才力各有不同的地方。而孔子则是身兼三长，但他的随和最多只能达到柳下惠的程度；他的清高只能达到伯夷的程度；他的以天下为己任的志愿只能达到伊尹那样的程度，没有再添加什么了。如果像朱熹说的'三子力有余而巧不足'，那么，他们的力气加在一起反而比孔子还多了。巧、力只是为了对阐明圣、智的含义罢了。若明白了圣、智的本来意义，自然就能理解了。"

评析

巧、力、圣、智，本来就是一回事。圣明的人不可能没有智慧，而有智慧的人也不可能没有圣明。就拿射箭说，能够射中靶心不可能没有力气，也不可能没有巧心。两者兼备，才能射中靶心。只是每个人射中的方式有所不同罢了。

▬ 原文

先生曰："'先天而天弗违'，天即良知也。'后天而奉天时'，良知即天也。"

"良知只是个是非之心，是非只是个好恶。只好恶就尽了是非，只是非就尽了万事万变。"

又曰："是非两字是个大规矩，巧处则存乎其人。"

"圣人之知如春天之日，贤人如浮云天日，愚人如阴霾天日。虽有昏明不同，其能辨黑白则一。虽昏黑夜里，亦影影见得黑白，就是日之余光未尽处。困学功夫，亦是从这点明处精察去耳。"

译文

先生说："'先天而天弗违'，上天就是良知；'后天而奉天时'，良知也即是上天。"

"良知只是判别是非的心，而非只是个好与坏。明白好恶也就穷尽了是非，明白了是非就穷尽了万物的变化。"

先生又说："'是非'两个字是一个大规矩，能否灵活应用只能因人而异了。"

"圣人的良知就像晴空中的太阳；贤人的良知就像浮云里的太阳；愚人的良知则如同阴霾天气里的太阳。虽然他们昏浊清明的程度各有不同，但他们都是能够一样辨别黑白的。即便在昏黑的夜晚，也能隐约辨出黑白,这是因为太阳的余光还未完全消失。在困境中学习的功夫,也只是从这一点光明处去精细地监察罢了。"

评析

良知是辨别是非善恶的心,能否明辨是非全在于良知显现的光辉。圣人的良知好像晴空的太阳,没有丝毫遮蔽;贤人的良知好像浮云的太阳,依然阳光普照;愚人的良知只能像阴霾天气里透出的些许光辉。但致良知的功夫,就是循着光把云遣散。

原文

问:"知譬日,欲譬云。云虽能蔽日,亦是天之一气合有的,欲亦莫非人心合有否?"

先生曰:"喜、怒、哀、惧、爱、恶、欲,谓之七情,七者俱是人心合有的。但要认得良知明白。比如日光,亦不可指着方所。一隙通明,皆是日光所在。虽云雾四塞,太虚中色象可辨,亦是日光不灭处。不可以云能蔽日,教天不要生云。七情顺其自然之流行,皆是良知之用,不可分别善恶。但不可有所着。七情有着,俱谓之欲,俱为良知之蔽。然才有着时,良知亦自会觉。觉即蔽去,复其体矣。此处能勘得破,方是简易透彻功夫。"

译文

有人问:"良知就好比太阳,而私欲就好比浮云。浮云虽然能够遮蔽太阳,但这也是气候本来就有的,莫非人的私欲也是人心中本该有的吗?"

先生说:"喜怒哀惧爱恶欲,人称七情,这七情都是人心本就该具备的，但是我们需要将良知理解清楚。比如说阳光，也不能只朝着一个方向照射。无论何处，只要有一点点空隙，就会是阳光所在处，即便布满乌云，只要天地间还能分辨颜色和形式，也是阳光不灭的体现。不能仅因为浮云遮蔽了太阳，就要强求天空不再有浮云。七种情感顺其自然地流露，都是良知在起作用，不能用善恶来对它区分，但是又不能太执著。倘若执著这七情，就会成为欲，都是遮蔽良知的。然而刚开始执著的时候，良知自然能够发觉，发觉后会马上清除掉这一阻碍，恢复本来面貌。假若能在此处识得破，看得清，才是简易透彻的功夫。"

评析

七情本是人良知在起作用的，不能因为浮云遮蔽了太阳，就要天空不再有云。只是不能执着七情罢了，人若真能做到像自然一样任风卷云舒，就不会遮蔽良知。倘若执着七情，就会遮蔽良知。

▬ 原文

问："圣人生知安行是自然的，如何有甚功夫？"

先生曰："知行二字，即是功夫，但有浅深难易之殊耳。良知原是精精明明的。如欲孝亲，生知安行的，只是依此良知实落尽孝而已；学知利行者，只是时时省觉，务要依此良知尽孝而已；至于困知勉行者，蔽锢已深，虽要依此良知去孝，又为私欲所阻，是以不能，必须加人一己百、人十己千之功，方能依此良知以尽其孝。圣人虽是生知安行，然其心不敢自是，肯做困知勉行的功夫。困知勉行的却要思量做生知安行的事，怎生成得？"

译文

有人问:"圣人'生知安行'是天生就能如此的,是否还有其他的功夫?"

先生说:"'知行'俩字就是功夫,只是功夫有浅深易难的分别罢了。良知原本是精明的,就像孝敬父母,生知安行的人只不过是依从良知切实地去尽孝道;学知利行的人则需要时刻省察,努力地依照良知去尽孝;至于困知勉行的人,他们受到的蒙蔽太多,虽然想依从良知去尽孝道,但又被私欲阻隔,因此不能做到尽孝。这就需要他们付出比旁人多十倍、百倍的功夫,才能够做到依从良知去尽孝。圣人虽然是生知安行的,然而他们心里不敢自以为是,因此愿意做困知勉行所做的功夫。那些困知勉行的人,却时刻想做生知安行的事,这怎么可能成功呢?"

评析

知行的功夫是上至圣人,下至愚昧的人都要遵循的功夫,只是每个人功夫深浅程度不同罢了。困知勉行的人以为自己下的功夫和圣人下的功夫不同,时刻想着自己能做到圣人生知安行的功夫,其实圣人下的功夫和困知勉行的人下的功夫都是同样的,无非是一个致良知。

原文

问:"乐是心之本体,不知遇大故,于哀哭时,此乐还在否?"

先生曰:"须是大哭一番了方乐,不哭便不乐矣。虽哭,此心安处即是乐也。本体未尝有动。"

问:"良知一而已。文王作象,周公系爻,孔子赞《易》,何以各自看理不同？"

先生曰："圣何能拘得死格？大要出于良知同，便各为说何害？且如一园竹，只要同此枝节，便是大同。若拘定枝枝节节，都要高下大小一样，便非造化妙手矣。汝辈只要去培养良知。良知同，更不妨有异处。汝辈若不肯用功，连笋也不曾抽得，何处去论枝节？"

译文

有人问："快乐才是心的本体，但当遭受重大变故而痛哭时，不知这时本来的快乐是否还存在？"

先生说："必须是痛哭之后才能觉得乐，假若不哭，就不会乐了。虽然是在痛哭，内心却得到了安慰，这也就是乐。快乐的本体并没有因为痛哭而有所改变。"

有人问："良知也只有一个。但周文王作卦辞，周公旦作爻辞，孔夫子作《十翼》，为什么他们所看到的理都各有差别呢？"

先生说："圣人怎会拘泥于旧的模式呢？重点是都同出于良知，即使说法有所不同又有什么妨碍呢？就像满园的青竹，只要枝节相差不多，就是大致相同的。如果非要每株竹子的每一枝节都一样，就不再是自然的神妙造化了。你们这些人只要去培养良知，良知相同，其他地方不同无关紧要。你们这些人若不愿意用功，就好比竹笋还未生长，又要到哪里去谈论竹子的枝节呢？"

评析

圣人知虽同源，但是不会拘泥于旧的模式。学问同出良知，但是自然的神妙造化对每个人的带领是不相同的，所以在最终呈现出来的形态上会有所区别。学者应该关注的是自己的学问是否出自良知，而不是在差异上过于执着。

原文

乡人有父子讼狱,请诉于先生。侍者欲阻之,先生听之,言不终辞,其父子相抱恸哭而去。

柴鸣治入问曰:"先生何言,致伊感悔之速?"

先生说:"我言舜是世间大不孝的子,瞽瞍是世间大慈的爷。"

鸣治愕然请问。

先生曰:"舜常自以为大不孝,所以能孝;瞽瞍常自以为大慈,所以不能慈。瞽瞍只记得舜是我提孩长的,今何不曾豫悦我?不知自心已为后妻所移了,尚谓自家能慈,所以愈不能慈。舜只思父提孩我时如何爱我,今日不爱,只是我不能尽孝。日思所以不能尽孝处,所以愈能孝。及至瞽瞍底豫时,又不过复得此心原慈的本体。所以后世称舜是个古今大孝的子,瞽瞍亦做成个慈父。"

译文

乡下父子俩要打官司,请先生裁决。随从想要阻挡他们。先生跟他们说了一些话,先生的话还未说完,父子二人便抱头痛哭,然后和好离去了。

柴鸣治便进来问:"先生说了什么话,使父子二人很快地悔悟了呢?"

先生说:"我跟他们说,虞舜是世上最不孝的儿子,而瞽瞍是世上最慈祥的父亲。"

柴鸣治感到十分惊讶,请问为什么。

先生说:"舜常常自以为是太不孝的,所以他才能尽孝;瞽瞍常常自以为是很慈祥的,因此他不能做到慈爱。瞽瞍只记得舜是他拉扯养大的，可是为什么舜现在没有取悦过自己呢？他不知道他的心已被后妻迷惑而改变了，却仍然觉得自己是慈爱的，因此他就越发不能慈爱了。舜总是记着小时候父亲是多么爱他，可如今却不疼爱了，恐怕是因为自己不能尽孝，因此每天想着自己没有尽孝之处，因此他就越发能尽孝了。等到瞽瞍高兴时，也只不过是恢复了心中慈爱的本貌。所以，后世之人都把舜当成一个古今的大孝子，而瞽瞍也成了个慈爱的父亲。"

评析

自以为不孝的，常常能做到孝；自以为慈爱的，常常行出暴戾之事。可见自以为是的人，往往很难成事。学者在这方面不可不体察，只有谦虚谨慎，才能真正看到自己的不足。

— 原文

先生曰："孔子有鄙夫来问，未尝先有知识以应之。其心只空空而已。但叩他自知的是非两端，与之一剖决，鄙夫之心便已了然，鄙夫自知的是非，便是他本来天则。虽圣人聪明，如何可与增减得一毫？他只不能自信。夫子与之一剖决，便已竭尽无余了。若夫子与鄙夫言时，留得些子知识在，便是不能竭他的良知，道体即有二了。"

译文

先生说："有农夫来向孔子请教，孔子未曾准备知识来回答他。孔子的内心也是空无一物的。但是，他可以根据内心明白的是非给农夫剖析判断，这样农夫的心里也就明白了。农夫自己知道的是非，便是他原本就有的自然准则。圣人虽然聪明，对这种准则也没有丝毫的增减。只是他自信心不足，孔子给他们稍加分析后，他们心里的是非观就会全部显示了。如果孔子与农夫谈话时，尚且还保留一点知识在心里，那样也就不能穷尽他的良知，而道体也就一分为二了。"

评析

圣明之人虽然不知道某方面的专业知识，但是他们能够根据人心中的是非曲直来汲引他们自己得出答案。圣人不是专业人才，但是能够帮助人们理解他们自己，并建立他们的信心。

原文

先生曰："'烝烝乂，不格奸'，本注说象已进于义，不至大为奸恶。舜征庸后，象犹日以杀舜为事，何大奸恶如之？舜只是自进于乂，以乂薰烝，不去正他奸恶。凡文过掩慝，此是恶人常态。若要指摘他是非，反去激他恶性。舜初时致得象要杀己，亦是要象好的心太急，此就是舜之过处。经过来，乃知功夫只在自己，不去责人，所以致得克谐。此是舜动心忍性、增益不能处。古人言语，俱是自家经历过来，所以说的亲切，遗之后世，曲当人情。若非自家经过，如何得他许多苦心处。"

译文

先生说："《尚书》上所说的'烝烝乂，不格奸'，孔安国的本注认为象（舜的弟弟）已经逐渐接近义，不至于去做非常奸邪的事。舜被尧征用后，象仍每天想去谋杀他，这是何等奸邪的事？然而舜只是学习修养，自己克制自己，不直接了当地纠正他的奸邪，而是用自己的克制来感化对方。文过饰非，掩盖自己的奸恶，这是恶人的常态。如果去指责他的过失，反倒会激起他的恶性。舜最初使得象想要害他，也是想让象变好的心太迫切了，这就是舜的过错。等到事情过后，舜终明白功夫只在自身，不能去怪罪别人，所以最后能有'克谐'的结果。这就是舜的'动心忍性，增益不能'的地方。古人的言论，都是自己亲身经历的，因此说得特别准确。然而流传到后世，歪曲变通，仍然符合于人情。假如不是自己经历过，又如何能体会到他一片良苦用心呢？"

评析

苛刻地要求别人，就会招致怨恨。即便是已经接近了义的人，仍然会因此被激起杀意，何况是远离这个境界的人呢？绝大多数家庭教育或者学校教育有失当之处，都是因为家长、老师缺乏克制自省而一味要求孩子造成的。只有认识到自己求善心切，求成心切，才会对别人少很多苛责，多一些体谅。

原文

先生曰："古乐不作久矣，今之戏子，尚与古乐意思相近。"

未达，请问。

先生曰："'韶'之九成，便是舜的一本戏子；'武'之九变，便是武王的一本戏子。圣人一生实事，俱播在乐中，所以有德者闻之，便知他尽善尽美与尽美未尽善处。若后世作乐，只是做些词调，于民俗风化绝无关涉，何以化民善俗？今要民俗反朴还淳，取今之戏子，将妖淫词调俱去了，只取忠臣、孝子故事，使愚俗百姓人人易晓，无意中感激他良知起来，却与风化有益。然后古乐渐次可复矣。"

曰："洪要求元声不可得，恐于古乐亦难复。"

先生曰："你说元声在何处求？"

对曰："古人制管候气，恐是求元声之法。"

先生曰："若要去葭灰黍粒中求元声，却如水底捞月，如何可得？元声只在你心上求。"

曰："心如何求？"

先生曰："古人为治，先养得人心和平，然后作乐。比如在此歌诗，你的心气和平，听者自然悦怿兴起，只此便是元声之始。《书》云：'诗言志'，志便是乐的本；'歌永言'，歌便是作乐的本；'声依永，律和声'，律只要和声，和声便是制律的本。何尝求之于外？"

曰："古人制候气法，是意何取？"

先生曰："古人具中和之体以作乐。我的中和原与天地之气相应，候天地之气，协凤凰之音，不过去验我的气果和否。此是成律已后事，非必待此以成律也。今要候灰管，必须定至日。然至日子时，恐又不准，又何处取得准来？"

译文

先生说："古乐不流行已很长时间了。现在倒有些戏曲与古乐的韵味比较相似。"

德洪不理解，就请教先生。

先生说："《韶》乐的九章，是虞舜时的乐曲；《武》乐的九变，是武王时的乐曲。圣人平生的事迹，都蕴含在了乐曲中。因此，德行高尚的人听后，就能了解他是尽善尽美和尽美不尽善的。后世作乐，只是作一些曲调，跟民风教化毫无关系，这怎么能用来教民向善呢？现在要求民风返朴归真，把当代剧本里的浮词滥调全都删除掉，只保留忠臣、孝子的故事，让愚昧的百姓们都明白其中的道理,在潜移默化中感化他们的良知,如此,对风化才会有所帮助,同时,古乐也就逐渐恢复它的本貌了。"

德洪说:"我连基准音都找不到,只怕古乐很难复兴吧。"

先生说:"那么你觉得基准音应该到哪里去寻找?"

德洪答道:"古人制造律管来候气,这也许是寻求元声的办法。"

先生说:"若要从葭灰黍粒中寻找元声,就好像水底捞月,岂能找到?元声只能从心上找。"

德洪问:"在心上如何找呢?"

先生说:"古人管理天下,首先把人培养得心平气和,而后才去教化。好像你在这里吟诗,心平气和,听的人才会感到愉悦满意,激发起兴致。这就是元声的起始处。《尚书·尧典》中说:'诗言志','志'就是音乐的根本;'歌永言','歌'就是作乐的根本;'声依永,律和声',音律只要与声音和谐一致,声音和谐就是制作音律之根本。又为何到心外去寻找呢?"

又问:"那么,古人用律管候气的办法,又以什么为依据呢?"

先生说:"古人具备中和的心体之后,才去作乐。而心体的中和本来与天地之气相应。候天地之气,与凤凰的鸣叫相和谐,不过是为了来验证我的气是不是真的达到了中和。这是制成音律之后的事,不是一定要以此为依据才能制成音律。如今通过律管来候气,必须确定在冬至这天,但是,当到了冬至子时,又恐怕不准确,又到哪里去找标准呢?"

评析

其实早在春秋时期,天下的音律和曲风就已经开始偏斜了。但是今人想要复兴古乐,不一定要把古时的基准音考古出来,而是要根据心气是否平和来作为依据。外在的校验方法也是为了验证人的心气是否平和,不是非得依赖于此。今人能够做到闻弦歌而知雅意就已经很不错了,音乐对身心有没有帮助,也要看它能不能使人心归于中正。

▰ 原文

先生曰:"学问也要点化,但不如自家解化者,自一了百当。不然,亦点化许多不得。"

"孔子气魄极大,凡帝王事业,无不一一理会,也只从那心上来。譬如大树,有多少枝叶,也只是根本上用得培养功夫,故自然能如此,非是从枝叶上用功做得根本也。学者学孔子,不在心上用功,汲汲然去学那气魄,却倒做了。"

译文

先生说:"学问也需要别人的开导点化,但是总不像自己所省悟理解的那样一了百当。否则,即便开导点化的人再多,也没有多大用处。"

先生说:"孔子的气魄宏伟,只要是帝王的事业,没有不一一加以领会的,但这也都只是从他自己心上生发出来的。就好像一棵大树,无论有多少枝叶,但也只是从本质上用培养的功夫,而不是从枝叶上用功去培养根本。学者向孔子学习,却没有学习在心上用功,只是心急火燎地学他那大气魄,如此,只是将功夫做颠倒了。"

评析

学习需要人的点化,但还是自己领悟来的真实。孔子的学问都是从自己的心上生发出来的,现在的人只顾着学孔子的风度和气魄,却不学他从心上体察良知的功夫。这是本末倒置。

原文

"人有过,多于过上用功,就是补甑,其流必归于文过。"

"今人于吃饭时,虽然一事在前,其心常役役不宁,只缘此心忙惯了,所以收摄不住。"

"琴瑟简编,学者不可无,盖有业以居之,心就不放。"

先生叹曰:"世间知学的人,只有这些病痛打不破,就不是善与人同。"

崇一曰:"这病痛只是个好高不能忘己尔。"

译文

先生说:"人犯了错误,大多会在错误上用功夫,就好像修补破旧的饭甑(瓦罐),必然会有文过饰非的毛病。"

先生说:"现在的人即使在吃饭时,没有其他事情摆在眼前,他的心仍旧是不停地忧虑,只因为他的心忙惯了,所以收摄不住。"

先生说:"琴瑟与书籍,这两者对于学者而言缺一不可,由于常有事做,心就不会放纵了。"

先生感叹说:"世间明白学问的人,只有这些毛病不能清除,就无法做到'善与人同'了。"

崇一接着说:"所谓的毛病,也就是因为好高骛远而不能舍己从人。"

评析

这几段主题并不连贯，但可以逐一评析。

第一个说的是改错的问题。犯了错误，只在错误上用功，就会想办法掩盖，这就是文过饰非。如果能看到这是良知出了问题，并且致力于在良知上下功夫，那问题就能得到本质的解决。

第二个说的是不能专心收心的问题。吃的时候不能专心地吃，睡的时候不能专心地睡，玩的时候不能专心地玩，工作的时候不能专心工作。这就是当今很多人面临的心理问题。

第三个说人要时常忙碌才行。人有事忙，就不会闲逸懒散，也就不会放飞心思。这样过错就能减少了。

第四个说为学要清除的毛病。那就是好高骛远而不能做到舍己从人，这个毛病不除，人就不能做到容众了。

原文

问："良知原是中和的，如何却有过、不及？"

先生曰："知得过、不及处，就是中和。"

"'所恶于上'是良知，'毋以使下'即是致知。"

译文

有人问："良知本来是中和的，但是怎么会有过与不及的现象呢？"

先生说："知道了有过与不及的地方，也就是中和了。"

"《大学》里说的'所恶于上'，就是良知的表现；'毋以使下'，就是致知的表现。"

评析

良知的偏离也是生化的一部分，如果只有正，那就不能认识正。良知的偏离恰好能够使人体察到什么才是正，什么才是过与不及。

▇ 原文

先生曰："苏秦、张仪之智，也是圣人之资。后世事业文章，许多豪杰名家，只是学得仪、秦故智。仪、秦学术善揣摸人情，无一些不中人肯綮，故其说不能穷。仪、秦亦是窥见得良知妙用处，但用之于不善尔。"

译文

先生说："张仪、苏秦的智慧谋略，也是圣人的资质。后代的诸多事业文章和豪杰名家，都只学到了张仪、苏秦使用过的智慧。张仪、苏秦的学问很会揣摩人情世故，没有哪点不是切中要害的，因此他们的学说不能穷尽。张仪、苏秦也能看到了良知的妙用之处，但把它用到了不好的地方。"

评析

良知的妙用很多人都能体察，但是因为运用的方法不同，便产生了诸多差别。圣人不会将良知运用到揣摩人情世故上，但后人却偏偏喜欢学这类学问。

原文

或问"未发""已发"。

先生曰:"只缘后儒将'未发''已发'分说了,只得劈头说个无'未发''已发',使人自思得之。若说有个'已发''未发',听者依旧落在后儒见解。若真见得无'未发''已发',说个有'未发''已发'原不妨,原有个'未发''已发'在。"

问曰:"'未发'未尝不和,'已发'未尝不中。譬如钟声,未扣不可谓无,既扣不可谓有。毕竟有个扣与不扣,何如?"

先生曰:"未扣时原是惊天动地,既扣时也只寂天寞地。"

译文

有人就未发、已发的问题请教先生。

先生说:"只因后来的儒生将未发和已发分开来讲了,所以我只能直接说没有未发、已发,让人们自己思考明白。假使说有一个已发、未发,听讲的人就还是会落到后儒的见解当中去。假如他们真的明白根本没有未发、已发,即使讲有未发、已发,那也就没有什么害处了。因为本来就存在未发、已发。"

又问:"未发,也不是不平和;已发,也不是不中正。例如钟声,没敲不能说它不存在,敲了后也不能说就一直存在。但是,它到底有敲和不敲的分别存在,是这样的吗?"

先生说:"没敲时原本就是惊天动地的,敲了之后也同样是寂静无声的。"

评析

敲与不敲本无区别，能静心凝听，虽未敲响，却好像听见其音袅袅；心不在焉，虽已敲动，却好像闻所未闻。心性也是如此，未发之时原本就有惊天动地的生机，但已发之后同样具有万籁俱静的空性。王阳明对学生做出的阐释又做出了更深刻的理解，惊天动地的生机原本就蕴藏在未发之中，已发之后的寂静也从来就没有消失过。

■ 原文

问："古人论性，各有异同，何者乃为定论？"

先生曰："性无定体，论亦无定体。有自本体上说者，有自发用上说者，有自源头上说者，有自流弊处说者。总而言之，只是一个性。但所见有浅深尔。若执定一边，便不是了。性之本体，原是无善无恶的，发用上也原是可以为善、可以为不善的，其流弊也原是一定善、一定恶的。譬如眼，有喜时的眼，有怒时的眼，直视就是看的眼，微视就是觑的眼。总而言之，只是这个眼。若见得怒时眼，就说未尝有喜的眼；见得看时眼，就说未尝有觑的眼。皆是执定，就知是错。孟子说性，直从源头上说来，亦是说个大概如此。荀子性恶之说，是从流弊上说来，也未可尽说他不是。只是见得未精耳。众人则失了心之本体。"

问："孟子从源头上说性，要人用功在源头上明彻。荀子从流弊说性，功夫只在未流上救正，便费力了。"

先生曰："然。"

先生曰："用功到精处，愈着不得言语，说理愈难。若着意在精微上，全体功夫反蔽泥了。"

"杨慈湖不为无见，又著在无声无息上见了。"

译文

有人问:"古人谈论人性,各有不同说法,到底谁家可作为定论呢?"

先生说:"人性没有固定的体,关于它的论述也无定论。有的是从它的本体而言的,有的是从作用上说的,有的是从源头上谈论的,有的是从他的弊端上说的。总体来说,人性只有一个,只是看法有深浅罢了。如果你偏执一方,就会出错。人性的本体,原本就是无善无恶的。它的作用和流弊也是有好有坏的。就像人的眼睛,有喜悦时的眼睛,有愤怒时的眼睛,直视时就是正面看的眼睛,偷看时就是窥视的眼睛。总之,只是这个眼睛。倘若人们看到了愤怒时的眼,就说从未见过喜悦时的眼,看到直视时候的眼睛,就说从没有见过窥视的眼睛。这都是偏执的表现,都是错误的。孟子谈人性,是直接从源头上说的,也只不过说了个大概。荀子主张性恶,是从流弊上说的,也不能说他不对,只能说认识的还不够精全。然而,平常人则是丧失了心的本体。"

有人问:"孟子从源头上说性,要求人在源头上弄明白;荀子从流弊上说性,功夫都用在了末流上,如此就耗费精力了。"

先生说:"正是这样。"

先生说:"用功越是到了微妙的地方,就越不能用言语来表达,说理也就越来越困难。假如执意在微妙的地方,全体的功夫反会受到蒙蔽和妨碍。"

又说"杨慈湖(杨简,陆象山之高足)并不是没有见解,只是又执着在无声无息上理解问题了。"

评析

古人谈性,都是从性的某一状态去谈的,因为性是不固定的,所以各家都有自己的看法。好比水的结冰、融化和沸腾，它们都是从一个性上变化的。只是状态不同，人们说起它们的性质时就有了不同。而人心的变化又要比水多了很多。王阳明说，对心性的体验越是精妙，就越是难以用口头表述，这是实论。

原文

"人一日间，古今世界，都经过一番，只是人不见耳。夜气清明时，无视无听，无思无作，淡然平怀，就是羲皇世界。平旦时，神清气朗，雍雍穆穆，就是尧舜世界。日中以前，礼仪交会，气象秩然，就是三代世界。日中以后，神气渐昏，往来杂扰，就是春秋、战国世界。渐渐昏夜，万物寝息，景象寂廖，就是人消物尽世界。学者信得良知过，不为气所乱，便常做个羲皇已上人。"

译文

"人在一天当中，把今古世界都重新经历了一遍，只是人没有感觉到罢了。当夜气清明时，人无视无听，无思无作，淡泊恬静，这就是羲皇的世界；清早的时候，人神清气爽，庄严肃穆，这就是尧舜时代的世界。到了正午之前，人们用礼仪交往，气象井然，这就是三代的世界。然而到了正午之后，神气渐昏，人事往来繁多杂扰，这就是春秋战国时的世界。等到逐渐天黑，万物安息，景象寂寥，这就是人消物尽的世界。学者若能信任过良知，不被气所扰乱，就能时常做一个羲皇时代的人。"

评析

王阳明的气息之说,实在发人深省。很多时候人们会抱怨自己没有生在理想的时代,其实做一个不为气所动的人,那世界对于我们来说,就是一个理想的世界。虽然很唯心,但这也是就体验而说的。

原文

薛尚谦、邹谦之、马子莘、王汝止侍坐,因叹先生自征宁藩已来,天下谤议益众,请各言其故。有言先生功业势位日隆,天下忌之者日重;有言先生之学日明,故为宋儒争是非者亦日博;有言先生自南都以后,同志信从者日众,而四方排阻者日益力。

先生曰:"诸君之言,信皆有之。但吾一段自知处,诸君俱未道及耳。"

诸友请问。

先生曰:"我在南都以前,尚有些子乡愿的意思在。我今信得这良知真是真非,信手行去,更不着些覆藏。我今才做得个狂者的胸次,使天下之人都说我行不掩言也罢。"

尚谦出曰:"信得此过,方是圣人的真血脉。"

译文

薛侃、邹守益、马子莘、王汝止在先生旁陪坐,大家慨叹先生自征讨平定宁王叛乱以来,天下非议诋毁先生的人也与日俱增。先生便让各位说说其中的原因。有的人说先生的功业权势日益显赫,因而天下嫉妒的人越来越多;有的人说先生的学说影响力越来越大,因而替宋儒争地位的人也就越来越多;有的人说自正德九年(1514年)以后,信从先生的志同道合的人越来越多,因而天下排挤阻挠的人也更加卖力了。

先生说:"各位所言,当然也很有可能存在,但就我自己了解的一个方面,大家还没有谈及。"

各位都询问先生什么原因。

先生说:"我在南京以前,尚有有一些当老好人的想法。如今,我的确明白了良知的真是真非,只管去行动,再也不用遮掩了。现在我才终于有了一个'狂者'的胸襟。即便天下人都说我言行不符也毫无关系。"

恭俨站出来说:"有这份自信心,才是圣人的真血脉啊!"

评析

37岁之后,王阳明在思想上又经历了三次大的飞跃。第一次是大悟格物致知之旨,提出了知行合一之说;第二次提出了"致良知"之说;最后是超狂入圣,主张要成圣,先要成为狂者,然后才能悟道入圣。有一次,他宴请门人,参加者百余人,酒至半酣,或歌唱,或投壶,或击鼓,或泛舟,兴致盎然,实可谓狂放不羁,任情恣意。

▬ 原文

先生锻炼人处,一言之下,感人最深。

一日,王汝止出游归。先生问曰:"游何见?"

对曰:"见满街都是圣人。"

先生曰:"你看满街人是圣人,满街人到看你是圣人在。"

又一日,董萝石出游而归。见先生曰:"今日见一异事。"

先生曰:"何异?"

对曰:"见满街人都是圣人。"

先生曰："此亦常事耳，何足为异。"

盖汝止圭角未融，萝石恍见有悟，故问同答异，皆反其言而进之。

洪与黄正之、张叔谦、汝中丙戌会试归，为先生道途中讲学，有信有不信。

先生曰："你们拿一个圣人去与人讲学，人见圣人来，都怕走了，如何讲得行？须做得个愚夫愚妇，方可与人讲学。"

洪又言今日要见人品高下最易。

先生曰："何以见之？"

对曰："先生譬如泰山在前，有不知仰者，须是无目人。"

先生曰："泰山不如平地大，平地有何可见？"

先生一言，翦裁剖破终年为外好高之病，在座者莫不悚惧。

译文

先生点化学生时，往往一句话就能感人肺腑。

有一天，王汝止外出回来。

先生问他："你在外面游玩看到了什么？"

王汝止答道："我看到满街的人都是圣人。"

先生说："你看到满街人都是圣人，他们看你也是圣人。"

又一天，董萝石外出回来。

他对先生说："我今天看到一件稀奇事。"

先生说："什么稀奇事？"

他答道："我看到满街人都是圣人。"

先生说："这也只是寻常事，有什么值得惊奇的。"

大概王汝止的棱角还没有磨去，董萝石却早有醒悟。因此，问题相同，先生的回答却是不同的，先生都是就他们的话来启发他们。

钱德洪、黄正之、张叔谦、王汝中于丙戌（1526年）在参加会试归来的途中，各自谈到了先生的学说，有人相信，有人不相信。先生说："你们扛着一个圣人去给别人讲学，别人看见圣人来了，早就给吓跑了，这还怎么讲？必须做个愚夫笨妇，才能够给别人讲学。"

钱德洪又说现在极容易看出人品的高低。先生说："何以见得？"钱洪答道："先生如同泰山摆在面前，只有那些有眼无珠的人才不知道敬仰"先生说："但是泰山又不及平地广阔，在平地上又能看到什么？"先生这一句话，剔除了我们终年好高骛远的弊病，在座的诸位无不有所警惧。

评析

我们对别人进行劝化时，时常会和王阳明说的那样，身上扛着一个圣人，把别人看成是愚夫笨妇，这时候我们说话常常得不到别人的信任。我们求学也是好高骛远，喜欢看人高低，推崇高的，轻看低的。这正说明我们心胸不能做到像平地一样广阔。只有把自己当做愚夫愚妇，把别人当做圣人，才能真正感化人心。王阳明这番话真可谓直切学者要害。

▬ 原文

癸未春，邹谦之来越问学，居数日，先生送别于浮峰。是夕与希渊诸友移舟宿延寿寺，秉烛夜坐，先生慨怅不已。曰："江涛烟柳，故人倏在百里外矣！"

一友问曰："先生何念谦之之深也？"

先生曰："曾子所谓'以能问于不能，以多问于寡，有若无，实若虚，犯而不校'，若谦之者良近之矣。"

译文

明嘉靖二年的春季（1523年），邹谦之来到浙江问学。住了几天，先生到浮峰送行。到了晚上的时候，先生与希渊等几位朋友乘船到延寿寺留宿，大家秉烛夜坐，先生有不尽的感慨惆怅。他说道："江水涛涛，烟柳蒙蒙，谦之顷刻间就在百里之外了。"

有位朋友问："先生为何对谦之思念如此深切？"

先生说："曾子曾说过：'有能力的却向无能力的人请教，知识丰富的却向知识缺少的人请教，有学问的人支向没学问一样，充实象空虚一样，即使被欺侮也不计较'，这样的人，和谦之十分相像啊！"

评析

英雄惜英雄，而王阳明既是英雄，也是圣者，遇到这样的知音，在分别时又怎能做到不感伤动容呢？

━ 原文

丁亥年九月，先生起，复征思田，将命行时，德洪与汝中论学。汝中举先生教言："无善无恶是心之体，有善有恶是意之动，知善知恶是良知，为善去恶是格物。"

德洪曰："此意如何？"

汝中曰："此恐未是究竟话头。若说心体是无善无恶，意亦是无善无恶的意，知亦是无善无恶的知，物是无善无恶的物矣。若说意有善恶,毕竟心体还有善恶在。"

德洪曰:"心体是天命之性,原是无善无恶的。但人有习心,意念上见有善恶在。格、致、诚、正、修,此正是复那性体功夫。若原无善恶。功夫亦不消说矣。"

是夕侍坐天泉桥,各举请正。

先生曰:"我今将行,正要你们来讲破此意。二君之见,正好相资为用,不可各执一边。我这里接人,原有此二种。利根之人,直从本原上悟入,人心本体原是明莹无滞的,原是个未发之中。利根之人,一悟本体,即是功夫。人己内外,一齐俱透了。其次不免有习心在,本体受蔽,故且教在意念上实落为善去恶,功夫熟后,渣滓去得尽时,本体亦明尽了。汝中之见,是我这里接利根人的;德洪之见,是我这里为其次立法的。二君相取为用,则中人上下皆可引入于道。若各执一边,眼前便有失人,便于道体各有未尽。"

既而曰:"已后与朋友讲学,切不可失了我的宗旨。'无善无恶是心之体,有善有恶是意之动,知善知恶是良知,为善去恶是格物。'只依我这话头随人指点,自没病痛,此原是彻上彻下功夫。利根之人,世亦难过。本体功夫一悟尽透,此颜子、明道所不敢承当,岂可轻易望人?人有习心,不教他在良知上实用为善去恶功夫,只去悬空想个本体,一切事为俱不着实,不过养成一个虚寂。此个病痛不是小小,不可不早说破。"

是日德洪、汝中俱有省。

译文

明嘉靖六年(1527年)九月,先生被朝廷重新起用,讨伐思恩(今广西武鸣县北)和田州(今广西田阳县北)。在出征之前,钱德洪和王汝中探讨学问。汝中引用先生的话说:"无善无恶是心之体,有善有恶是意之动，知善知恶是良知，为善去恶是格物。"

德洪说："你认为这几句话说得怎样？"

汝中说："这句话恐怕还仅仅是个引子，没有说完全。若说心体是无善无恶的，那么，意也应当是无善无恶的意，知也是无善无恶的知，物也是无善无恶的物。倘若认为意有善恶，那在心体上终究还是有善恶存在的。"

德洪说："心体是天命之性，原本就是无善无恶的。但是，人有受到沾染的心，于是在意念上就有善恶。格物、致知、诚心、正意、修身，这些都是要恢复那性体的功夫。如果意本无善恶之分，那么，谈功夫还有什么用呢。"

这天夜晚，德洪和汝中在天泉桥与先生陪坐，各人谈了自己的见解，向先生请教。

先生说："现在我将要远征，正好要给你们来讲明白这一点。两位的见解，恰好能够互为补充，不可偏执一方。我引导人的技巧，原本有两种：资质高的人，让他直接从本源上体悟。人心原本是晶莹无滞的，原本就是未发之中的。资质高的人，只要稍稍体悟本心就是功夫了。他人和自我、内心和外在一齐都悟透了。然而资质较差的人，心难免受到沾染，本体遭受蒙蔽，于是就教导他从意念上实实在在为善除恶，等到功夫纯熟后，渣滓荡涤干净，人的本体也就明净了。汝中的见解，是我用来开导资质高的人的说法；德洪的见解，是我用来教导资质较差的人的说法。两位若互为补充借用，那么，资质居中的人就能被引致坦途。若两位各执一词，那么眼下就会有人不能步入正轨，也就不能穷尽道体了。"

先生接着说："今后和朋友讲学，千万不可抛弃我的宗旨。'无善无恶是心之体，有善有恶是意之动，知善知恶是良知，为善去恶是格物。'只要依据我的话因人给予不同的教导，自然会没有问题。

这原本就是上下贯通的功夫。资质高的人,世上很难找到了。能将本体功夫一悟全透,就是颜回、程颢这样的人也不敢承当,又怎敢随便指望他人呢?人心一旦受到习性的污染,若不教导他在良知上切切实实地下为善除恶的功夫,只去凭空思索一个本体,所有的事都不切实应对,那样只会修养成虚空静寂的坏毛病。这个毛病可不是小事情,于是,我不能不早早向你们讲清楚。"

这一天,钱德洪和王汝中都有所得。

评析

按照王阳明的说法,其实王汝中的说法更接近心的本体,只是他担心那样说会让资质较低的人不能切切实实地在为善去恶上用功。人都有惰性,如果只是教他一句善恶就是心的本体,那对方也就不会真切地下功夫存善去恶。如此,就会凭空思索本体,这样就会养成喜欢虚空寂静的毛病。而且因材施教是什么时候都不能废弃的,世上毕竟还是愚笨的多,聪明的少,不能在学问上好高骛远而与人寡合。

▬ 原文

(钱德洪曰:)先生初归越时,朋友踪迹尚廖落。既后四方来游者日进。癸未年已后,环先生而居者比屋。如天妃、光相诸刹,每当一室,常合食者数十人,夜无卧处,更相就席,歌声彻昏旦。南镇、禹穴、阳明洞诸山远近寺刹,徒足所到,无非同志游寓所在。先生每临讲座,前后左右环坐而听者,常不下数百人。送往迎来,月无虚日。至有在侍更岁,不能遍记其姓名者。每临别,先生常叹曰:"君等虽别,不出天地间,苟同此志,吾亦可以忘形似矣。"诸生每听讲出门,未尝不跳跃称快。尝闻之同门先辈曰:"南都以前,朋友从游者虽众,未有如在越之盛者。此虽讲学日久,信乎渐博。要亦先生之学日进。感召之机,申变无方,亦自有不同也。"

译文

(钱德洪附注:)

先生刚回浙江绍兴时,来拜访的朋友还没有几个。后来,从四方来问学的人一天天增多。嘉靖二年(1523年),与先生做邻居的人也变多了。就像在天妃、光相等寺庙中,每间屋子里经常是几十人在一块吃饭,晚上连睡觉的地方都没有,大家只有轮流着就寝,歌声通宵达旦。在南镇、禹穴、阳明洞等山中的寺庙里,只要是人步行能到达的地方,无非都是志同道合的学者来居住。先生每次讲学,四围的听众常常不少于几百人。送往迎来,一个月中没有一天是空闲的。甚至有人在这里听讲,一听就是一年多,先生也不能完整地记清他们的姓名。每次告别时,先生常感叹地说:"你们虽然与我分别了,也不会超出天地之间。倘若我们有着共同的志向,即使我忘掉你们的容貌也没有关系。"学生每次听讲出门时,无不欢呼雀跃。我曾听同门长辈说:"来南京之前,虽然问学的朋友还是很多,但还是比不上在绍兴的时候多。这本来是因为先生讲学的时间长了,获得的信任也就更多了,但主要还是先生的学问日益精湛,感召学生的时机,开导学生的方法,也各有不同了。"

评析

只有自己学问日益精湛了,才能真正教好学生。教导的时机,开导的方法,对老师都是一个考验。如果没有在致良知上真正下功夫,是很难做到因材施教的。王阳明后来接纳的学生越来越多,也说明了他的德行、学问越来越经得起考验了。

黄 以 方 录

■ 原文

黄以方问:"'博学于文'为随事学存此天理,然则谓'行有余力,则以学文',其说似不相合。"

先生曰:"《诗》《书》六艺皆是天理之发见,文字都包在其中。考之《诗》《书》六艺,皆所以学存此天理也,不特发见于事为者方为文耳。'余力学文'亦只'博学于文'中事。"

或问"学而不思"二句。

曰:"此亦有为而言,其实思即学也。学有所疑,便须思之。'思而不学'者,盖有此等人,只悬空去思,要想出一个道理,却不在身心上实用其力,以学存此天理。思学作两事做,故有'罔'与'殆'之病。其实思只是思其所学,原非两事也。"

译文

黄以方(黄直)问:"先生认为'博学于文'是随事去学存此天理,然而这与孔子讲的'行有余力,则以学文',好像并不一致。"

先生说:"《诗》《书》等六经都是天理的体现,文字都包含在其中了。认真思考研究《诗》《书》等六经,它们都是为了学会存天理,不只是表现在具体的事上。孔子说的'余力学文',也是'博学于文'

的一部分。"

有人就《论语》中"学而不思则罔，思而不学则殆"请教于先生。

先生说："这句话也是有针对性而说的。其实，所学的思就是学，学习有了疑问，就要去思考。'学而不思'大有人在，他们只是漫无边际地思考，希望思索出一个道理来，而并非在身心上着实用功以存此天理。把思和学当两件事来做，就存在'罔'和'殆'的弊端。说穿了，思也仅是思他所学的，并非两回事。"

评析

存天理的功夫，既可以表现在具体的事情上，也可以表现在思考研究六经上，然而这也是另一种事的表现。所以，都并称为"博学于文"。

原文

先生曰："先儒解'格物'为格天下之物，天下之物如何格得？且谓'一草一木亦有理'，今如何去格？纵格得草木来，如何反来诚得自家意？我解'格'作'正'字义，'物'作'事'字义。《大学》之所谓身，即耳、目、口、鼻、四肢是也。欲修身便是要目非礼勿视，耳非礼勿听，口非礼勿言，四肢非礼勿动。要修这个身，身上如何用得工夫？心者身之主宰，目虽视，而所以视者心也；耳虽听，而所以听者心也；口与四肢虽言、动，而所以言、动者心也。故欲修身在于体当自家心体，常令廓然大公，无有些子不正处。主宰一正，则发窍于目，自无非礼之视；发窍于耳，自无非礼之所；发窍于口与四肢，自无非礼之言、动。此便是修身在正其心。

"然至善者，心之本体也。心之本体那有不善？如今要'正心'，本体上何处用得功？必就心之发动处才可着力也。心之发动不能无不善，故须就此处着力，便是在'诚意'。如一念发在好善上，便实实落落去好善；一念发在恶恶上，便实实落落去恶恶。意之所发，既无不诚，则其本体如何有不正？故欲正其心在'诚意'，功夫到，'诚意'始有着落处。

"然'诚意'之本，又在于'致知'也。所谓'人虽不知而己所独知者'，此正是吾心良知处。然知得善，却不依这个良知便做去；知得不善，却不依这个良知便不去做。则这个良知便遮蔽了，是不能致知也。吾心良知既不得扩充到底，则善虽知好，不能着实好了，恶虽知恶，不能着实恶了，如何得意诚？故'致知'者，意诚之本也。

"然亦不是悬空的'致知'，'致知'在实事上格。如意在于为善，便就这件事上去为，意在于去恶，便就这件事上去不为。去恶，固是格不正以归于正。为善，则不善正了，亦是格不正以归于正也。如此，则吾心良知无私欲蔽了，得以致其极，而意之所发，好善去恶，无有不诚矣。'诚意'工夫实下手处在'格物'也。若如此'格物'，人人便做得。'人皆可以为尧舜'，正在此也。"

译文

先生说："程、朱主张格物就是穷究天下的事物。天下事物如何能格尽？且说'一草一木亦皆有理'，如今你怎么去格？而且草木即便能格，又怎能让它来'诚'自己的意呢？我觉得'格'就是'正'的意思，'物'就是'事'的意思。《大学》中所谓的'身'，就是指人的耳目口鼻及四肢。若要修身，就要做到眼非礼勿视，耳非礼勿听，口非礼勿言，四肢非礼勿动。想要'修身'，在自己身上怎么能用功夫呢？心是身的主宰。眼睛虽然能看，但主要是心在看；耳朵虽然能听，但主要是心在听；口与四肢虽然能言能动，但所说、所动都来自于心。所以,要修身,主要在于体察自己的心体,常保心体的廓然大公,没有丝毫不中正的地方。身的主宰中正了,眼睛自然就会非礼勿视;耳朵上就会非礼勿听;口和四肢上就不会有不符合礼的言行。这就是《大学》中的'修身在于正心'。

"但是,至善就是心的本体,心的本体怎会有不善?如今要正心,本体上哪个地方能用功呢?必然是在心的发动处用功。心的发动不能没有不善的,于是,必须在此处用力,这就是诚意。倘若一念发动在好善上,就切切实实地去好善;一念发动在憎恶上,就切切实实地去憎恶。意念的发动既然无不诚,那么,本体如何会有不正的呢?所以,想要正心就在于有诚意。功夫下到诚意上才会有着落。

"但是,诚意的根本表现在致知。'人虽不知而己所独知'这句话,正是我的良知所在。然而,如果知善,但不遵从良知去做,知道不善,也不遵从良知不去做,这样,这个良知就被蒙蔽了,就不能致知了。我心的良知既然不能完全扩充,即使知道好善,也不能切实地去做,即便憎恶,也不能切实地憎恨,这怎能有意诚呢?所以,致知是诚意的根本所在。"当然,也不是凭空去致知,致知还是要在实事上格。就好像,意在行善上,就要在这件事上做,意在除恶上,就要在这件事上不去做。去恶,本来就是格去不正以归于正。从善,就是使不善的方面得到纠正,也是格去那些不正以归于正。这样一来,我心的良知就不被私欲蒙蔽,可以发挥到极致,而意的产生就是好善除恶,这样就没有不诚信的了。格物就是诚意功夫的下手处。就像这样格物,每个人都能做到。《孟子》里所谓的'人皆可以为尧舜',就是这个原因。"

评析

这里再次辨明了学问的根本，详细说明了修身、格物、诚意的具体含义，并指出了学者应当用功的地方，最后说明，只要在这方面肯下功夫，人人皆可为尧舜。其实圣人教人的学问，易知易行，只是人们莫能知，莫能行。

原文

先生曰："众人只说'格物'要依晦翁，何曾把他的说去用？我着实曾用来。初年与钱友同论做圣贤要格天下之物，如今安得这等大的力量？因指亭前竹子，令去格看。钱子早夜去穷格竹子的道理，竭其心思至于三日，便致劳神成疾。当初说他这是精力不足，某因自去穷格，早夜不得其理。到七日，亦以劳思致疾。遂相与叹圣贤是做不得的，无他大力量去格物了。及在夷中三年，颇见得此意思，乃知天下之物本无可格者。其格物之功，只在身心上做。决然以圣人为人人可到，便自有担当了。这里意思，却要说与诸公知道。"

译文

先生说："世人总认为对格物要以朱熹的观点为标准，他们又何尝拿朱熹的观点去实践过呢？我倒是真正地实践过。以前我和一位姓钱的朋友一起探讨，要做圣贤首先要格天下之物，现在哪里还能有那样的能力呢？于是我指着亭前的竹子，让他去格。朋友从早到晚去穷格竹子的道理，耗费很多经历，第三天时，就因过度劳累卧床不起了。当时我认为他精力不足，于是自己去穷格，从早到晚仍旧是不理解竹子的理，到了第七天，我与朋友一样病倒了。于是我们共同慨叹，圣贤是做不得了，没有那么大的力量去格物。等到后来，我在贵州龙场待了三年，深有体会，此时才明白，天下之物本来没有什么可格的，格物的功夫只能在自己的身心上做。我坚信人人都可做圣人，于是就有了一种使命。这些道理，应该让各位知晓。"

评析

"阳明格竹"是个非常著名的典故，也是推翻朱熹之说的最直接有力的事实论据。圣人之心，千万人之心，如果只能花力气去做学问，一根竹子都要格上那么多的时间，那即便是再大力的人，也不可能把世上的一切事物都格完。

▌原文

门人有言邵端峰论童子不能'格物'，只教以洒扫应对之说。

先生曰："洒扫应对，就是一件物。童子良知只到此。便教去洒扫应对，就是致他这一点良知了，又如童子知畏先生长者，此亦是他良知处。故虽嬉戏中见了先生长者，便去作揖恭敬，是他能格物以致敬师长之良知了。童子自有童子的格物致知。"

又曰："我这里言'格物'，自童子以至圣人，皆是此等工夫。但圣人'格物'，便更熟得些子，不消费力。如此'格物'，虽卖柴人亦是做得，虽公卿大夫以至天子，皆是如此做。"

▌译文

弟子中曾有人说，邵端峰认为小孩子不能'格物'，只能教导他们洒扫应对。

先生说:"洒扫应对本身就是一个物,小孩的良知只能到这个程度,所以要教他洒扫应对,也就是致他的良知。又好像,小孩知道敬畏师长,这也是他良知的表现,因此,即使在嬉闹,看到了教师和长者,他也会去作揖以表恭敬,这就是他能格物以致他尊敬师长的良知。小孩子本来有小孩子的格物致知。"

先生又说:"我这里所谓的'格物',从小孩子到大圣人,都是这样的道理。但是,圣人'格物'就会更为纯熟,毫不费力。如此'格物',即使是卖柴的人也能做到,自公卿大夫到天子,也都只能这样做罢了。"

评析

只要是能致良知的地方,不论是格什么物,都是致知的表现。格物不是只有聪明人或者权贵才能做到的,普通人都能对格物进行实践。

■ 原文

或疑知行不合一,以"知之匪艰"二句为问。

先生曰:"良知自知,原是容易的。只是不能致那良知,便是'知之匪艰,行之惟艰'。"

门人问曰:"知行如何得合一?且如《中庸》言'博学之',又说个'笃行之',分明知行是两件。"

先生曰:"博学只是事事学存此天理,笃行只是学之不已之意。"

又问:"《易》'学以聚之',又言'仁以行之',此是如何?"

先生曰:"也是如此。事事去学存此天理,则此心更无放失时,故曰:'学以聚之。'然常常学存此天理,更无私欲间断,此即是此心不息处,故曰'仁以行之'。"

又问:"孔子言'知及之,仁不能守之',知行却是两个了。"

先生曰:"说'及之',已是行了。但不能常常行,已为私欲间断,便是'仁不能守'。"

译文

有位弟子觉得自己知行不能合一,于是向先生请教"知之匪艰,行之唯难"这两句话。先生说:"良知自然能知晓,这本来很简单。只是因不能致这个良知,才会有了'知之匪艰,行之惟艰'的说法。"

有弟子问:"知行如何能合一?而且就像《中庸》上讲'博学之',又讲一个'笃行之',这分明是把知行当两件事看。"先生说:"博学是指每件事都要学会存此天理,而笃行则是指学而不辍的意思。"

弟子又问:《易传》中说'学以聚之',又说'仁以行之',这又是怎么回事?"先生说:"这是一样的。倘若每件事都去学习存此天理,那么此心就再也没有放纵的时候,因此说'学以聚之'。然而,每天去学存此天理,又没有一己之私使它间断,这就是本心的不间断,因此说'仁以行之'。"

又问:"孔子说:'知及之,仁不能守之',这样就不是把知和行分成两件事了吗?"先生说:"说'及之',就已经是行了。但不能常行不止,那就是被私欲间断了,也就是'仁不能守'。"

评析

知行合一是王阳明的学说的核心之一,需要仔细体察。照着现在人所理解的知行合一,肯定是不能契合王阳明的主张的。但仔细体察他的说法,就会发现圣人用心,真的是不同凡响。

原文

又问:"心即理之说,程子云'在物为理',如何谓心即理?"

先生曰:"'在物为理','在'字上当添一'心'字。此心在物则为理。如此心在事父则为孝,在事君则为忠之类。"

先生因谓之曰:"诸君要识得我立言宗旨。我如今说个心即理是如何,只为世人分心与理为二,故便有许多病痛。如五伯攘夷狄,尊周室,都是一个私心,便不当理。人却说他做得当理。只心有未纯,往往悦慕其所为,要来外面做得好看,却与心全不相干。分心与理为二,其流至于伯道之伪而不自知。故我说个心即理,要使知心理是一个,便来心上做工夫,不去袭义于外,便是王道之真。此我立言宗旨。"

译文

弟子又问:"内心就是天理,程颐说'在物为理',为何说心就是理呢?"

先生说:"'在物为理','在'字前面务必要添加一个'心'字。这心对于物而言就是理。例如,心在孝顺双亲上就是孝,在辅佐君王上就是忠,等等。"

先生因而对他说:"各位要知道我立论的宗旨,我现在说心就是理,用意在哪呢?只因世人将心和理一分为二,因此出现了许多弊端。比如五霸攻击夷狄,尊崇周王室,这些都是为了一个私心,因此就不合理,但人们却说他们做得十分合理。这只是世人的心不够明净,才会羡慕他们的所作所为,只求外表的漂亮,与心毫无关系。把心和理分开来说,只会让自己陷入霸道虚伪之中而无法觉察。所以我认为心就是理,就是要让人们明白心理是一回事,只在心上做功夫，而不到心外去寻求，这是王道的真谛，也是我立论的宗旨。"

评析

认为心和理是两回事，就会让人陷入霸道虚伪之中而无法自知，也会让人追求外表文章，对内心毫不关注。如果认为心和理是一回事，人们就不会到心外去寻找什么了。

━ 原文

又问："圣贤言语许多，如何却要打做一个？"

曰："我不是要打做一个，如曰'夫道，一而已矣。'

又曰'其为物不贰，则其生物不测。'天地圣人皆是一个，如何二得？"

"心不是一块血肉，凡知觉处便是心。如耳目之知视听，手足之知痛痒。此知觉便是心也。"

译文

弟子问："圣人的言论有很多，为何要把它们总结成一句话呢？"先生说："并非我坚决把它概括子在一起，《孟子》上也说'夫道，一而已矣'，《中庸》里也说'其为物不贰，则其生物不测。'天地与圣人都是一个整体，如何能分开为二呢？"

"心并不是只指那一块血肉，凡是有知觉存在的地方就都是心。例如，耳目知道听与看，手脚知道痛与痒。这个知觉就是心。"

评析

学生认为王阳明把学问总结概括得太简单了，王阳明拿经典中的话作为例证说明，说明天地万物与圣人都是一个整体，并不是自己有心将之统一，而是这个理一直就是存在的。王阳明学说里的心，不是指肉心，而是凡有知觉存在的地方，都是心的作用在显现。

原文

以方问曰："先生之说'格物'，凡《中庸》之'慎独'及'集义''博约'等说，皆为'格物'之事。"

先生曰："非也。'格物'即'慎独'，即'戒惧'。至于'集义''博约'，功夫只一般。不是以那数件都做'格物'底事。"

以方问"尊德性"一条。

先生曰："'道问学'即所以'尊德性'也。晦翁言'子静以尊德性诲人，某教人岂不是道问学处多了些子'，是分'尊德性''道问学'作两件。且如今讲习讨论，下许多工夫，无非只是存此心，不失其德性而已。岂有尊德性只空空去尊，更不去问学？问学只是空空去问学，更与德性无关涉？如此，则不知今之所以讲习讨论者，更学何事？"

译文

黄以方问："先生关于格物的学说，是不是把《中庸》里的'慎独'、《孟子》里的'集义'、《论语》里的'博约'等主张，都总结成格物了呢？"先生说："不是这样的。格物就是'慎独'，就是'戒惧'。而'集义'和'博约'只是普通的功夫，不能把它们当作格物。"

黄以方就《中庸》中的"尊德性"向先生请教。

先生说:"'道问学'就是为了'尊德性'。朱熹认为:'子静(陆九渊)以尊德性诲人,某教人岂不是道问学处多了些子',他的看法就把'尊德性'与'道问学'当作两件事看了。现在我们讲习讨论,下了不少功夫,只是要存养本心,使它不至丧失德性罢了。哪里会有尊德性却只是空洞地尊,而不再去问学了呢?问学怎么能只是空洞地去问,而与德性再无任何关系呢?这样下去,不知道我们现在讲习讨论的,还要学什么东西?"

评析

集义就是积善,博约就是广求学问。这两个在常人看来是学问的大本,但是在王阳明看来只是普通功夫。真正的学问功夫是慎独、戒惧,也就是在身心上的操练,这也是很多人忽视的地方。

原文

问"致广大"二句。

曰:"'尽精微'即所以'致广大'也,'道中庸'即所以'极高明'也。盖心之本体自是广大底,人不能'尽精微',则便为私欲所蔽,有不胜其小者矣。故能细微曲折,无所不尽,则私意不足以蔽之,自无许多障碍遮隔处,如何广大不致?"

又问:"精微还是念虑之精微,事理之精微?"

曰:"念虑之精微,即事理之精微也。"

先生曰:"今之论性者,纷纷异同。皆是说性,非见性也。见性者无异同之可言矣。"

译文

又有人向先生请教"致广大而尽精微,极高明而道中庸"这句话。

先生说:"'尽精微'就是为了'致广大','道中庸'就是为了'极高明'。因为心的本体本来就是广大的,人若不能'尽精微',就会受到私欲的蒙蔽,在细微处就战胜不了私欲。所以能在细微曲折的地方穷尽精微,私意就不能蒙蔽心体,自然不会有障碍和隔断的地方,这样下去心体又怎能不广大呢?"

又问:"精微究竟是指思虑的精微,还是指事理的精微?"

先生说:"思虑的精微就是事理的精微。"

先生说:"如今探讨人性的人,都争执着异同。他们全在说性,而并没有见性。见性的人根本无异同可言。"

评析

不论是做学问,还是做人,还是做事业上,真正决定差异的,往往都是在小事上。所以能在精微处也不让私欲蒙蔽良知的人,才能去全尽心体本来的功用,这就是"道中庸",为了是"极高明"。事理是通过思虑获得的,不思则不得,所以说思虑的精微处,就是事理的精微处。而真正见性的人,在心体上已经全然明了,所以,天下各执一端的学问在他那是不会成为障碍的,也就没有什么异同可言了。大家说的都对,只是理解角度不同罢了。

原文

问:"声色货利,恐良知亦不能无。"

先生曰："固然。但初学用功，却须扫除荡涤，勿使留积，则适然来遇，始不为累，自然顺而应之。良知只在声色货利上用功。能致得良知精精明明，毫发无蔽，则声色货利之交，无非天则流行矣。"

译文

又问："声色货利，恐怕良知里也不能没有吧。"

先生说："诚然如此！然而，初学用功时，就一定要荡涤干净，不使声色货利丝毫积留在心中。那样，即使偶尔碰到声色货利，也不会成为缠累，自然会依循良知去做出应对。良知只在声色货利上用功。倘若能精明地致良知，没有丝毫蒙蔽，那么，即便与声色货利交往，也无不是天理的作用。"

评析

学者在初学时常常被告诫务必要将物欲完全格除，但及至后来用功才发现，物欲也是天理的一部分。只是没有经受过操练的人很难把持住自己不被缠累，所以人也不必试探自己究竟是否能经受得住诱惑。能够经受得住诱惑的人不会自己想着去找诱惑，而只会任其自来自去。人有想找诱惑的心，说明心里对它还是有贪念的。

原文

先生曰："吾与诸公讲'致知''格物'，日日是此。讲一二十年，俱是如此。诸君听吾言，实去用功。见吾讲一番，自觉长进一番。否则只作一场话说，虽听之亦何用？"

先生曰："人之本体，常常是寂然不动的，常常是感而遂通的。未应不是先，已应不是后。"

一友举佛家以手指显出问曰："众曾见否？"

众曰："见之。"

复以手指入袖，问曰："众还见否？"

众曰："不见。"

佛说还不见性。此义未明。

先生曰："手指有见有不见，尔之见性常在。人之心神只在有睹有闻上驰骋，不在不睹不闻上着实用功。盖不睹不闻是良知本体，戒慎恐惧是致良知的工夫。学者时时刻刻学睹其所不睹，常闻其所不闻，工夫方有个实落处。久久成熟后，则不须着力，不待防检，而真性自不息矣。岂以在外者之闻见为累哉？"

译文

先生说："我给各位讲致知格物，每天如此。一共讲了十年、二十年，也是如此。你们听讲后，要实实在在地去用功。听我再讲一遍，就要有一番长进。不然，只把我的话当作一场闲谈，即便听了，又有什么益处？"

先生说："人的本体，一直是寂然不动的，而且常常是感应相通的。正如程颐所谓的'未应不是先，已应不是后'。"

有位朋友举出一个例子，说一位禅师伸出手指问："你们看见了没有？"众人都说："看见了。"禅师又把手指插入袖中去，又问："你们还能看见吗？"众人都说："看不见。"禅师于是说众人还没有见性。这位朋友不理解禅师的意思。

先生说："手指有时看得见，有时候看不见，但是，你能看见的性则是永远存在。人的心神只能在所见所闻上驰骋，而不能在不见不闻上切实用功。然而，不见不闻是良知的本体，戒慎恐惧是致良知的功夫。学者唯有时时去寻找那看不见、听不到的本体，功夫才有一个着落处。时间一长,当功夫纯熟后,就不用再那样费力了,不用提防检点,人的真性也就自然会生生不息了。它又怎能被外在的见闻所牵累呢?"

评析

这里王阳明重申了切实用功的重要性,并说明了不要只在看得见听得着的地方用功,而要在看不见、听不到的心的本体上下戒慎恐惧的功夫,这样人的良知真性才会显露,才不会被外在见闻所牵绊。

▋原文

问:"先儒谓'鸢飞鱼跃',与'必有事焉',同一活泼泼地?"

先生曰:"亦是。天地间活泼泼地,无非此理,便是吾良知的流行不息。致良知便是'必有事'的工夫。此理非惟不可离,实亦不得而离也。无往而非道,无往而非工夫。"

先生曰:"诸公在此,务要立个必为圣人之心。时时刻刻须是一棒一条痕,一掴一拳血,方能听吾说话,句句得力。若茫茫荡荡度日,譬如一块死肉,打也不知得痛痒,恐终不济事,回家只寻得旧时伎俩而已。岂不惜哉?"

译文

有人问:"为什么程颢认为'鸢飞鱼跃'和'必有事焉',都是充满生机的?"

先生说:"程颢的话也有道理。天地间充满生机,无非是这个理,也就是我良知的流行不会停止。致良知就是'必有事'的功夫。

这个理不但不能离，事实上也不脱离不了。无往而不是道，也就是无往而不是功夫。"

先生说："众人在这里求学，一定要先确立一个做圣人的志气。时刻要有如'一棒留一条痕迹，一掌掴出一个血印'的精神，这样在听我讲学时，才能感到句句都铿锵有力。倘若只是浑浑噩噩地度日，就像一块死肉，被打也不知痛痒，只怕最终无济于事。回家后还只是惯用以前的老伎俩，岂不让人可惜？"

评析

王阳明告诫大家一定要有立志为圣学的志愿，一定要下狠心改过，这样听讲道才会觉得铿锵有力，否则只是将这些话当耳旁风听过去，那就太可惜了。当然，有些人听不进去是因为没遇上一个好老师，有些人听不进去是因为自己惰性使然。

▇ 原文

问："近来妄念也觉少，亦觉不曾着想定要如何用功，不知此是功夫否？"

先生曰："汝且去着实用功，便多这些着想也不妨。久久自会妥贴。若才下得些功，便说效验，何足为恃？"

一友自叹："私意萌时，分明自心知得，只是不能使他即去。"

先生曰："你萌时，这一知便是你的命根，当下即去消磨，便是立命功夫。"

"夫子说'性相近'，即孟子说'性善'，不可专在气质上说。若说气质，如刚与柔对，如何相近得，惟性善则同耳。人生初时，善原是同的。但刚的习于善则为刚善,习于恶则为刚恶。柔的习于善则为柔善,习于恶则为柔恶,便日相远了。"

译文

有弟子曾经问:"最近我感觉到妄念减少了,也不去想一定要如何用功,但不知这是不是功夫?"

先生说:"你只管去实实在在用功,即便有了这些想法也不碍事,时间一久,自然就会变得妥当。如果只是刚开始用了一点功夫,就想看到效果,怎能靠得住?"

有位朋友自叹道:"内心萌生了私意,自己分明知晓,只是不能立马使它剔除。"

先生说:"你萌生了私意,你能感觉到,那是你的命根,而如果当下就能把私欲消磨掉,它就是立命的功夫。"

"孔子主张'性相近',这也就是孟子所说的'性善',这还不能只从气质上来说。如果从气质上说,刚和柔相对,又岂能相近?只有性善是相同的。人刚出生时,善原本是一样的。然而,气质刚的人在善上面容易成为刚善,受恶的影响就容易成为刚恶。同理,气质柔的人受善的影响会变成柔善,受恶的影响便成了柔恶。这样下去,性的分离就会越来越远了。"

评析

上面谈到了三个问题:

1.在致良知用功的时候,有时候就会出现学生说的那样感觉自己没有妄念了,也不刻意去想怎样致良知。王阳明告诫其不要被想法左右,这才是刚开始用功,有点兆头出来也不可偏信。实实在在用功,自然会变得明朗。

2. 人萌生私欲，但是不能克制，这并不是说自己的良知已经败坏了。能够察觉到私欲萌生本就是良知的功夫，克制私欲是立命的功夫。

3. "性相近"中所说的"性"，其实说的是每个人心中的天性、良知，并不是指着气质说的，人的气质天生就有差别。

原文

先生尝语学者曰："心体上着不得一念留滞，就如眼着不得些子尘沙。些子能得几多？满眼便昏天黑地了。"

又曰："这一念不但是私念，便好的念头亦着不得些子。如眼中放些金玉屑，眼亦开不得了。"

译文

先生曾经这样对做学问的人说："心体上不能存留一点点私欲，就像眼中不能吹进一点灰尘。沙子能有多大呢？但它能使人满眼天昏地暗。"

先生又说："这个念头不只是说私念，即便好的念头也不能留有一点。就像眼中放入一些金玉屑，眼睛就不能睁开。"

评析

私欲和善念都不能存留于心，一旦如此，眼睛就会被蒙蔽，以致看不见东西。私欲对人的损害固然人尽皆知，但是贪执善念对人的损害也不可小觑，心中是非太分明，那世上的人几乎不可能入得了自己的眼。这样只会让自己的眼界和思想越来越窄。

■ 原文

问:"人心与物同体。如吾身原是血气流通的,所以谓之同体。若于人便异体了,禽兽草木益远矣。而何谓之同体?"

先生曰:"你只在感应之几上看,岂但禽兽草木,虽天地也与我同体的,鬼神也与我同体的。"

请问。

先生曰:"你看这个天地中间,甚么是天地的心?"

对曰:"尝闻人是天地的心。"

曰:"人又甚么叫做心?"

对曰:"只是一个灵明。"

"可知充天塞地中间,只有这个灵明。人只为形体自间隔了。我的灵明,便是天地鬼神的主宰。天没有我的灵明,谁去仰他高?地没有我的灵明,谁去俯他深?鬼神没有我的灵明,谁去辨他吉凶灾祥?天地鬼神万物,离却我的灵明,便没有天地鬼神万物了。我的灵明,离却天地鬼神万物,亦没有我的灵明。如此,便是一气流通的,如何与他间隔得?"

又问:"天地鬼神万物,千古见在,何没了我的灵明,便俱无了?"

曰:"今看死的人,他这些精灵游散了,他的天地鬼神万物尚在何处?"

译文

有人问:"先生说人心与物同体。这就像我的身体原本血气畅通,所以称同体。但是对于我和别人来说,我就是异体了,禽兽草木就差得更远了。可是为何还要称为同体呢?"

先生说:"你只要在感应的征兆上看,就会明白岂止是禽兽草木，即便天地也是与我同为一体的，鬼神也是与我同为一体的。"

那人又问这番话当如何理解。

先生说："你看看在这个天地的中间，什么才是天地的心？"

答说："我曾听说人是天地的心。"

先生说："那人的心又是什么呢？"

答说："只是一个灵明。"

先生说："由此可见，充盈天地之间的，只有这个灵明。人只因为外在的形体，从而把自己与其他一切都隔开了。我的灵明就是天地鬼神的主宰。如果上天没有我的灵明，谁又会去仰视它的高大呢？如果大地没有我的灵明，谁又去俯视它的深厚呢？如果鬼神没有我的灵明，谁又去分辨它的吉凶福祸呢？天地鬼神万物，如果离开了我的灵明，也就没有所谓的天地鬼神万物了。我的灵明若是离开了天地鬼神万物，同样也就不存在了。这些都是一气贯通的，岂能把它们隔离开来呢？"

又问："天地鬼神万物是亘古不变的，但为什么没有我的灵明，它们就不存在了？"

先生说："现在你去看那些死去的人，他们的灵魂都游散了，他们的天地鬼神万物又会在何处？"

评析

天地万物都是从良知生化出来的，正因为万事万物都有良知，人才可以辨认出它们的性质，人是天地的心，人又以良知为心的本体，而这个良知在所有的人事物上都是兼备的。不过，人自己的灵明随着肉体的死亡消失了，那天地鬼神万物的灵明对于他来说也就不存在了。这就好比镜子毁了，其中的像也就没了。王阳明在这似乎对人的生死是持有形神俱灭的看法的。

■ 原文

先生起行征思、田，德洪与汝中追送严滩。汝中举佛家实相、幻相之说。

先生曰："有心俱是实，无心俱是幻。无心俱是实，有心俱是幻。"

汝中曰："有心俱是实，无心俱是幻，是本体上说功夫；无心俱是实，有心俱是幻，是功夫上说本体。"

先生然其言。洪于是时尚未了达。数年用功，始信本体功夫合一。但先生是时因问偶谈。若吾儒指点人处，不必借此立言耳。

译文

先生启程去征讨思恩、田州，钱德洪和王汝中把先生送到严滩（今浙江桐庐县西）。汝中向先生请教佛教的实相和幻相的问题。

先生说："有心都为实相，无心都为幻相。无心都为实相，有心都为幻相。"

王汝中说："有心都为实相，无心都为幻相，是从本体上来说功夫；无心都为实相，有心都为幻相，是从功夫上来说本体。"

先生对汝中的看法表示赞同。那时，钱德洪还不是很明白，经过数年用功，他才相信本体功夫是一体的。然而，先生当时只是因为王汝中的问题偶然谈到的。若我们儒家开导别人，不一定非要引用它。

评析

王阳明大致意思是下功夫要有心，无心下功夫，所得无非是幻相。而在用功后本体显明的程度看，没有自己意念掺杂的为实相，有自己意念掺杂的就仍是幻相。

■ 原文

尝见先生送二三耆宿出门，退坐于中轩，若有忧色。德洪趋进请问。

先生曰："顷与诸老论及此学，真圆凿方枘。此道坦如道路，世儒往往自加荒塞，终身陷荆棘之场而不悔，吾不知其何说也？"

德洪退谓朋友曰："先生诲人，不择衰朽，仁人悯物之心也。"

先生曰："人生大病，只是一傲字。为子而傲必不孝，为臣而傲必不忠，为父而傲必不慈，为友而傲必不信。故象与丹朱俱不肖，亦只一傲字，便结果了此生。诸君常要体此。人心本是天然之理，精精明明，无纤介染着，只是一无我而已。胸中切不可有，有即傲也。古先圣人许多好处，也只是无我而已。无我自能谦，谦者众善之基，傲者众恶之魁。"

译文

德洪曾见到先生送两三位老人出门，回来坐在走廊里，似乎面带忧色。德洪便上前去询问情况。先生说："方才和几位老人谈到了我的良知学说，真有如圆孔和方榫一般格格不入。这条圣道平坦得如大路，世上儒者常常是自己让它荒芜阻塞了，最终陷入荆棘丛中而不知悔改，我真不知该讲些什么了？"

德洪之后对朋友们说："先生教诲他人，不拣择衰老年迈，确实是仁人悯物的心啊！"

先生说："人生最大的毛病就是一个'傲'字。身为子女而傲慢就必然不孝顺；身为人臣而傲慢就必然不忠诚；身为父母而傲慢就必然不慈爱；身为朋友而傲慢就必然不守信。于是，象与丹朱都没出息，也只因傲慢便了结了自己的一生。你们每个人要经常领会这一点。人心原本就是天然的理，精明纯净，没有纤毫的污染，只是因为有一个'无我'罢了。心里千万不可'有我'，'有我'就是傲慢。古代圣贤的诸多优点，也只是'无我'罢了。'无我'自然能做到谦虚谦谨。谦谨是一切众善的基础，傲慢则是一切恶的源泉。"

评析

真正怀有仁者之心的人，是不会只对自己年幼的人怀有爱护之心的。王阳明能对老者一生用错了学问的方向而感到遗憾，说明他是真有兼善天下之心的。

人说万恶淫为首，其实傲慢才是罪的根源。因为傲慢，人才不服从管教；因为傲慢，人才会变得肆无忌惮；又因为傲慢，人才渐渐废去了人伦关系的约束。这样终此一生，都很难有什么出息。心的本体既然是精明纯净，没有杂染的，这样的心才可称得上"无我"。

原文

又曰："此道至简至易的，亦至精至微的。孔子曰：'其如示诸掌乎。'且人于掌何日不见，及至问他掌中多少文理，却便不知。即如我良知二字，一讲便明，谁不知得？若欲的见良知，却谁能见得？"

问曰："此知恐是无方体的，最难捉摸。"

先生曰："良知即是《易》，'其为道也屡迁，变动不居，周流六虚，上下无常，刚柔相易，不可为典要，惟变所适。'此知如何捉摸得？见得透时便是圣人。"

译文

先生说："这个道实际上是简单易行的，也是十分微妙的。孔夫子说：'其如示诸掌乎'。人的手掌，有哪一天会看不到呢？但当问起他手掌上有多少条纹理，他就不知道了。这就像我说的良知二字，一讲就能明白，谁又不知道呢？若要他真正去理解良知，谁又能理解呢？"

于是有人问："这个良知只怕是无方位、无形体的，所以令人难以捉摸。"

先生说："良知也就如同《易》，'其为道也屡迁，变动不居，周流六虚，上下无常，刚柔相易，不可为典要，惟变所适'。这个良知岂能捉摸得到呢？把良知理解透彻了，就是圣人了。"

评析

这里谈到了良知的两个性质，虽然简单易行，也是十分微妙。容易知道大体，但是难于理解透彻。其实纵观所有学问，皆是如此。但是良知的学问可能要比其它所有学问加起来都要深入、细致、全面，把良知理解透彻，人就成圣人了。

原文

问："孔子曰：'回也，非助我者也。'是圣人果以相助望门弟子否？"

先生曰："亦是实话。此道本无穷尽，问难愈多，则精微愈显。圣人之言本自周遍，但有问难的人胸中窒碍，圣人被他一难，发挥得愈加精神。若颜子闻一知十，胸中了然，如何得问难？故圣人亦寂然不动，无所发挥，故曰'非助'。"

邹谦之尝语德洪曰："舒国裳曾持一张纸，请先生写'拱把之桐梓'

一章。先生悬笔为书到'至于身而不知所以养之者',顾而笑曰:"国裳读书,中过状元来,岂诚不知身之所以当养?还须诵此以求警。'一时在侍诸友皆惕然。"

译文

有人问:"孔子曾说:'回也,非助我者也。'圣人是真的希望他的弟子帮助他吗?"

先生说:"这也是实话。这个道原本就是无穷尽的,问得越多,精微处就能彰显。圣人的言论原本很周全,然而发问的人胸中堆积了疑惑,圣人被他一问,便能发挥得更加神妙。但是,像颜回那样闻一知十,心里对任何东西都知晓的人,怎么发问呢?所以圣人只好寂然不动,没有什么任何发挥,因此说'非助'。"

邹谦之曾对钱德洪这样说:"舒国裳曾经拿着一张纸,请先生给他写《孟子》中'拱把之桐梓'那一章。当先生提笔写到'至于身而不知所以养之者',回过头笑着说:'国裳读书,还中过状元来着,他难道是真的不知应该如何修身吗?但是他仍是要背诵这一章来警醒自己。'其时,在坐的诸位朋友无不警醒起来。"

评析

学生和老师,只有一问一答,才有助于良好氛围的形成,这样对双方都会有所裨益。颜回因为太过出类拔萃,没有什么问题,这样孔子有话想说,就没有引出点了。这才是孔子觉得颜回不能帮助他的原因。

下面一段说学者光是知道一个道理还不行,还得时常以此来鞭策自己。

辗转刊行钱德洪跋

钱德洪这篇"跋",乃专为下卷所作,不包含上、中二卷。

▎原文

　　嘉靖戊子冬,德洪与王汝中奔师丧至广信,讣告同门,约三年收录遗言。

　　继后同门各以所记见遗。洪择其切于问正者,合所私录,得若干条。居吴时,将与《文录》并刻矣。适以忧去,未遂。当是时也,四方讲学日众,师门宗旨既明,若无事于赘刻者。故不复萦念。

　　去年,同门曾子才汉得洪手抄,复傍为采辑,名曰《遗言》,以刻行于荆。洪读之,觉当时采录未精,乃为删其重复,削去芜蔓,存其三分之一,名曰《传习续录》,复刻于宁国之水西精舍。

　　今年夏,洪来游蕲,沈君思畏曰:"师门之教久行于四方,而独未及于蕲。蕲之士得读《遗言》,若亲炙夫子之教。指见良知,若重睹日月之光。惟恐传习之个博,而未以重复之为繁也。请裒其所逸者增刻之。若何?"洪曰:"然。"师门致知格物之旨,开示来学,学者躬修默悟,不敢以知解承,而惟以实体得。故吾师终日言是而不惮其烦,学者终日听是而不厌其数。盖指示专一,则体悟日精,几迎于言前,神发于言外,感遇之诚也。

　　今吾师之没未及三纪,而格言微旨渐觉沦晦,岂非吾党身践之不力，多言有以病之耶？学者之趋不一，师门之教不宣也。乃复取逸稿，采其语之不背者，得一卷。其余影响不真，与《文录》既载者，皆削之。并易中卷为问答语，以付黄梅尹张君增刻之。庶几读者不以知解承而惟以实体得，则无疑于是录矣。

嘉靖丙辰夏四月，门人钱德洪拜书于蕲之崇正书院。

译文

明嘉靖七年（1528年）冬，我（钱德洪）和王汝中去办理先生的丧事到达广信（今江西省上饶市），在给同门师友的讣告中，我们约定了三年内收录先生的遗言。

自那之后，同学们陆续寄来了各自做好的记录。我挑选了当中比较切合先生思想的，又加上我自己的记录，一共若干条。在吴（今江苏省苏州市）时，我把这些记录和《文录》共同刻印出来，但当时正好赶上我回家守丧，未能遂愿。那时，天下讲学的人与日俱增，先生的学问宗旨已经昌明了，因此没有必要再作刻印，所以我对这件事也就不再牵挂了。

去年，学友曾才汉先生获得了我的手抄本，又四处收辑了一些加以整理，取名《遗言》，随后在荆州刊刻发表。我阅读《遗言》，认为他采录不够精确，因而删除了其中重复繁杂的部分，保留了《遗言》的三分之一，并取名《传习续录》，在安徽宁国的水西精舍刊刻出版。

今年夏，我到湖北蕲春去游历，沈思畏对我说："先生的学说已经在天下传播很久了，只是还没有传播到这里。蕲春的学子们读到《遗言》后，有如亲自聆听到了先生的教诲，指见良知，就像重见日月的光辉。他们只是担忧收录得不广博，并不因其中的重复繁杂而感到累赘。请您把散失的部分都增加进去刊刻出版，如何？"于是我就答应了。先生致知格物的主张，开导点化了学者们，他们亲自修习，默默领悟，不敢只在知识上去理解传承先生的学说，而只求通过切实用功而有所收获。所以，先生整天不厌其烦地讲说致知格物，弟子们也整天不厌其烦地听着。因为指示专一，学生们领悟得就会更加精细。先生还没说到，弟子就已经明白要讲什么了，也就是说，学生早已心领神会了，这样充分体现了教学双方的诚心。

　　但是，先生逝世到今天还没有三纪（一纪为十二年），但他老人家的格言和宗旨都逐渐暗淡了，这难道不是因为我们这些弟子身体力行得不够，凭空说大话造成的后果吗？因为弟子的目标不统一，先生的学说也就得不到光大。于是，我又收集了一些未刊刻的记录，选择其中不违背先生主张的，编成一卷。对于那些真伪难辨的和《文录》已刊刻过的，就删除了。随后我将中卷改成问答的形式，交付黄梅县张先生增刻发行。希望读者朋友不是只从文义的解释上来承袭学问之道，而是要注重切身体会方能有所收益。如此，就不会有人再对这本书的价值存疑了。

　　嘉靖三十五年（1556年）夏四月，弟子钱德洪谨跋于蕲春"崇正书院"。

评析

　　王阳明去世后，他的几位得力门生对他的学问做了很好的搜集和梳理，并将之刊印发放天下。很快，王阳明的学问就大明于天下了，人们对于他的学说只担心收录的不广博齐全，并不担心其中有繁复的成分。最后，编者对阳明心学还没有经三纪就黯淡下去的光景做出了反省。他认为学问不昌明是因为他们弟子之间目标不统一造成的，因此他重新筛选并整理了王阳明生前的语录，希望学者不仅要传承其知识，还希望他们能够在身体力行上切实用功。